장애인복지론

오정화 조완신 공저

SOCIAL WELFARE FOR PEOPLE WITH DISABILITIES

YANGSEOWON
양서원

머 · 리 · 말

'자폐스펙트럼'이라는 용어가 '신경 다양성'이라는 새로운 용어로 이해되는 패러다임 전환의 시대에 우리는 장애인복지론을 학습하고 있다. 장애인복지를 실천하는 현장의 담당자는 장애인에게 무엇이 필요한가, 어떤 내용의 복지를 받을 수 있는가가 아닌 어떻게 무엇을 보다 더 질 높은 서비스를 선택해서 받을 것인가를 연구해야 한다.

이 책은 사회복지학부 학생들과 장애인으로 살아가는 사람들을 위한 복지를 실현하기 위한 학습에 필요한 내용을 수록하였다.

학부에서 장애인복지를 공부하면서 알아야 할 필수 내용을 담았다. 학부의 강의 차수에 맞추어 3부로 나누어 13장으로 구성하였다.

1부는 장애인복지의 이해와 역사 등 사회복지사가 꼭 알아야 할 기본적인 내용을 수록하였다.

2부는 장애인복지현장에서 실천가가 업무에 필요한 내용들을 구체적으로 수록하였다. 장애인의 재활과 유형에 따른 특성 등 실무에 꼭 필요한 내용과 장애인의 권익을 위한 관련법과 정책에 관한 내용을 구체적으로 수록하였다.

3부는 장애인의 보다 더 풍요로운 삶을 위하여 사회복지사가 알아야 할 내용과 장애인이 함께 알아야 할 내용을 수록하였다.

장애인활동지원제도와 장애인 인식 개선과 장애인의 성에 관한 내용을 수록하였다. 이는 장애인의 의식주나 질병 등과 같은 매우 기본적인 것 그 이상의 풍요로운 삶을 위한 미래지향적인 사회복지실천을 위한 노력이다.

장애인은 이제 더 이상 요보호대상이나 복지의 수혜자만은 아니다. 이제는 장애인이 수요자이자 공급자인 시대가 되었다. 2020년 기준 장애인 인구는 전체 인구의 약 5.1%가 된 장애인은 이제 소수자가 아니며 우리의 가족이거나 친구들이다.

장애인 고용과 장애인에 대한 인식 개선을 위한 2021년의 최신 자료를 활용하여 장애인복지의 실천에 구체적이고 현실감이 있게 다루었다.

필자가 장애인활동지원기관의 실무자로 11년째 근무하면서 매일 만나는 장애인 이용자의 입장에서 바라보는 꼭 필요한 복지제도를 수록하였다. 또한 직장 내 장애인 인식 개선 전문강사 자격을 가지고 기업체와 공공기관을 강의하면서 우리사회 속에 현재의 장애인복지에 대한 이해와 접근을 구체적으로 기록하였다. 그리고 장애인고용인식매니저 자격증을 취득하면서 장애인고용정책의 희망적이고 밝은 내일을 예감하면서 고용 부분을 보다 심도 깊게 다루었다.

이 책만으로도 사회복지사가 복지의 현장에서 장애인복지를 담당했을 경우 충분한 준비가 될 수 있도록 체계적이고 세부적으로 수록하였다. 장애인과 비장애인이 차별 없이 더불어 사는 세상을 위하여 필자의 경험과 애정을 모두 담았다. 이 책이 훌륭한 사회복지사의 양성에 도움이 되길 바란다. 또한 장애인들에게는 장애를 극복하고 성장하며 더 많은 기회를 갖는 데 도움이 되는 안내서이기를 바란다.

마지막으로 이 책이 나오기까지 함께 해 주신 서정대학교 조완신 교수님과 양서원에 깊은 감사를 드린다.

2022년 1월

저자

차 례

Part 02 장애인의 자립과 재활을 위한 정책

Chapter 04 재활 · 46

Chapter 05 장애의 유형 및 특성 · 68

Chapter 06 장애인의 차별금지 및 편의시설 · 80

Chapter 01 장애와 장애인복지의 이해

Chapter 02 장애인복지의 역사

Chapter 03 장애인복지의 이념과 자립생활

PART

01

장애인복지의 개관

CHAPTER

01

장애와 장애인복지의 이해

1. 장애의 정의 및 개념 이해

1) 장애의 정의

장애에 대한 정의를 살펴보면 장애란 신체의 일부가 절단 또는 기능이 상실되거나 멈추어진 상태를 말한다. 신체나 정신적으로 결함이 있어서 일상생활이나 사회생활에 제약을 받는 상태라고 정의하고 있다.

장애인이란 신체적 · 정신적 결함으로 장기간에 걸쳐 일상생활이나 사회생활에서 제 기능을 완전하게 할 수 없는 사람이다(장애인복지법 제2조). 이 정의는 우리 사회에서 자연스럽게 받아들여지고 오랫동안 통용되어 왔다. 장애는 신체나 정신이 완전하지 않은 상태를 뜻한다.

장애를 이해하고 장애인에 대한 이해를 하는 것은 장애인의 복지를 이해하고 공부하는 첫걸음이 된다. 장애인에 대한 복지는 장애인에게 제공되는 서비스이며, 누구를 장애인으로 보는가에 따라 서비스 내용, 범위, 서비스를 위한 예산 · 공급 시스템 등이 설정되기 때문이다.

2) 유엔(UN) 및 세계보건기구(WHO)의 장애 개념

유엔(UN) 및 세계보건기구(WHO)의 장애 개념의 정의를 살펴보면 다음과 같다.

장애에 대한 개념은 초기에 세계보건기구에서는 ICD(International Classification of Diseases)의 의료적 분류에 따라 장애를 분류하였고, 이에 따라 장애에 대한 대처도 의료적 치료가 주를 이루었다. 장애는 질병이었으며, 질병의 치료를 통해 장애는 극복될 수 있는 것이었다. 그러나 만성질병 및 후유증의 증가에 따라 질병 자체뿐만 아니라 질병의 결과, 발생하는 현상에 주목할 수밖에 없었으며, 신체적 영역(질병)을 벗어난 개인의 영역, 사회적 영역에서의 불리함에 대한 명명 및 관리가 필요하게 되었다.

이런 문제 제기는 재활복지 전문가들에 의해 이루어졌으며, 이들의 주장이 수용되어 1976년 ICD-9에서는 질병과 불리(handicap)를 구분하여 질병의 결과로 발생하는 현상을 사회적 불리라고 하였다. 그러나 이 개념은 ICD 분류에 통합되지 못하는 보조적인 개념으로 사용되는 수준이었다(WHO, 1997).

장애 개념을 명확하게 하고 장애의 사회적 원인을 주장하는 전문가들에 의해 세계보건기구는 1980년에 ICIDH(International Classification of Impairments, Disability, and Handicaps)를 발표하게 되었다. 이 분류법은 질병으로 인한 개인적 기능의 상실, 사회적 분리를 포함하고 장애의 원인에 사회적 원인을 포함시킬 수 있는 여지를 남겼다. 그러나 이 분류법은 손상에 따라 기능의 장애가 발생하고 기능의 장애에 따라 사회적 장애가 발생한다는 인과론적 모델이라는 점에서 많은 비난을 받았다. 또 적용하기에는 어려움이 많았고, 사회적 환경에 대한 고려가 부족하다는 점도 지적되었다. 특히 사회적 모델에 입각한 경우 장애 문제는 질병에 의한 것이 아닌 질병의 결과를 받아들이지 못하는 사회환경의 문제이기 때문에 사회환경에 대한 고려가 약한 장애 분류라는 비판을 받게 되었다(김용득 외, 2007).

2. 장애인복지의 이해

1) 장애인복지의 개념

장애인복지란 신체적 · 정신적 · 사회적 요인으로 장기간에 걸쳐 일상생활과 사회생활에 제약을 받는 사람의 사회적 욕구를 충족시켜 주기 위하여 비경제적 동기에 의해 수반되는 전문적 원조 행위이다. 장애인복지의 기초적 이해를 위해서는 장애인복지의 개념에 대한 이해가 가장 우선적으로 이루어져야 한다.

2) 장애인복지의 범위

장애인복지의 개입 범위, 내용 등 사회복지의 전통적 개입 범위에 따른 내용에 근거하여 ① 장애인복지정책 ② 장애인복지행정 ③ 장애인복지서비스의 3대 분야로 구분할 수 있다.

장애인복지정책은 법과 제도를 다루는 분야이고 개입 범위는 거시(macro), 내용은 법, 제도이며 예로는 「장애인활동지원에 관한 법률」 제정이 있다. 복지행정은 법과 제도에 의해 만들어진 것을 장애인들에게 직접적 서비스가 전달되기까지 이루어지는 과정을 다루는 과정, 장애인복지서비스는 장애인에게 실제로 전달되는 서비스의 내용을 다루게 된다.

3) 장애인복지의 등장 배경

장애인복지의 등장 배경에 대해 살펴보면 근대 이후의 사회적 변화에 초점을 맞추어 봐야 한다. 근대에 이르러 인류의 경제·사회체계가 시민혁명과 산업혁명으로 매우 크게 달라졌고 사회복지 또한 이에 따른 대응으로서 등장하였기 때문이다. 장애인복지 역시 사회복지의 일종으로 달라진 사회 모습에 의해 출연하였다고 할 수 있다. 어떠한 변화가 이루어졌는지 살펴보면 다음과 같다.

(1) 산업혁명으로 인한 전통적인 공동체의 변화

18세기 영국에서 일어나 유럽 다른 나라와 미국, 러시아, 일본 등으로 확대되었고 20세기에 동남아와 아프리카 및 라틴 아메리카로 확산되었다. 산업혁명은 농업중심 사회에서 공업중심 사회 혹은 자본주의 사회로 변하게 되었다. 산업화가 진행되면서 사회의 경제 시스템이 도시를 중심으로 이루어지도록 재편되어 전통적인 농경사회와 어촌, 산촌이 붕괴되었다. 이러한 분업의 경향은 가정 내에서도 이루어졌는데 이는 임금 노동을 수반하는 공적 영역과 가사, 돌봄을 수행하는 사적 영역으로 분화되고 각 영역은 각각 남자와 여자가 특화된 방향으로 진행되었다(정지웅, 이준우, 2010). 산업혁명 이전에도 가사, 돌봄, 노동은 주로 여성의 몫이었으나 산업혁명 이후 더욱 명확하게 성별 분업이 되었다. 따라서 장애인에 대한 양육, 보호, 지원에 대한 역할을 여성이 감당하게 되었다.

산업혁명 이전에는 장애인을 보호하고 돌봄, 양육, 활동지원 등 제반에 필요한 사항에 도움을 주는 역할을 감당했던 사람은 가정의 양육자(장애인의 부모나 형제)나 원가족이 없거나 가족이 여력이 없는 경우 친척 혹은 이웃이 장애인 지원에 대한 돌봄 역할을 감당하였다.

그러나 산업혁명 이후 장애인의 보호와 지원을 감당하는 사람들의 인식이 변화되었다. 그 이유는 도시화, 핵가족화 등으로 인해 그 기능이 약화되었다. 이렇게 약화된 가정과 지역사회를 대신하여 국가가 장애인을 보호하기 위한 주체로 등장하게 된다.

(2) 1970년대 이후의 변화

1970년대 중반 이후 자본주의 수익성의 위기에 대처하기 위해 노동 비용을 삭감하고 경직된 노동시장을 유형화하는 정책을 추진하기 시작함에 따라 가족 임금을 제공하던 일자리가 점차 축소되면서 전후 남성 생계부양자(male bread winner model) 모델과 정규직, 완전고용 노동시장 구조가 흔들리기 시작하였다.

이는 이전의 소비 수준을 유지하려는 중산층 기혼 여성들이 가계 보조를 위해 노동시장에 진출하는 현상을 야기하였다. 이와 동시에 여성이 가사 노동과 돌봄을 주로 수행하던 모습이 새로운 형태로 변화하였다. 이에 국가, 시장, 시민사회가 함께 돌봄노동을 담당하게 된 것이다(김수영, 2008). 돌봄노동과 가사노동은 국가 등 공공 부문이 보육서비스와 수발서비스를 담당하는 공공화, 개별가족 또는 개인이 시장에서 돌봄노동과 가사 노동을 제공하는 상품화, 공동 보육소, 민간 비영리단체,

자원봉사단체에 의해 돌봄노동력이 제공되는 공동화 방식, 그 밖의 돌봄노동에 대해 공적 수당을 지급하는 방식과 노동 시간을 단축해 돌봄노동 시장을 보장하는 방식 등으로 변화하게 되었다.

장애인의 돌봄 또한 공공화, 상품화, 공동화 등의 현상이 나타나게 되었고 이를 근거하여 국가나 시민 사회가 중심이 되어 장애인에 대한 돌봄을 제공하는 장애인복지가 출현하게 되었다.

CHAPTER

02

장애인복지의 역사

모든 학문에서 역사란 중요하다. 이는 장애인복지학에서도 마찬가지가 있다. 장애인 및 장애인복지관에 관련된 역사를 접하면서 과거 사람들이 장애인에 대해 어떠한 평가와 비판을 하였는지 알 수 있고 과거의 평가와 비판이 현재의 평가와 비판과 어떻게 다른지 비교해 볼 수 있을 것이다. 이를 통하여 장애인복지에 대해 더 잘 이해를 할 수 있는 계기를 마련할 수 있기 때문이다.

1. 서구의 장애인복지 역사

1) 고대의 장애의 관념과 복지

고대사회는 생산력이 낮아 전쟁을 통해서 이웃 국가나 부족 간의 생산물과 노동력을 강탈해야만 생존할 수 있었다. 따라서 건강한 신체를 가진 남성이 가치 있는 인간의 기준이었다. 반면에 여자나 병약한 남자들, 장애인들은 사회적으로 열등한 존재로 간주되어 죽임을 당하거나 조롱거리가 되었다. 고대 그리스인들의 예술 작품을 보면 신체의 건강과 미에 대한 찬미풍속이 뛰어났으며 군사 훈련과 운동경기를 상당히 중요시여겼다. 이는 상대적으로 장애인을 추한 인간의 표본으로 생각하는 것으로 연관지어서 생각할 수 있다. 고대 그리스의 위대한 철학자로 칭송되는 플라톤은 장애에 대하여 매우 비관적인 입장을 취했다.

플라톤이 장애에 대해 가지고 있었던 이러한 인식은 실제로 장애인들에 대해 부정적인 대우를 함으로써 나타났다. 가령 고대 서양의 그리스를 비롯한 도시국가에서는 신체적 장애아이가 태어나면 절벽에서 던져 버리거나 유아살해를 허용하였고, 스파르타의 법전에는 신체 허약자, 지능 열등자 등 장애인을 산중에 버리는 것을 허용하였다. 고대 그리스인들의 부정적인 장애인에 대한 관념은 학자들의 글이나 실제 정책에서뿐 아니라 그들의 신화에서도 엿볼 수 있다.

(1) 고대 로마

고대 도시국가에서 유사하게 로마에서도 장애인에 대한 부정적 인식 및 대우는 지속되었다. 그리스인들은 장애 아이들을 야산에서 버려 아사시켰다면, 로마인들은 티버강에 빠뜨려 익사시켰다. 운이 좋게 살아남은 성인 장애인들은 귀족과 시민들의 조롱거리가 되었다. 로마인들은 '난쟁이'와 '농인' 남자를 격투장에 몰아넣고 이방인 여자나 짐승과 싸우는 모습을 보면서 오락을 즐기기도 했다. 정말 운이 나쁜 장애인들은 폭군 네로의 활쏘기 표적이 되기도 했다(Johnstone, 2007).

(2) 고대 히브리

그리스, 로마문명과 함께 서양문화의 양대 축을 이루었던 고대 히브리 문명에서도 장애인에 대한 인식은 긍정적이지만은 않았다. 히브리 문명에서 장애는 기독교를 바탕으로 신의 저주의 결과로 나타날 수 있다고 이야기한다. 구약성경에서는 장애인이 있게 된 것은 신의 뜻이고 장애인을 보호해야 한다는 긍정적인 견해를 볼 수 있다. 반면 장애를 차별대상, 죄의 대가로 표현하기도 하는 견해를 동시에 보였다.

2) 중세 장애의 관념과 복지

동 · 서양을 막론하고 중세의 국가들은 대부분 종교의 지배를 받던 사회였다. 따라서 중세 사회에 살았던 장애인들은 삶을 이해하기 위해서는 그 당시 종교가 장애인을 어떤 시각으로 보았는지를 살펴보는 것이 중요하다. 중세 서양의 대표적인 기독교는 구약성서뿐 아니라 신약성서의 기초 아래 성립되었다. 신약성서는 예수와 바울의 사상에 의해 성립되었다고 해도 과언이 아닌데. 이들의 사상은 구약성서의 사상보다 진일보한 것으로 평가할 수 있다. 따라서 고대적 가치관을 전복시키는 '사랑'이라는 이데올로기 안에서 중세사회는 장애인에 대해 보다 긍정적인 인식을 갖게 되었다. 이런 인식의 변화에 따라 장애인을 살해하던 악습을 금지하고 수도원에서는 구제 및 보호를 실시함으로써 장애인의 사회적 보호가 태동하기 시작하였다. 이후 과학의 발달과 문예부흥, 종교개혁 등 일련의 사회변동을 통하여 인간존중의 사상이 발전하면서 장애인 구제가 보다 발달하기 시작하였다.

그럼에도 불구하고 근세를 연 마지막 중세인이라고 일컬어지는 데카르트(Descartes, 1596~1650)는 “나는 광인일 수 없다는 것을 의식하고 있었을 뿐만 아니라, 철학자로 확고한 의도를 갖고 의심하기를 시도하는 까닭에 나 자신이 광인들 중의 한 사람일수 없다’라고 하면서 회의(懷疑)하는 철학자는 광인이 될 수 없다고 단언하였는데 이 부분에서 여전히 정신장애에 대한 부정적인 인식이 있었음을 알 수 있다.

3) 근현대의 장애의 관념과 복지

(1) 산업혁명으로 인한 생산 방식의 변화

중세에서 근대로 넘어가는 시기에 발생한 산업혁명은 경제를 가장 중요한 가치로 대두시키면서, 노동력이 없는 장애인을 무능력한 존재로 인식해 가는데 영향을 미쳤다. 이는 산업혁명 이후로 등장한 생산 방식에 장애인이 참여하기에는 어려움이 많았기 때문이다. 농업과 소규모 산업은 대다수 장애인들이 완전히는 아니더라도 생산과정에 참여할 수 있어 일정한 구실을 할 수 있었다. 그러나 공장이 등장하면서 많은 장애인들이 생산과정에서 배제되었다.

1980년대까지 영국의 인구가 도시로 집중되면서 고용은 주요 공업 분야에서 이루어졌다. 서서히 바뀌고 있는 농촌 공동체에 분산되어 살고 있던 장애인들은 그동안 별다른 준비 없이 농촌 사회의 노동 생활에 쉽게 흡수되었다. 청각장애인과 어린이들은 정교육은 받지 못했지만 혼자 농사일을 할 수 있기 때문에 청각장애가 노동력을 제약하지는 않았다. 혼잡하지 않은 농촌 환경에서 청각장애인들은 덜 위험했고, 시각장애인들은 특별한 훈련 없이 반복적인 섬유 기술을 비롯하여 단순 노동을 배우고 실행할 수 있었으나 산업사회의 환경은 달랐다.

사회 자체가 산업사회로서의 전환이 이루어짐에 따라서 가족들은 모두 일을 하러 나가야 하기에 장애인을 돌볼 수 없었고, 장애인들은 본인뿐만 아니라 가족들, 지역사회의 생산적 활동에도 방해가 되는 존재가 되었다. 생산이라는 관점에서 볼 때 장애인은 근로 능력을 상실한 존재일 뿐만 아니라 그들 가족의 생산 참여마저도 가로막는 존재이고 사회에서 배제되어야 하는 존재로 인식되었다. 그들은 투자 가치가 없으므로 집단 수용과 관리에 드는 경비조차 가능한 최소화해야 했다. 그에 따라 대규모의 장애인 수용시설이 등장하게 되었다. 장애인을 돌보는 가족들은 가족이 일을 나가는 시간에 돌볼 수 없기 때문에 시간에 장애인 전문 수용시설에 입소를 시켜서 돌보는 일을 최선으로 선택하게 되었다. 이 시대에는 의식주를 해결하는 것만으로도 최상의 복지가 되는 시기였다.

(2) 근현대의 장애인관

고대사회의 특징이라고 할 수 있는 합법적인 장애인 살해가 20세기 이후에도 때로는 공공연하거나 은밀하게 자행되고 있었다. 1930년대 나치 정권은 유대인들을 학살하기에 앞서 장애인들부터 학살하였고 나치 의사들은 어른, 아이 구분 없이 장애인들은 모두 약물이나 독가스로 집단학살했다. 역사학자 갤리퍼(Gallagher)는 이때 학살당한 장애인의 수가 200,000명이라 하고 장애학자인 미첼(David mitchell)은 그 수를 250,000명이라 주장을 하였다.

중세사회 장애인에 대한 관념이 역시 오늘날까지 그대로 이어지는 경우가 많다. 최근 각 종교인들은 장애인 선교나 포교에 많은 관심을 보이고 또 실천하면서 장애인을 사제나 승려로 받아들이는 데 여전히 인색하다. 특히 조계종의 경우 장애인의 출가를 종교법으로 금지하고 있다.

(3) 현대사회의 장애인관

근현대는 중세 이전에 비해 장애인에 대한 인식이 긍정적으로 변하고 장애인복지제도가 발전하였다. 1, 2차 세계대전으로 인해 참전군인들의 장애가 발생하는 경우가 많아졌고 부상군인에 대한 보상의 일환으로 독일과 영국은 참전군인보상 관련 법률을 제정하고 장애인 고용제도가 시행되는 등 장애에 대한 보호제도가 확대되었다. 이러한 과정을 거치면서 장애인복지는 뿌리를 내리게 되었다.

또한 1984년에 UN 세계인권선언, 1971년 UN 정신지체인 권리선언, 1975년 UN 장애인 권리선언, 1981년 세계장애인의 해 선언 등이 진행되면서 장애인 인권보장을 위한 이념적인 토대가 구축되었고 실제로 장애인 권리선언에서는 장애인이 인간으로서 존엄성을 존중받아야 할 권리가 있다는 것을 포함하여 시민적 권리와 정치적 권리, 자립을 위한 모든 수단을 이용할 권리, 사회통합을 촉진하는 서비스를 받을 권리 등을 명시하였다. 고대부터의 장애인에 대한 관념을 비교했을 때, 현대의 장애에 대한 관념이 매우 획기적으로 변했다는 것을 알 수 있다. 장애에 대한 관념이 점차 긍정적으로 변화됨에 따라 장애인의 신체적·심리적 재활을 도울 수 있는 전문가 및 각종 기법들이 발전하게 되었으며 재활과 지역사회 내에서 장애인의 사회참여 및 자립을 추구하는 경향이 보이게 되었다. 최근 과학, 의료기술의 발전으로 장애가 사라지기도 하고 장애가 있으나 현실적으로 일상생활에 불편을 겪는 일이 최소화되기도 하고 있다.

청각장애인 경우 인공와우(달팽이관) 수술로 청력을 회복할 수 있는 기회가 있고 시각장애인의 경우 각막이식을 통해 개안수술 등이 수행되고 있다. 저시력자의 경우에도 보조공학기의 발달로 인하여 핸드폰을 사용하고 컴퓨터를 사용하는 데 크게 불편하지 않은 상태로 일상생활뿐 아니라 직업생활도 가능한 상태에 이르고 있다.

이렇게 점차로 과학의 발달로 장애의 비장애화 현상은 더욱 심화될 것으로 예상된다. 이러한 과학의 발달과 함께 기기의 발달은 장애에 대한 범주에도 영향을 미칠 것이며, 미래에는 장애에 대한 패러다임도 과학기술의 발전과 비례한다고 예측이 가능하다.

2. 한국의 장애인복지 역사

1) 삼국시대의 장애인복지

삼국시대에는 장애인의 복지가 아직 제도화의 단계에 이르지는 못했으나 재해를 당한 일반 백성과 환과고독, 노병, 불능자에 대한 구빈사업이 실시되었다. 삼국시대의 구제사업으로 관곡진급(官穀賑給), 사궁구휼(四窮救恤), 조조감면(組調感免), 대곡자모구면, 종자 및 식량급여, 이재민에 대한 군주의 친순 및 위문, 역농방재(力農防災), 종묘(宗廟) 및 불사기도(佛寺祈禱) 등이 있다. 이와 같은 구제사업 중에서 장애인과 관련이 있는 제도는 사궁구휼이라고 할 수 있다.

고구려는 기록상 남아 있는 최초의 항구적 구빈제도라 할 수 있는 진대법을 실시하였다. 진대법은 고국천왕 16년(194)에 재상 을파소(乙巴素)의 제안을 제도화한 것으로, 가난한 백성에게 춘궁기에 관곡을 대여했다가 추수기에 상환하게 한 제도이다. 가구 수의 많고 적음에 따라 차등을 두었다. 진대법은 ① 춘궁기 백성 구제 ② 농민들의 이농 방지 ③ 농민생활 안정 ④ 신·구 관곡의 교환 등 여러 이점이 있었다.

백제 비류왕 9년 춘2월에 사(使)를 발하여 백성의 질고(疾苦=病苦)를 묻고 환과고독, 불능지존자에게 곡식을 1인당 3석씩 주었다(삼국사기 권24, 백제 본기2, 비류왕 9년). 신라 유리왕 5년에 왕이 국내를 순행하다가 늙은 할머니가 굶주리고 있는 것을 보고 그를 덮어 주고 음식을 먹인 후 유사에게 명하여 환과고독, 노인, 병든 자 등에게 구제를 실시하도록 하였다(삼국사기 권1, 신라본기 1, 유리왕조). 통일신라시대 경덕왕 6년 겨울에 눈이 오지 않고 백성이 기근과 병에 걸리자 사자를 10도에 보내어 안무케 하였고, 동왕 14년에 노병과 환과고독의 백성에게 곡식을 차등 있게 주어 구휼하였다(삼국사기 권9). 경문왕 13년 봄에 역질이 유행함에 사자를 보내어 구제하게 하였다(삼국사기 권11).

2) 고려시대의 장애인복지

고려시대에 국가가 구휼사업을 시행하게 된 것은 기근, 질역(疾疫), 자연재해, 전란, 국가적 행사 등이 중요한 동기가 되었다.

고려시대의 구제제도는 은면지제(恩免之制), 재면지제(災免之制), 환과고독진대지제(鰥寡孤獨賑貸之制), 수한질여진대지제(水…旱疾厲賑貸之制), 납속보관지제(納粟補官之制)로 되어 있다. 이 시대의 구제기관으로는 구제보, 구제도감, 동서대비원, 혜민국을 들 수 있다.

고려시대 장애인 관련 제도로 휼형(恤刑)제도와 요역면제 그리고 시각장애인을 배려한 복인(卜人)제도가 있다. 휼형제도는 장애인이 죄를 지을 경우 감형할 수 있는 제도이다. 문종 33년(1079년)에 강음현에 사는 맹인이 사람을 죽여 사형을 받게 되었지만 사형을 감하고 섬으로 귀양을 보냈으며(고려사 권 85, 휼형조), 인종 17년(1138)에 폐질자가 살인을 저질러도 그들에게 장형을 가하지 말고 유배시키도록 한 것이 그 예이다.

요역면제제도는 효행 등 윤리적인 선행으로 포상을 받거나 신체에 장애가 있는 폐질자와 한 호에 장정이 하나 밖에 없는 단정일 경우 요역을 면제하였다. 또한 고려 초부터 국가에서 복업(卜業)을 과거제도에 포함시켜 복인(卜人)을 선발함으로써 구걸이나 다른 사람의 도움으로 살던 맹인들이 복업(卜業)을 통하여 자립생활을 영위할 수 있게 하였다. 이는 현재의 안마사 제도의 독점 논란과 관련하여 시사하는 바가 크다.

3) 조선시대의 장애인복지

조선시대에는 구제 내용에 있어서 삼국 · 고려조와 유사하게 곡물의 급여, 환곡의 감면, 조세와 부역의 면제 등이 주를 이루었다. 삼국 · 고려조와 다른 점이 있다면 요보호자를 위한 시설수용보호와 주민자치적인 성격의 사창(社倉)제도의 발전을 들 수 있다. 조선시대 구제의 중심을 이룬 제도는 삼창제도 즉 상평창, 의창, 사창을 말한다.

4) 일제강점기의 장애인복지

일제의 구휼사업으로는 일제 말 제정된 '조선구호령'을 들 수 있다. 일본에서는 1920년대 말까지 1874년 구휼 규칙에 따라 구빈행정을 실시하였으나, 1929년에 새로 구호법을 제정하여 1932년 1월 1일부터 실시했다. 그러나 한국에서는 이 법이 적용되지 않다가 1944년에 이르러 한국인에 대한 징병과 노무 징용에 동원하기 위한 선무용으로 일본의 구호법을 원용하여 '조선구호령'을 제정했다. 그 적용의 대상은 ① 65세 이상의 노쇠자 ② 13세 이하의 유아 ③ 임신부 ④ 불구 · 폐질 · 질병 · 상이, 기타 정신 또는 신체의 장애로 인하여 노동을 하지 못하는 자로 되어 있다. 구조는 거택보호를 원칙으로 했고, 거택보호가 불가능할 때에는 구호시설에 맡겨 보호하도록 했다.

5) 현대의 장애인복지

(1) 태동기(1948-1970년대 말까지)

1948. 7. 17. 공포된 「정부조직법」(법률 제1호)은 사회부로 하여금 노동, 보건, 후생 및 부녀 문제를 다루게 하였다. 1963. 12. 24. 법률 제1506호는 원호대상자, 애국지사 및 그 유족 월남귀순자의 원호와 군인보험을 관장하는 기구로 원호처를 두었다. 1950. 4. 14. 공포된 「군사원호법」과 1951. 4. 12. 공포된 「경찰원호법」은 비록 군인과 경찰에 한한 것이기는 하나 장애문제에 대해서 특별히 제도적으로 대처하려는 노력이 이 시기에 비롯되고 있음을 볼 수 있다. 이는 한국 전쟁을 전후하여 상이군인, 상이경찰관이 빈발함에 기인한 것이라 할 수 있다.

1960년대 우리나라 사회보장의 기본이 되는 법들이 제정된 시기였다. 이때 제정된 법으로는 공적부조 및 사회복지서비스 분야의 법으로 1961년 「생활보호법」, 「아동복리법」, 「고아입양특례법」 등을 제정하였다. 사회보험법 제정은 1962년도에 「공무원연금법」, 「선원보험법」이 제정되었고, 1963년에 「군인연금법」, 「산업재해보상보험법」이 제정되었다. 대한민국 정부 수립 이후 1960년대까지 장애인 문제에 대한 독자적인 제도상의 접근은 찾아보기 어려우며, 주로 장애인 문제는 민간 사회사업가나 종교단체의 역할에 맡겨져 왔다.

이 시기 장애인복지는 주로 장애인복지시설 중심으로 이루어져 왔다고 볼 수 있다. 장애인복지시설을 다른 사회복지시설과 더불어 연도별 증가 추이를 보면, 사회복지시설은 6·25전쟁 이후 계속 증가하여 1956년에는 모자원 62, 영아원 32, 육아원 396, 양호원 37, 지체장애자시설 15, 맹아자시설 7개소에 달했다. 이후 1968년에는 전국의 사회복지시설 총 수가 615개소(사립 603, 국·공립 12)에 이르렀다. 1970년대는 장애인의 교육기회에 대한 차별이 사회문제로 제기된 시기였다. 이러한 상황에서 1977. 12. 31. 법률 제3053호로 「특수교육진흥법」이 제정·공포되었다. 이 법은 지체, 정신, 시각, 청각, 언어, 정서, 기타 심신장애자를 특수교육 대상자로 하고, 국가 및 지방자치단체에게 특수교육 진흥을 위한 시책을 강구하도록 하고 있다. 특히 이 법은 각급 학교의 장에게 특수교육 대상자가 당해 학교에 입학하고자 할 경우에 장애를 이유로 불이익한 처분을 하지 못하게 규정하고 있다. 이 법은 우리나라 장애인제도에 있어서 최초로 차별금지 법리를 규정한 획기적 조치라고 할 수 있을 것이다.

(2) 도약기(1980년대 이후)

1980년대는 우리나라 장애인복지제도의 도약기라고 할 수 있다. 1981년이 UN이 정한 「세계장애인의 해」, 1982~1992년이 UN이 정한 '세계장애인 10년'이었으며, 1982. 12. 3. UN은 「세계장애인 10년 행동계획」(The world Program of Action Concerning Disabled Person)'을 채택하였다.

1981. 6. 5. 한국역사상 최초의 장애인복지에 관한 종합적인 법률이라 할 수 있는 「심신장애자복지법」이 공포되었다. 이 법은 ① 심신장애자의 기준 ② 심신장애

자 복지시설에의 입소 · 통원 조치 ③ 보장구의 교부 ④ 고용 ⑤ 편의시설 ⑥ 장애자 부양수당 등에 관하여 규정하고 있다.

1988년 개최된 제8회 장애인올림픽(paralympics)은 한국 장애인복지 발전에 기폭제가 되었다. 대회 개최를 준비하는 동안 공항, 경기장, 선수촌, 도로, 교통수단 등 물리적 환경에 대한 편의시설 정비에 착수하게 되어, 도로의 턱 없애기, 특수차량 보급, 장애인전용 화장실, 승강기 등의 작업을 진행하였다. 일반국민이 장애인에 대한 인식을 갖게 된 시점도 이 시기라고 할 수 있다.

정부는 1989. 9. 15. 구성된 '장애자복지대책위'의 건의를 받아들여 심신장애자복지법을 1989. 12. 30. 「장애인복지법」으로 전면 개정하였다. 주 내용은 다음과 같다.

첫째, 국가 및 지방자치단체의 책무로 ① 장애예방 ② 재활치료 ③ 중증장애인의 보호 ④ 교육 및 직업지도 ⑤ 주택 보급 ⑥ 경제적 부담 경감조치 등을 규정하였다.

둘째, 장애인 등록제도를 도입하였다.

셋째, 각종 복지 조치로 ① 생계보조수당의 지급 ② 의료비 및 교육비 지급 ③ 재활상담 및 복지시설에의 입소 · 통원 ④ 보장구 교부 및 자립자금 대여 ⑤ 장애인생산품 우선구매 등을 규정하였다.

넷째, 장애인복지시설을 재활시설, 요양시설, 유료시설, 이용시설, 직업재활시설, 점자도서관 등으로 구분하였다.

다섯째, 매년 4월 20일을 「장애인의 날」로 법률로 정하였다.

여섯째, 장애인단체 보호 육성 및 '한국장애인복지체육회'를 법률로 규정하였다.

1989. 4. 28. 설립된 장애인복지체육회(KOSAD/Korea Sports Association for 속 Disabled)는 매년 전국장애인체육대회를 개최하고, 곰두리사회체육센터를 운영하는 한편 국제대회에 입상한 장애인에게 평생 연금을 지급하고 있다.

표 2-1 **도약기 장애의 복지 이념**

시행일자	내용
1963. 11.	산재보험법 제정
1976.	제31차 UN총회에서 1981년을 세계장애인의 해로 선정
1977. 12. 31.	특수교육진흥법 제정
1981.	UN이 정한 세계장애인의 해 ※ 제1회 재활증진대회, 전국장애인체육대회, 기능경기대회 개최
1981. 6. 5.	심신장애자복지법 제정
1981. 11. 2.	재활과 신설(대통령령 제10565호)
1982. 1.	영세장애인에 대한 보장구교부사업 실시
1982. 7.	장애인 취업알선사업 실시(한국장애자재활협회)
1983. 12. 27.	복지수공예품공판장 운영사업(한국사회복지협의회)
1983. 12. 31.	장애인용 수입물품 관세 감면

(3) 발전기(1990년대 이후)

1988년 서울올림픽과 장애인올림픽을 기점으로 증가된 장애인의 복지욕구에 부응하여 장애인 종합 대책을 마련하는 한편, 모든 재가장애인에게로 복지서비스를 확대 전환한 시기이다.

① 「장애인고용촉진 등에 관한 법률」 제정

1990. 1. 13. 「장애인 고용촉진 등에 관한 법률」이 제정되었다. 이 법은 장애인 고용에 관하여 의무고용제도를 도입하여 300인 이상을 고용하는 사업주는 근로자 총 수의 2% 이상을 장애인을 고용하도록 하고, 이에 미달하는 사업주는 고용부담금을 납부하도록 규정하였다(2021년도는 총 근로자수의 3.1%로 개정이 됨).

한편 이 업무를 효율적으로 수행하기 위하여 독립 법인으로 장애인고용촉진공단을 설립하고 노동부에 정부출연금, 사업주의 부담금 등으로 조성되는 장애인고용촉진기금을 설치하는 것으로 되어 있다.

장애인고용촉진공단의 주요 사업 내용은 ① 장애인고용에 대한 정보의 제공 ② 조사연구 ③ 적응훈련 및 직업재활상담원 양성 ④ 사업주에 대한 기술적 지원 ⑤ 적성검사 · 직업지도 · 평가와 기타 장애인훈련원, 장애인표준작업장 운영, 장애인기능경진대회 개최 등으로 되어 있다.

「장애인고용촉진 등에 관한 법률」은 2000. 1. 12. 고용을 담당하는 노동부, 직업교육을 담당하는 교육부 직업재활을 담당한 보건복지부의 의견을 조정하여 「장애인고용촉진 및 직업재활법」으로 개정되었다.

개정 법률의 주 내용은 국가 및 지방자치단체에게 장애인 고용에 대한 교육, 홍보, 고용촉진운동에 대한 책임을 명시하고, 장애인직업재활시설에 생산설비 · 원료 · 기술 등을 제공하며, 재활시설에 도급을 주는 사업주에 대하여 장애인고용부담금을 감면할 수 있게 하였다.

② 「특수교육진흥법」의 개정

1977. 12. 31. 제정된 「특수교육진흥법」은 1994. 1. 7. 전면 개정되었다. 개정법은 특수교육은 통합교육, 개별화 교육이 원칙임을 선언하고, 치료교육, 순회교육, 직업교육을 도입하고, 초 · 중등교육을 의무교육으로, 유치원 · 고등학교 과정을 무상교육할 것을 명시하였다. 또 특수교육에 대한 주요 사항을 심의하기 위하여 교육부에 중앙특수교육심사위원회를, 광역자치단체에 지방특수교육위원회를 설치하고, 고등과정 이후에 전공과를 설치할 수 있도록 하였다.

③ 장애인발전 5개년계획 수립 · 공포

1997년에 1998~2002년까지 추진되는 장애인발전 5개년계획을 수립 · 공포하였다. 장애인복지의 확대를 위하여 장애예방, 장애인의 생활안정, 사회참여 및 편의시설 확충, 장애범주 확대, 장애아동의 교육기회 확대, 특수교육 기능 강화, 장애인직업능력 강화 등을 포함하고 있다.

④ 「장애인 · 노인 · 임산부 등의 편의증진보장에 관한 법률」 제정 · 공포

1998년 「장애인 · 노인 · 임산부 등의 편의증진보장에 관한 법률」을 제정 · 공포하였다. 이 법은 장애인 · 노인 · 임산부 등이 일상생활을 영위함에 있어 다른 사람의 도움 없이 안전하고 편리하게 시설 및 설비를 이용하고, 정보에 접근하도록 보장함으로써 사회활동의 참여와 복지증진을 목적으로 제정되었다.

2007년 제정 · 공포된 「장애인차별금지 및 권리구제 등에 관한 법률」은 장애인에 대한 차별에 벌칙 조항을 두어 국가가 엄격하게 차별을 금지하는 법률로서 소위 장애인복지의 선진국이라는 나라들에서조차 흔치 않은 강력한 장애인 인권보장 법률이라 할 수 있다.

「장애인차별금지 및 권리구제 등에 관한 법률」 제정의 의미는 장애인정책의 패러다임을 근본적으로 바꾸었다는 데 있다. 장애인의 권리는 인간의 기본적 권리로 장애인이 우리사회에 적응하는 것이 아니라 장애인이 불편하지 않도록 장애인을 둘러싸고 있는 환경 즉, 우리사회가 변화해야 한다는 점에 역점을 두고 있다고 할 수 있다.

「장애인차별금지 및 권리구제 등에 관한 법률」은 이러한 내용을 주된 내용으로 다음과 같은 사항을 규정하고 있다.

제1장 총칙에서는 장애의 정의를 중심으로 장애의 범주 및 개념에 대해 언급하고 있다.

제2장과 3장에서는 정당한 편의 제공 및 장애여성, 장애아동 등에 대한 차별금지의 내용을 기술하고 있다.

제4장에서는 장애인 차별 행위에 대한 조사와 구제업무를 전담하는 장애인차별소위원회를 국가인권위원회에 설치하고, 차별행위에 대한 시정권고 및 그 내용을 법무부장관에게 통보하도록 규정하고 있다.

제5장은 차별행위에 대한 손해배상 및 입증책임에 관해 규정하고 있다.

벌칙조항으로 악의적인 차별행위에 대하여 3년 이하의 징역 또는 3,000만 원

이하의 벌금에 처하도록 하였으며, 차별행위 시정을 위하여 과태료를 부과하도록 되어 있다.

표 2-2 주요 장애인복지사업

시행일자	내용
1990. 1. 13.	장애인고용촉진 등에 관한 법률 제정, 공포
1993. 8. 1.	장애인자동차표시제도 실시
1997. 1. 1.	장애인공동생활가정(Group-Home) 설치, 운영
1997. 4. 10.	장애인 · 노인 · 임산부 등의 편의증진보장에 관한 법률 제정, 공포
1997. 5. 22.	장애인복지심의관 설치
1997. 12. 9.	장애인복지대책위원회에서 장애인복지발전 5개년계획 심의, 확정
1997. 12. 31.	정신보건법 제정, 공포
1998. 12. 9.	장애인 인권헌장 제정, 공포
1999. 2. 8.	장애인복지법 전면개정
2000.1. 1.	장애범주 확대: 지체, 정신지체, 시각, 청각, 언어 → 지체, 정신지체, 시각, 청각, 언어, 뇌병변, 정신, 자폐, 심장, 신장
2000. 1. 12.	장애인고욕촉진 및 직업재활법 개정, 공포
2003. 7. 1.	2차 장애범주 확대: 지체, 정신지체, 시각, 청각, 언어, 뇌병변, 정신, 자폐, 심장, 신장 → 지체, 정신지체, 시각, 청각, 언어, 뇌병변, 정신, 자폐, 심장, 신장, 간, 간질, 호흡기장애, 안면장애, 장루
2005. 1. 1.	장애수당 지급 대상자 확대(국민기초생활보장법상의 상계급여 수급자 중 중증장애인 → 국민기초생활보장법상의 일반수급자인 전체 등록장애인)
2007. 4. 10.	장애인차별금지 및 권리구제 등에 관한 법률 제정, 공포
2009. 12. 17.	장애등급 판정기준(고시 제2009-227호) 제정
2010. 4. 12.	장애인연금법 제정(2010. 7. 1. 시행)
2011. 1. 4.	장애인활동 지원에 관한 법률 제정
2011. 8. 4.	장애아동복지지원법 제정, 공포(2012. 8. 5. 시행)
2012. 1. 1.	여성장애인출산비용 지원사업 실시

CHAPTER

03

장애인복지의 이념과 자립생활

1. 장애인복지의 이념

복지가 추구하는 것은 모든 인간이 인간다운 생활을 영위하도록 평등한 권리를 누리는 것이다. 장애인복지는 장애인도 평등하게 인간다운 생활을 누릴 수 있도록 하는 것이다.

과거의 장애인복지는 단지 의식주를 해결하고 질병을 치료하는 것부터 시작이 되었다. 그러나 현대의 장애인의 인간다운 삶이란 인간으로서 존중 받고 가치 있는 삶을 사는 것이다. 태어나서 자라나면서 각 단계별 발단단계에 따른 발달과 사회성을 누릴 권리가 있어야 한다. 학업 시기에는 학업에 대한 권리를 추구할 수 있으며 직업생활을 할 시기가 되면 안정된 직업을 가질 권리가 있다. 결혼적령기가 되면 결혼과 성에 대한 관심과 참여를 누리고 행복을 추구할 권리가 있다. 그리고 노후에는 여가를 즐기며, 안락한 노후생활을 누릴 권리를 모두 포함한다.

장애인복지의 이념적 접근은 인간의 존엄성 확보, 인간의 건강한 성장과 발달의 보장, 정상화, 사회적 통합 등으로 세분화하여 정리해 볼 필요가 있다.

1) 인권보장의 이념

장애인복지의 가장 중요한 목적은 인간의 인격을 인정하고 존중하는 데 있다. 인간의 평등권을 장애인도 누릴 수 있도록 인정하고 존중해야 한다는 기본적인 사상을 배경으로 삶아야 한다. 모든 인간은 제각각 다양한 개성을 가지고 살고 있다. 신체의 일부가 소실이 되거나 기능이 다른 사람과 다르게 느리게 발달하거나 일정한 부분이 발달하지 못한 사람일지라도 이유를 불문하고 인간은 모두 인간으로서의 존엄성을 인정받아야 하는 존재로서 상황이나 차이를 떠나서 개인의 존귀한 생명과 인격을 가지고 생존하는 존재라는 인간 이해로부터 출발하는 것이다.

이러한 가치는 인권사상에 기초한 것으로 인권은 어떤 자격과 조건을 필요로 하지 않는다. 그에게 권리가 있다는 것은 단지 인간이라는 것, 그 사람이 존재하고 있다는 것으로 '인간은 누구나 인간으로서 존엄하고, 인간으로서의 평등한 가치를 가진다'는 인식을 기반으로 하는 것이다. 특히 우리나라 「헌법」 제10조에서 "모든 국민은 인간으로서의 존엄과 가치를 가지며, 행복을 추구할 권리를 가진다."고 선언하고 있다. 이는 사회복지에 있어서 가장 기초적인 사상과 가치이다. 따라서 장애인복지는 인간의 존엄성과 인권의 존중에서 비롯되며, 불평등과 차별에 대항해서 인간존엄과 평등사회의 창조를 위해 저항해 가는 원리이며, 가치인 것이다. 역사적으로 볼 때 사회적으로 비가치화되고, 사회의 편견, 멸시, 차별 속에 있는 장애인은 비장애인과 똑같은 인격체로서 대우 받지 못하는 데서 어려움이 반복되고 있기 때문에 인권의 회복과 인간 존엄성의 회복 없이는 장애인복지는 성취될 수 없다.

2) 정상화의 이념

정상화(normalization) 이론은 1960년대 스칸디나비아 지역에서 태동한 후 1970년대에 북유럽 및 미국, 영국의 장애인복지서비스의 주요한 이념으로 논의되어 왔다. 정상화라는 장애인들도 비장애인들과 같은 삶을 영위할 수 있게 한다는 주장이다. 장애인들과 비장애인들의 삶과 비교했을 때 서로 다른 상황 속에 있는데, 이러한 기존의 지배적인 서비스 이데올로기에 반대하여, 정상적이고 일상적인 생활주기를 존중할 것을 강조한다.

최근 지역사회를 기반으로 하는 탈시설화, 사회통합, 그룹홈, 보통생활(ordinary life), 권리옹호 등의 어휘는 정상화 원리의 발전 속에 전개되어 온 개념이다. 정상화 원리는 장애인 분야가 아닌 차별이나 권리가 침해되고 있는 모든 영역에서 보편적으로 적용해야 할 대인 서비스의 주요한 원리로 거론되고 있다(이준우 외, 2010). 여기서는 정상화의 개념 및 정상화에 대한 비판의 내용을 살펴보도록 한다.

(1) 뱅크미켈슨(Bank-Mikkelsen)의 정상화 이론

정상화에 대한 개념을 보다 자세히 이해하기 위해 정상화 이론을 구축한 3대 학자로 평가되는 뱅크미켈슨(N. Bank-Mikkelsen), 뉴리에(Bengt Nirje), 울펜스버거(W. Wolfensberger)의 논의를 정리해 보면, 정상화 이념이 덴마크에서 처음 제시되어 시작되었다. 1950년대 덴마크에서는 격리된 시설에서 지적장애인들이 생활하는 것에 대한 비판이 장애인의 부모들을 중심으로 제기되었고, 그 당시 사회성 장애인복지 담당관이었던 뱅크미켈슨(Bank-Mikkelsen)은 장애인 부모운동과 협력하여 '정상화'라고 하는 구호가 법률적으로 효력을 가질 수 있도록 노력하였다. 본래 뱅크미켈슨은 나치 지배 아래에서 반나치즘운동을 하여 강제 수용소에 투옥된 경험이 있었는데, 전후 장애인행정의 담당자가 된 후 당시 덴마크의 지적장애인복지설의 상태를 보았을 때 나치의 철저한 격리수용이라는 반인권적 모습과 전쟁 당시 대부분의 유럽국가들이 우생학에 열중하여 장애인에 대한 불임시술을 행한 것 등을 보면서, 지금의 사회를 정상적인 사회로 만들고자 하였던 이상을 정상화 이념으로 구축하였던 것이다(박광준, 2010). 이후 덴마크에서는 1959년 「정신지체인법」이 제정되었다. 이 법의 목적은 '지적장애인을 가능한 최대로 정상적인 생활조건(normal living condition)에 가깝게 생존하도록 하는 것'이었으며, 여기서부터 정상화의 개념이 유래하였다고 할 수 있다. 이후 뱅크미켈슨은 정상화가 지적장애인들에게 주거, 교육, 일, 취미활동 등을 포함하여 다른 모든 시민들이 갖는 인간의 기본권을 제공하는 것이라고 정의하였다(Bank-Mikkelsen, 1980; 이성규, 2000 재인용).

(2) 뉴리에(Nirje)의 정상화 이론

덴마크의 정상화 이념은 1969년에 스웨덴 정신지체아동협회 이사장이었던 뉴리에(Nirje)에 의해 스웨덴에도 도입되었다. 또한 뉴리에는 정상화 이념을 영문으로 번역하여 국제적으로 확산되게 하는 데 일조하기도 한다. 뉴리에(Nirje, 1982)는 정상화 원리의 의미를 "모든 장애인이 되도록 보통의 환경과 삶의 양식 및 사회적 양식에 가까운 매일의 삶과 사회적 패턴을 누릴 수 있도록 만드는 것"이라고 제시하였다. 이러한 원리를 보다 구체화시킨다면 여덟 가지로 말할 수 있다(정일교, 김만호, 2010).

첫째, 지적장애인들에게 하루의 보편적 리듬을 제공하는 것을 의미한다.

둘째, 1주일간의 보편적 리듬의 가정, 일, 여가라는 3개의 측면에서 만족되어야 한다.

셋째, 1년간의 보편적 리듬이 가족과의 관계, 여가, 문화적 행사에서 장애인의 배제 없이도 만족되어야 한다.

넷째, 생애주기에 있어 보편적인 발달적 경험을 할 기회를 가질 수 있어야 한다.

다섯째, 보편적 개인의 존엄과 자기결정권이 배려되고 존중되어야 한다.

여섯째, 그 문화에 있어서 보편적인 성적 관계(결혼 등)를 가져야 한다.

일곱째, 그 사회에 있어서 보편에 가까운 생활을 할 수 있기 위한 경제 수준과 이를 위한 권리를 누려야 한다.

여덟째, 그 지역에서 있어서 보편적 환경 형태와 수준을 제공받아야 한다.

(3) 울펜스버거(Wolfensberger)의 정상화 이론

뱅크미켈슨과 뉴리에에 의해서 제시되고 소개된 정상화 이론은 미국의 심리학 및 특수교육 연구원이었던 울펜스버거(Wolfensberger)에 의해서 더 정교한 체계를 갖추게 되었다. 울펜스버거는 정상화의 원리를 메타 이론 혹은 메타 체계로 발전시켰고 구체적 표현을 통해 많은 영향을 미쳤는데, 그 영역은 임상이나 직접 서비스뿐만 아니라 구조적 혹은 체계적 서비스 영역에 이르기까지 광범위하였다(이익섭, 1999). 울펜스버거는 "정상화란 개인의 행동, 특성을 가능한 한 문화적 규범에 일치하도록 설정하고 유지하기 위해 문화적 규범에 최대한 일치하는 수단을 활용하는 것"이라고 하고, 정상화의 정의를 다음과 같은 세 가지 관점에서 설명함으로써 보다 구체화하였다(Wolfensberger, 1972, 이익섭, 1999 재인용).

첫째, 문화적으로 가치있는 삶을 영위하기 위해서 문화적으로 가치있는 수단

(culturally valued means)을 사용한다.

둘째, 최소한 평균 시민에 접근하는 삶의 여건을 제공하고, 행위, 모습, 경험, 신분 및 인정을 최대한 향상·지원하기 위해서는 문화적으로 정상적인 수단(culturally normative means)을 사용해야 한다.

셋째, 최대한 문화적으로 정상적인 행동이나 모습 그리고 경험 및 이해는 가질 수 있도록 지원하기 위해서는 가능한 한 문화적으로 정상적인 수단을 활용한다.

이러한 개념 정의는 상당히 광범위하고 추상적이라고 할 수 있는데, 이는 울펜스버거가 애초에 정상화 개념을 "스칸디나비아 방식이 아닌 북아메리카식으로 설정하고 사회화시키며 보편화시키겠다"(Wolfensberger, 1980)고 선언했던 것과 같이, 기존의 덴마크나 스웨덴의 정상화 개념과 달리 보다 더 문화적이고 사회적인 맥락을 강조한 것이다. 실제로 울펜스버거의 정상화 개념은 시간이 지나면서 두 가지 관점에서 변화가 이루어진다(이성규, 2000). 첫째는 소외받고 있는 그룹들이 대중으로부터 인식되거나 묘사되는 방법에 대하여 점점 강조되었다는 것이며(Wolfensberger, 1980), 둘째는 문화적인 관점에서 정상적인 관행을 중시하던 입장에서 사회적으로 가치화된 역할(socially valued roles)을 중시하는 방향으로 선회하였다는 것이다(Wolfensberger & Thomas, 1983). 정상화에 대한 새로운 접근 이후 울펜스버거가 정상화라는 용어 이외에 '사회적 역할의 가치화(social role valorization)'라는 이론을 제시하는 발전하게 된다. 이에 사회적 역할의 가치화에 대해 뒤로 살펴보도록 한다.

(4) 정상화의 의의 및 정상화 이해에 있어서 유의할 점

지금까지 살펴본 정상화의 이념은 전문가들의 사고와 서비스 실천에 다음과 같은 측면에서 긍정적인 영향을 미쳤다고 평가된다(이준우 외, 2010). 첫째, 전문가들로 하여 장애인의 생활 상황에 명확한 초점을 맞추게 도와주었다. 둘째, 정상적인 삶의 조건을 장애인에게 보장해야 한다는 장애인복지의 기준을 설정하였다. 셋째, 장애인복지의 세부 이념과 구체적인 행동 지침을 마련하는 데 크게 기여했다. 넷째,

장애인과 비장애인, 장애인과 장애인, 장애인과 사회복지사 등과 같은 사람들 사이에 네트워크를 형성했다는 점 등을 평가한다.

정상화 이념이 현대의 장애인복지에 미친 이러한 큰 영향에도 불구하고, 정상화의 개념에 대한 오해가 존재한다. 이러한 잘못된 인식을 바로잡는 것은 정상화의 이념을 장애인복지정책과 서비스에 적용하는 데 있어서 중요하다고 할 수 있다. 정상화의 개념에 대한 잘못된 견해에 대해 논의를 해보면, 다음과 같다.

첫째, 정상화 이념은 장애인이 사회규범을 준수하는 데 초점을 맞추어, '장애인을 정상적으로 만드는 것'이라고 보는 것이다. 하지만 대부분의 정상화 이념 이론가 및 실천가들은 정상화의 근본적 원리가 환경의 정상화를 뜻하는 것이지, 사람을 정상화시키는 것이 아님을 유념할 필요가 있다고 주장한다.

둘째, 정상화는 장애인에게 어떠한 지원도 하지 않고, 지역사회나 학교 등에 '덤핑(dumping)'하는 것이라는 비판을 한다. 즉, 정상화는 시설에서 거주하고 있는 장애인의 정상화를 위한다는 명목으로 거주시설을 해체하고 장애인들을 적절한 지원책(가령, 특수학교, 주택지원, 고용지원, 활동지원 등) 없이 일방적으로 지역사회에 통합시킬 수 있는데, 이는 결국 장애인의 복지 증진에 도움이 되지 않는다는 것이다. 그러나 정상화는 시설수용에 반대한다는 측면은 분명히 있지만, 장애인복지 재정 투입의 대폭적인 증대를 통한 장애인복지서비스의 질 향상을 주장하고, 근본적인 정상화를 위해서는 시설수용의 경우보다 훨씬 많은 예산을 투입해야 함을 강조한다(김용득, 2005).

3) 사회통합의 이념

장애인복지는 장애인으로 하여금 사회성원의 일원으로서 타인과 마찬가지로 사회생활에 적극적으로 참여하고 살아갈 수 있게 하는 제도적 보장이다. 사회통합은 요보호자를 사회적으로 배제하고 분리하는 것이 아니라 이들을 전체 사회체계 속에 적극적으로 참여하게 하고 통합시켜 가는 것이 전체 사회의 발전을 위하고 더불어 함께 사는 사회의 체계적 노력이며 결과물의 도출로 통합이 이루어지도록 하는 것이다. 복지의 실현이 없이는 사회의 통합이 이루어지지 않고 불안과 불만이 내포된 사회는 불안정한 위기 상황에 처하게 된다. 직업생활이 가능한 장애인에게는 직업의 기회가 균등하게 이루어지도록 사회분위기를 조장하고 직업생활이 어려운 장애인에게는 삶의 기본권에 해당하는 생활 자금과 의료비를 지원해서 장애인들의 사회에 대한 불만을 가중시키지 않도록 해야 한다. 과거의 장애인복지는 문제를 파악하고 해결하는 정책이었으나 현재의 장애인복지는 문제 발생을 예측하고 방지하는 수준에 이르렀다. 미래의 진정한 복지는 문제 상황이라는 것이 존재하지 않는 편견과 오해의 소지가 사라지는 정책과 전 국민의 인식 변화에 초점을 두어야 한다. 진정한 사회통합이란 발견과 해결이 문제가 발생하지 않는 오해와 편견이 사라지는 상황이 되어야 진정한 사회통합이 될 것이다.

2. 장애인의 자립의 이념과 국가 책임의 이념

1) 장애인의 자립생활의 이념

자립생활(Independent Living)은 장애인 스스로가 자신의 삶을 선택하고 결정하며 자신의 생활 전반에 대한 통제력을 기반으로 삶을 영위해야 한다는 것이다. 여기에는 신변처리, 지역사회 내의 일상적 활동 참여, 사회적 역할 수행 등의 문제가 포함되며 자립생활의 개념 속에서의 자립은 철저한 개인의 문제로써 개별적 논의가 요구되는 상대적 개념이다. 자립이란 타인에게 의존하지 않고 스스로 판단하고 결정할 수 있는 상태에 있는 것을 말한다. 특히 사회복지에서 자립은 경제적 자립과 더불어 서비스 대상자에게 내재하고 있는 잠재적 능력을 발전시키기 위한 끊임없는 노력과 스스로의 독자적이고 선택적인 주체적인 삶, 스스로 선택하고 결정한 삶에 대해 책임을 질 수 있는 삶이라는 관점을 강조하는 것이다. 따라서 사회복지의 목표는 모든 국민이 자기결정 원칙에 의한 자립생활을 영위해 갈 수 있게 촉진하고, 그와 같은 생활조건을 확보해 가는 데 있다. 장애인의 자립생활이란 장애를 극복하고 완전한 생활을 할 수 있도록 사회적·제도적 장치가 마련되어야 한다.

자립생활은 장애인복지서비스의 새로운 모델의 하나로 인식되기보다 장애인과 장애문제를 바라보고, 논의하는 관점상의 변화, 사고들의 전환을 요구하고 있다. 장애인의 자립은 재활패러다임에서나 의료모델에서나 혹은 장애인복지나 재활서비스에 관여된 모든 전문가 집단에게 궁극적인 목표로 이어 왔고 앞으로도 마찬가지일 것이다. 그렇다면 왜 갑자기 이러한 장애인복지나 재활에 본질적으로 오히려 진부하다고 느껴질 수 있는 장애인 자립의 문제가 기존의 재활 관점에 있어 변칙으로써 혹은 패러다임의 전환이라는 조금은 벅찬 표제를 달고 다가서는 것일까? 자립생활 패러다임의 자립관의 그 무엇이 재활패러다임의 그것과 어떤 차별성을 갖고 있을까?

자립생활은 인권의 표현 혹은 시민권의 실천방법으로 인식돼야 한다. 자립생활의 개념을 논의함에 있어 반드시 다루어져야 할 주제어는 자기결정(Self-determination)과 선택권(Choice-making)이다. 자립생활 이념은 장애인에게 자신이 어디서 살 것인지, 누구와 함께 살 것인지, 어떤 생활양식을 선택할 것인지, 자신의 시간을 어떻게 활용할 것인지 등에 대한 생활 전반에 걸친 제반 상황을 스스로 결정하고 선택할 수 있는 권리가 있다는 것이다. 이와 같은 자립생활 개념에는 장애인이 스스로의 선택과 결정에 대한 모험이나 그 결과에 따른 위험 상황에도 대처할 책임이 있으며 이에 따른 성공 혹은 실패를 경험할 수 있는 권리를 갖는다. 자립생활의 이념에 있어 자신의 결정과 선택에 의한 행동 그리고 이로 인한 결과의 책임성은 논의의 중심이 된다는 것이다. 바꾸어 말하면 장애인 스스로가 자신의 삶을 관리하고 그 생활 전반에 걸쳐 방향을 설정하여 스스로의 삶을 주도하여 나아갈 뿐 아니라 사회활동에 적극적으로 참여함을 의미한다.

기존의 재활패러다임에서의 의료적 모델에서 장애인은 사회적으로 병자의 역할(sick role)을 요구받았으며 이러한 사회적 역할은 장애인 개인에게뿐 아니라 장애인 가족과 친구에게도 사회적 낙인(Stigma)이 되어 편견과 차별의 직접적 원인이 되고 있다. 병자의 역할은 질병의 종류 및 장애 정도에 따라 정상적인 사회활동은 물론 사회적 책임으로부터 면제되고 질병을 갖고 있는 환자는 자신의 질병에 대한 그 어떤 책임도 질 수 있는 능력도 없다. 다시 말해 환자는 자신의 생활 전반이나 삶 전반을 타인이나 사회에 의존해서 살아도 된다는 면죄부를 받은 것이다. 반면 이러한 혜택(?)에 대한 대가로써 사회로부터 요구받는 의무사항도 있는데 이는 환자가 병원에서 지켜야 할 규칙과도 같은 것이다. 첫째, 환자는 병든 상태를 비정상적이고 완전치 못한 상태로 규정하고 병자 자신의 회복이나 손상된 상태를 완전하게 되돌리는 데 가능한 모든 것을 해야 한다. 둘째, 환자나 보호자는 회복하기 위해서 의사와 간호사와 같은 자신의 질병이나 장애와 관련된 모든 이에게 복종해야 한다는 것이다.

장애인이나 만성질환자의 경우 정상의 상태로 복귀된다는 의미의 재활이란 불가능한 것이다. 장애인이나 만성질환자의 경우 장기간 혹은 평생 동안 환자의 역할을 지속하게 된다. 장애상태가 지속되는 동안에는 병자의 역할에서 제시되는 책임을 다하기 위한 타인에 대한 의존성은 당연시된다. 환자의 역할에 대한 사회적 함의나 자립생활과의 관계성에 대해서는 후반부에 다시 논의하기로 하겠다.

2) 장애인복지의 국가책임의 이념

과거의 개인의 문제가 개인의 게으름이나 운이 나빠서라는 개인의 책임과 비난이었지만 현대에 있어서는 개인의 빈곤과 건강의 악화도 개인만의 문제가 아니라 사회환경의 상호작용에 의한 영향에 대한 중요성이 점점 더 확대시되고 있다. 따라서 개인의 빈곤이나 건강의 악화 또는 선천적으로 장애인으로 태어났거나 중도장애인이 되더라도 이는 개인의 영향보다는 사회환경에 의한 문제이므로 책임도 개인이나 가정보다는 사회의 책임이라는 인식이 점점 커지고 있는 추세이다. 특히 노인층보다는 젊은층에서 사회책임 인식이 확산되고 있으므로 점차로 사회책임론은 더욱 더 확대될 것이다. 이에 따라서 장애인의 자립과 재활도 사회의 책임으로 변화되었고 점차로 사회의 책임 영역은 더욱 더 확대될 것이다.

이제 더 이상 장애인복지에 있어서 재활과 자립이 생소한 단어가 아니며 국가책임제에 따른 불만의 목소리도 이제 더 이상 내지 않고 있는 것이 현실이다. 지극히 개인적인 측면과 종교적인 차원으로부터 시작된 사회복지실천은 산업화·현대화 과정을 거치면서 사회에서 발생하는 문제들이 임금 노동에 관련되고 이것은 또 다시 교육의 부재, 제한된 고용기회, 부적절한 제반 환경들과 더불어 문제의 양상을 증폭시키는 결과를 낳게 되어 사회복지의 제1 주체로 국가(사회)가 대두됨을 볼 수 있다. 결과적으로 이러한 문제를 해결 또는 극복하기 위해서는 개인 또는 자선에 의한 서비스 접근과 더불어 국가(사회)가 이러한 문제를 해결하기 위하여 개입하여야 한다는 국가책임의 이념이 제기되었다. 장애인의 재활과 자립이 국가 책임하에 주도적으로 실시되는 있는 시대가 도래하였고, 탈시설화가 본격화되어서 이제는 장애인이 시설에 입소하는 것은 매우 생소하고 어색한 일이 되었다. 재활 프로그램을 이용하면서 지역사회복지관에 다니거나 자활로 장애인활동지원서비스를 신청하고 서비스를 받는 것은 매우 보편화되어 있다.

PART

02

장애인의 자립과 재활을 위한 정책

CHAPTER

04

재 활

1. 장애인재활의 정의

재활(rehabilitation)이란 장애인의 손상된 자격, 존엄이 완전히 회복되는 것을 말한다. 또한 장애인의 재활은 단순히 치료와 훈련의 기술적인 것만이 아니라 심신의 장애를 가진 사람이 온전한 사회인으로 생활할 수 있게 하는 것이다(전용호, 2003).

또한 사회복지학 사전에서는 재활을 "의학적 재활, 직업적 재활, 사회적 재활, 교육적 재활로 나누고 있으며, 의학적 재활에서는 신체장애의 치료와 제거에 노력하지만 만약 영속적인 장애가 되었을 경우에는 신체에 남아있는 다른 건전한 기능, 잔존 기능을 재개발해서 잃어버린 기능을 재활시키며 의지 · 휠체어 · 지팡이 · 보조구 등을 사용함으로써 장애인 개체로서의 기능저하를 개선시킨다. 이들이 목표한 바에 도달하면 직업적 재활 내지는 사회적 재활을 유도한다. 아동에 대해서는 의학적 재활과 병행해서 교육적 재활(특수교육)이 행해진다."라고 정의 내리고 있다.

재활이라는 용어는 샌프란시스코(1943년)에서 개최되었던 미국재활전국회의에서 처음 사용되었다. 이 회의에서는 재활은 '신체적으로 장애를 가지고 있는 사람이 가지고 있는 잔존 기능을 최대한으로 발휘시킴으로써 신체적 · 정신적 · 사회적 · 직업적 및 경제적 능력을 회복시켜주는 것'으로 정의하였다.

1976년 제29차 세계보건기구(WHO)에서는 장애예방과 재활을 제3의 의학으로 정의하면서 재활을 '의료적 · 사회적 · 교육적 · 직업적 조치를 통합하여 훈련시키고 재훈련시켜 장애인의 기능적 능력을 가능한 한 최고 수준에 이르게 하는 것'으로 정의하였다.

재활은 전인격체이며 개별화된 존재인 인간을 대상으로 그들의 잠재력을 최대한 시켜 충분한 생활을 영위할 수 있게 하는 것으로 정의하고 있다(문선화 외, 208).

WHO 세계장애보고서(2011)에서의 재활은 주변 환경과의 상호작용에서 최적의 기능을 달성하고 유지하는데 장애를 겪고 있는 혹은 겪을 가능성이 높은 개인들을 도와주는 일련의 수단으로 정의한다. 다시 말해서, 기능의 상실을 겪은 사람이 최대 기능을 되찾도록 도와주는 것을 말한다.

재활의 일차적 목표로 완전한 재활을 위해서는 우선 의학적 재활을 통하여 장애를 입기 이전의 신체 상태로 회복시키려고 노력한 다음 심리적 · 직업적 · 경제적으로 자립시키도록 해야 한다. 장애요인을 치유하여 기능을 회복시키고 장애인의 장점을 살려 사회적 장애를 보상하며, 환경과 주변 여건의 변화를 통하여 장애로 인한 부정적 영향을 제거해야 한다.

2. 장애인재활의 목표

구체적인 재활의 목표는 장애인 개개인의 기능을 최적의 수준으로 되찾아 최상의 생활을 유지할 수 있도록 도와주는 것이다. 개인의 잔존 능력을 최대한 보존하고 향상시켜서 가능한 범위 내에서 오랫동안 유지하고 사용할 수 있도록 돕는 것이다.

장애인의 잔존 능력이란 신체와 정신의 능력과 장애로 인한 손실된 신체에 대한 보장구의 사용과 의료기기의 사용을 하는 방법을 익혀서 일상생활을 할 수 있도록 하는 것 등을 모두 포함한 개념이다.

비장애인과 달리 장애인의 재활은 이미 손상된 신체나 이미 능력을 상실한 지적 능력 또는 정신의 상태를 포함하므로 손상 또는 소실되어서 완전한 재생이 불가능하더라도 최대한의 일상생활을 가능하도록 하는 데 목적이 있다.

첫째, 장애의 2차적 장애 즉 중복장애에 대한 예방이다. 당뇨로 인하여 실명이 된 시각장애인의 경우 보행에 대한 재활로 보행시 골절이나 낙상 등이 또 다른 위험이 발생하지 않도록 하여야 한다. 또 척추장애인의 경우 보행이 불편하여 장기간 몸이 기울어진 상태로 생활을 하다 보면 허리 디스크에 무리가 오거나 골판이 뒤틀리는 경우가 발생하여 보행이 완전히 불가능해지는 경우가 있다. 또 보행이 불가능하여 앉은 채로 기어 다니다 보면 또 발목뼈가 괴사상태가 되어 절단하는 경우도 발생한다.

둘째, 기능 향상으로 손상된 신체부위의 능력 증진뿐만 아니라 손상되지 않은 신체부분의 기능적 보상과 보장구 사용에 대한 훈련 그리고 환경적인 장애로 인한 진입에 대한 제거와 훈련 등이 포함된다. 보장구를 사용하지 않거나 잘못된 사용법으로 인하여 장애가 점점 더 깊어지는 것을 방지하여야 한다. 보장구는 절단이나 기능을 상실한 신체 부위를 대신하여 일상생활을 할 수 있도록 하는 역할과 함께 예방의 역할도 있다. 보장구 사용이 처음에는 익숙하지 않아서 다소 불편하게 느끼는 사람이 대부분이지만 사용의 편리함으로 익숙해지면 없어서는 안 될 물건이 된다. 올바른 보장구의 사용은 재활을 돕는 데 큰 역할을 하고 있다.

셋째, 사회적 통합으로 장애인이 교육 · 직업 · 심리 등을 포함하여 사회의 한 구성원으로서 자립적으로 살아갈 수 있도록 하는 것을 의미한다. 장애인은 보장구나 활동지원 등으로 상당부분 자립생활이 가능하다. 재활과 자립이야말로 가장 최우선시 되어야 할 장애인복지의 분야이다.

3. 재활서비스 유형

1) 시설중심재활

시설중심재활(Institutional Based Rehabilitation)은 재활서비스가 장애인생활시설 내에 수용되어 있는 장애인을 대상으로 제공되는 것을 말하며, 일반적으로 생활시설이란 장애인이 장애인생활시설에서 필요한 시간 동안 생활하면서 재활에 필요한 상담, 치료, 훈련 등의 서비스를 받아 사회복귀를 준비하거나 장기간 요양할 수 있는 시설을 말한다. 1900년대 중반 이전까지는 미국이나 유럽국가에서도 수용시설 위주의 재활사업이 주류를 이루었다. 오늘날 시설의 근원을 거슬러 가보면 집단수용시설이었던 구빈원이 그 근원이 될 수 있다.

우리나라 최초의 장애인수용시설은 일제강점기 만주 길림에서 근화원을 설립하여 해외 불우동포를 구제하던 허근이 귀국하여 1945년 서소문에 있던 적산가옥을 받아 고아와 장애인을 돌보았던 천애원이다. 그 후 한국전쟁으로 인한 장애고아와 각종 질병으로 인한 장애아동의 수용 · 보호의 필요로 시설이 폭발적으로 증가하였으나 여러 가지로 그 한계가 있었다.

첫째, 시설을 아무리 많이 지어도 전체 장애인의 2~3% 이상을 수용할 수 없다. 전체 장애인에 대한 복지가 아닌 부분적인 복지이므로 나머지 장애인에 대한 복지에 대한 과제가 남아 있는 것이다.

둘째, 시설보호서비스가 고도의 장비, 기술 도입, 전문인력 확보를 위해 많은 비용을 투입되어야 하기 때문에 시설보호는 그 비용이 너무 많이 들게 된다. 시설투자비에 대한 국가의 부담은 장애인복지를 실천하는 데 있어서 예전이나 지금이나 과제일 수밖에 없는 것이다.

셋째, 재활의 궁극적인 목표는 장애인이 가족, 친지, 지역주민들과 어울려 함께 사는데 불편감을 해소하고, 장애인과 장애인을 돌보는 가족의 삶의 질을 향상하며, 장애인도 정상적인 사회인으로 살아가기 위함인데 시설에서의 장기수용은 장애인의 사회적 분리를 초래하게 되어 사회통합에 역행하게 된다. 따라서 장애인과 비장애인과의 단절된 사회성으로 인하여 장애인들의 삶의 질이 낮게 평가되었다. 이에 탈시설화 문제가 대두되었다. 탈시설화를 위하여 지역사회중심 재활과 자립이 논의되기 시작하였다.

2) 장애인생활시설

장애인생활시설이란 장애인이 필요한 기간 동안 생활하면서 재활에 필요한 상담, 치료, 훈련 등의 서비스를 받아 사회복귀를 준비하거나 장기간 요양할 수 있는 곳을 말한다.

「장애인복지법」 제58조 제1항 제1호에 의거하면 장애인거주시설이란 거주공간을 활용하여 일반가정에서 생활하기 어려운 장애인에게 일정 기간 동안 거주 · 요양 · 지원 등의 서비스를 제공하는 동시에 지역사회생활을 지원하는 시설을 의미한다. 장애인생활시설에는 장애유형별 생활시설이 있고, 중증장애인 요양시설, 장애영유아 생활시설이 있다. 이 외에도 장애인생활시설에 입소되어 있는 입소장애인의 쾌적한 생활을 보장하기 위하여 다양한 사업이 지원되고 있다.

「사회복지사업법」상 1인의 이용자가 중복 수급을 할 수 없으나 예외적으로 장애인생활시설에 입소 중인 이용자는 일부 서비스에 한하여 중복 수급이 가능하다. 생활시설 이용 중 주 1회 방문목욕서비스로 방문목욕 장비를 장착한 이동목욕차량을 이용한 전문 목욕팀으로부터 시설 외에서 방문목욕서비스를 받을 수 있다. 그 외에도 방문간호서비스로 소변줄 교체나 욕창에 대한 처치서비스를 받을 수 있고 구강보건상태 개선을 위하여 치과유니트를 지원하는 장애인생활시설 치과유니트 지원사업이 있다.

4. 장애인 지역사회 재활시설

1) 장애인복지관

지역사회 내의 장애인복지사업은 대체로 장애인복지관을 통해 이루어지고 있다. 장애인에 대한 각종 상담 및 사회심리 · 교육 · 직업 · 의료재활 등 장애인의 지역사회생활에 필요한 종합적인 재활서비스를 제공하고 장애에 대한 사회적 인식 개선을 위한 계몽이나 홍보, 연구 등을 통해 지역장애인의 자활 자립과 복지 증진을 위한 역할을 담당한다.

2) 장애인 주야간 · 단기보호시설

가족의 적절한 보호를 받지 못하거나 재가중증장애인에게 주간 또는 주야간 · 단기간 동안 보호 및 각종 서비스를 제공하여 가족의 경제적 · 정신적 부담을 경감시키기 위한 시설, 주로 일상동작훈련, 취미생활, 여행 및 견학 등의 프로그램을 실시한다.

3) 장애인 공동생활가정

장애인이 지역사회 안에서 가정과 같은 주거환경에 거주하면서 독립적인 생활에 필요한 각종 서비스와 지원을 받으며, 가정을 이루어 공동생활을 하는 유사 가정시설이고 현재 미국이나 일본과 같은 선진국에서 지적장애인이나 중증장애인을 위해 설립되어 있는 시설로 인기가 있고 보편화되어 있는 시설이다.

우리나라에서도 가정과 같은 시설이기 때문에 소규모 인원이 한 집에 모여서 생활을 하므로 단체생활로 인한 불편감은 최소화시키고 서로 도우면서 즐겁게 생활하는 즐거움은 최대화시킨 마치 가정인 듯 시설이고 시설인 듯 가정인 시스템으로 이용자의 만족도가 대부분 높다.

4) 장애인 의료재활시설

장애인을 입원 또는 통원하게 하여 상담, 진단, 판정, 치료 등 의료재활서비스를 제공하는 시설이다.

5) 장애인 심부름센터

이동에 상당히 제약이 있는 장애인에게 차량운행을 통한 직장 출 · 퇴근 및 외출

보조, 기타 이동서비스를 제공하는 시설이다. 그 외에 지역사회재활시설에는 장애인 체육시설과 수화통역센터, 시각장애인 학습지원센터, 시각장애인 재활지원센터, 장애인 해피콜봉사센터, 장애인 콜택시, 장애인 무료셔틀버스 등이 있다.

5. 의료재활

1) 의료재활의 정의

의료재활은 종합적 재활서비스 영역에서의 첫 번째 단계이자 전 재활 영역에 지속적으로 관여하는 중심 분야로서 궁극적인 장애 심화예방, 장애발생 이후 일상생활에서 당사자의 기능을 최대화할 수 있는 훈련과정에의 관여 및 추후 관리에 이르기까지 광범위한 과정을 포함한다. 장애를 가진 사람들의 정상화와 사회통합에 기여할 수 있는 본격적인 기회부여의 과정이자 전인적 재활의 기초라 할 수 있다.

세계보건기구(WHO)는 의료재활의 개념을 질병이나 사고에 의한 후유증, 만성질환, 노인질환 등 치료기간이 장기화되기 쉬운 환자의 잠재 능력을 활용하여 자연치료를 적극적으로 촉진시키는 기술이며 내외과적 치료의 응용과 함께 물리적 · 심리적 수단을 보완하고 보충하는 의료적 조치로 정의하고 있다.

2) 의료재활의 대상

① 신경계 질환자: 척수손상 및 척수질환, 뇌졸중(뇌경색, 뇌출혈), 외상성 뇌손상, 중추신경 및 말초신경병증, 중추 및 말초신경손상, 뇌성마비 등

② 근 · 골격계 질환자: 근육병 및 근육질환, 골절, 탈구와 염좌, 결합조직질환, 스포츠손상 등

③ 사지절단으로 인한 장애인: 절단환자의 의지 착용 및 보행훈련 포함
④ 호흡기질환자 심장질환자 등 만성적 질환자
⑤ 정신건강 분야: 정신 및 실리평가, 약물 및 알코올중독 환자, 뇌질환 후 정신장애 환자, 절단 환자 및 만성통증 환자의 정신건강에 대한 재활훈련 포함
⑥ 기타: 언어장애 및 연하곤란증 환자, 암 환자, 시각장애 환자, 화상 및 동상 환자, 노인성 만성질환 등 다양한 분야에서 의료재활을 필요로 한다.

의료재활의 발달은 장애인의 자립생활을 돕고 삶의 질을 향상하는 데 상당한 역할을 하고 있다. 우리나라의 경우 기초생활 수급자들의 경우에도 의료재활서비스를 받을 수 있다.

3) 의료재활의 방법

의료재활은 접근 방법에 따라 다음과 같이 세 가지 차원으로 나누어진다.

첫째, 장애인의 기본적인 기능장애의 개선을 도모하는 방법으로 수술, 변형의 과정, 마비의 회복훈련 등으로 의료재활의 일차적 성격을 갖는다.

둘째, 기본적인 기능장애의 회복에 한계가 경우, 다른 기능의 훈련 등을 통해 전체적인 기능을 발휘할 수 있도록 하여 능력의 향상을 도모하며, 보장구 등을 활용하여 손상부위의 기능대체 및 능력 향상에 기여한다.

셋째, 장애인이 자립생활을 영위할 수 있도록 생활환경, 직장환경의 개선 등을 의료적 입장에서 자문하고 계속적인 사후관리를 제공한다. 의료재활에서의 실질적 서비스를 제공하는 곳이 재활병원이나 종합병원의 재활의학과로서 기본적인 의료적인 진단과 평가를 중심으로 물리치료, 작업치료, 언어치료 등을 실시한다.

4) 의료재활의 치료

(1) 물리치료

물리치료(physical therapy)란 신체장애로 인하여 정상적 생활에 지장을 주는 사람들의 비정상적인 운동을 감소시키고 손상된 기능을 회복시키기 위하여 물리적 요인을 신체에 적용시킴으로써 남아있는 기능을 활용하고 신체적 재활을 이룰 수 있도록 유도하는 치료이다.

성인의 경우 뇌졸중, 관절염, 근육증, 산재, 교통사고 등으로 인한 후천적 장애 등이며, 아동의 경우는 주로 출산 전·후 뇌손상으로 인한 뇌성마비, 근육증 등이다. 치료는 일반적으로 의사의 처방에 따라 이루어지며, 치료시간은 1일 30분 정도이고, 치료사가 일대일로 주 1~2회 정도 실시한다. 치료법으로는 운동치료, 전기치료, 온열치료, 수치료 등이 있고 일반적으로 재활병원이나 종합병원, 장애인 종합복지관 등에서 행해진다.

(2) 작업치료

작업치료(occupational therapy)는 정신이나 신체에 질병 또는 장애가 있는 사람에게 여러 가지 흥미롭고 목적 있는 작업이나 동작, 놀이를 통해 불완전한 신체 기능을 회복시키고 일에 대한 동기를 부여하여 장애를 가지고도 학교, 직장, 가정에서 최대한의 독립된 생활을 할 수 있도록 돕는 치료이다. 작업치료활동은 일상생활에 관계가 깊은 동작이나 목공, 금속공예, 수예, 원예, 인쇄, 게임, 연극 등 창조적·예술적·산업적 여가선용 등의 활동이 포함되며, 이러한 작업의 수행에는 목적의식과 신체운동, 정신적 활동성이 요구된다.

(3) 언어치료

언어치료(speech therapy)는 말이나 언어장애로 인하여 의사소통에 문제를 가진 자의 잠재되어 있는 언어 능력을 최대한 개발시키며, 의사소통기술을 습득하여 일상생활에서 원만한 의사소통을 할 수 있도록 정상적인 언어발달을 유도하는 치료이다. 언어장애는 증상에 따라 언어발달지체 및 장애, 조음장애, 말더듬, 발성장애, 실어증 등으로 구분되며, 치료는 호흡훈련, 발성기관훈련, 조음기관훈련, 낱말훈련, 문장훈련, 회화훈련 등으로 실시되며 개별치료와 집단치료가 병행 실시되는데, 주로 재활병원이나 재활의학과가 설치되어 있는 종합병원, 장애인 종합복지관 등에서 실시된다.

5) 의료재활 전문인력

재활서비스 전문종사자는 의사(재활의학의, 각종 전문의), 물리치료사, 작업치료사, 언어치료사, 보장구 제작기사, 임상심리사, 직업전문상담가, 사회복지사, 호흡치료사 등이 있으며, 장애인의 욕구에 대응하고 한 사람의 장애인을 치료하기 위해서는 여러 전문가의 보조 또는 협력을 필요로 하기 때문에 대부분의 경우 팀으로 서비스를 제공한다. 전문종사자 중 특히 의사는 질환과 장애의 진단과 전반적인 평가를 실시하고 치료를 행할 뿐만 아니라 의료재활의 최종 책임자로서의 역할과 대부분의 경우 팀의 책임자로서 역할을 수행한다(남상만 외, 2005).

6. 교육재활

1) 교육재활의 개념

장애인을 대상으로 한 교육은 장애인이 갖고 있는 특성에 맞추어 교육 내용과 교육 방법이 특수한 성격을 띠므로 이를 특수교육이라고 하며, 재활서비스 분야에서 볼 때 교육재활이라고 한다.

교육재활은 장애로 인해 일반학교 과정을 일반학급에서 교육받기 곤란한 아동이나 교육상 특별한 배려가 필요한 아동에게 특성에 맞는 교육환경을 마련하여 아동의 가능성을 최대한 발휘하도록 하기 위한 재활의 한 분야이다.

교육재활은 장애인이 가지고 있는 능력을 최대한 향상시키고 발휘하게 하며 그의 잠재 능력을 개발하여 사회생활에 적응해 나가는 데 도움을 주는 교육제도와 교육방법 및 기술을 통한 교육적 서비스를 말한다. 이 과정에서 통합교육과 관련된 서비스 지원은 기본적으로 기회균등과 정상화를 바탕으로 단순한 물리적 통합뿐만이 아닌, 다양한 사회환경적 측면에서의 긍정적 변화와 통합을 지향한다. 과거의 교육재활의 주요 대상은 장애아동을 대상으로 하였다. 그러나 시대의 변화에 따라 비장애인도 성인학습을 장려하고 있다. 장애인도 비장애인과 같이 평생교육의 개념으로 성인학습을 장려하고 있다.

장애인과 비장애인의 구별 없이 모든 인간의 전인적인 교육을 실시하려는 노력이 확대되었다. 인간의 발달이 평생에 걸쳐서 이루어지듯이 장애인의 발달도 평생에 걸쳐서 과업을 달성해야 하는 전인적 교육은 아동기의 교육을 비롯해서 성인에 이르기까지 교육재활과 의료재활은 평생의 과업이라고 볼 수 있다. 그러므로 장애인의 재활은 평생재활의 개념으로 이해를 하여야 한다.

특수교육의 기본가정과 원리는 다음과 같다(문선화 외, 2008).

첫째, 특수교육의 목적은 일반교육에 비하여 특이하지 않다.

둘째, 특수교육의 방법은 일반교육과 다르다. 즉, 특수아동은 정상성에서 벗어난 점 때문에 특별한 시설과 교육방법, 특별한 훈련을 받은 교사와 여러 가지 보조서비스가 필요하다.

셋째, 특수교육의 종합적 노력의 소산이다. 즉, 특수아동을 발견하여 효과적인 교육적인 조치를 하기 위해서는 여러 영역의 전문가들의 관여가 필수적이다.

넷째, 특수아동은 이질적 집단이다. 특수아동은 동일 영역의 장애아동이라 할지라도 개인차가 심하므로 획일적 교육서비스를 사용할 경우에는 교육의 효과가 미비하므로 개인별 맞춤교육 프로그램을 적용하여야 교육의 효과가 있다.

다섯째, 특수교육은 많은 보조서비스를 필요로 한다. 대부분의 특수아동은 의료서비스, 특별한 시설 및 기자재, 특별한 훈련 프로그램, 특별한 학급 크기 등을 필요로 한다.

여섯째, 특수교육과정은 선별, 진단, 교수, 평가의 네 가지 요소로 구성된다.

일곱째, 통합교육을 한다. 즉, 특수아동은 필요한 만큼만 특수교육 전문 영역에 배치하여 교육받게 하고 될 수 있는 한 일반학급에서 일반아동과 함께 교육받게 한다. 일반 학급에서 통합교육을 받기 위해서는 개별화 학습, 융통성 있는 교육 프로그램, 물리적 환경의 개선 등이 필요하다.

2) 교육재활의 대상

던(Dunn)은 특수교육의 대상을 "신체적 · 심리적 특성의 정도가 평균적으로부터 차이가 있는 아동으로 장애아의 각자 능력에 맞는 수준에까지 성취시키기 위하여 특수교사나 특수한 보조적 지도가 필요한 아동"이라고 정의하였다. 우리나라는 「특수교육법」 제15조에 따라 시각장애, 청각장애, 지적장애, 지체장애, 정서 · 행동장애, 자폐성장애(이와 관련된 장애 포함), 의사소통장애, 학습장애, 건강장애, 발달지체, 그 밖에 대통령령으로 정하는 장애 중 특수교육을 필요로 하는 사람으로 진단 · 평가된 사람을 특수교육대상자로 선정하고 있다. 장애인 교육은 장애 정도와 특징에 따라 수준에 맞는 개별화교육이 강조되고 있으며, 장애인 개개인의 생애주기에 맞는 교육서비스를 제공해야 한다.

3) 장애유형별 교육재활의 방법

(1) 시각장애

시각장애교육은 시각장애의 정도, 원인 등의 차이가 지능, 적성, 학습태도 등을 결정하기 때문에 이를 충분히 고려하여야 한다. 또한 촉각과 청각을 통한 구체적 경험과 일부만이 아닌 통합된 경험을 주어야 하며, 의도적이고 체계적인 자극을 주는 학습 프로그램을 구성해야 하고, 능동적으로 학습활동을 전개하도록 하여야 한다. 시각장애인을 위한 교육 내용은 잔존 시력 활용교육, 점자읽기 · 쓰기교육, 컴퓨터 활용교육, 이동훈련, 듣기교육, 생활적응훈련, 직업교육, 일반학과 교육 등이 있다.

(2) 지체장애

지체장애아의 교육은 장애를 극복하는 데 필요한 기본적 태도나 행동양식을 습득, 정서적 · 사회적 도덕적 발달의 촉진, 일상생활에 필요한 기능을 능력에 따라 습득 · 발달 · 창조력의 개발과 표현 능력을 개발하는 내용을 포함한 재활훈련, 생활훈련, 직업교육 등이 포함되어 이루어져야 한다.

(3) 지적장애

지적장애아의 교육은 장애의 정도에 따라 교육 방법이 달라야 되겠지만, 감각훈련을 강화하며 사회생활에 잘 적응할 수 있도록 하고, 직업적 성취감을 가질 수 있는 능력에 적합한 직업교육과 구체적이며 생활수단을 배울 수 있도록 준비시키며, 개별화원리에 맞추어 교육을 실시하여야 한다.

(4) 청각 · 언어장애

청각 · 언어장애아는 청각장애로 인해 나타난 손상의 실태를 바르게 진단하는 것이 가장 선행되어야 하며, 진단 결과에 따라 잔존감각이나 기타 능력을 최대한으로 활용하여 불필요한 2차적 장애의 발생을 예방하고 치료 가능한 점을 치료하여 잠재 능력을 신장시키는 것이 중요하다. 또한, 장애로 인해 청각 및 언어발달이 지체되어 원만한 대인관계가 어려우므로 이를 예방하기 위하여 청각·언어지도 내용이 교육과정에 포함되어야 한다. 교육과정에는 상대방의 언어를 최대한 이해할 수 있도록 상대방의 입 모양이나 표정을 의도적으로 주시하면서 상대방의 사고를 이해하는 독화훈련, 발어훈련, 수화훈련을 포함하며 잔존 능력을 최대한으로 활용하고 청력을 되찾기 위한 청능훈련이 포함되어야 한다.

(5) 정서장애

상당수의 정서장애아동들은 어떠한 형태의 특수교육도 받지 못하고, 일반학교에서 일반교사로부터 교육을 받고 있는 실정이다. 정서장애아동은 그 증상이 다양하기 때문에 교육 역시 증상에 따라 개별적인 교육이 이루어져야 하는데 그 서비스는 제한적이다. 정서장애교육은 일반교육 전에 문제해결을 위한 치료가 선행되어야 하며, 접근법으로는 정신분석학적·교육심리학적·생태학적·행동학적 측면으로 범주화해서 교육 목적과 방법을 선택하여야 한다.

(6) 학습장애

학습장애란 듣기, 말하기, 읽기, 쓰기, 추리 혹은 산수계산능력에 심한 곤란을 나타내는 여러 종류의 장애집단을 총칭하는 말로 학습장애는 선천적이며, 중추신경계 장애 때문인 것으로 추정되나 기질적·생물학적 요인 외에도 유전적 요인과 부적절한 학습환경이 학습장애아들의 학습과 행동문제에 영향을 준다. 학습장애의 출현률은 사용된 기준에 따라 다양한데, 취학아동의 1~30%까지 다양하게 나타난다. 학습장애는 발달상 학습장애와 학업상 학생이 교과를 습득하는 데 필요한 주의 집중, 기억, 인지기능, 사고, 구어 기능을 포함하고 학업상 학습장애는 학교에서 습득하는 학습인 읽기, 산수, 지필, 철자, 작문을 포함하고 있다.

모든 장애아동이 특수교육을 필요로 하는 것은 아니며, 장애 정도가 경미한 경우는 일반교육도 가능하다. 특수교육은 장애인도 일반인과 함께 생활해야 한다는 사회통합의 이념이 강조됨에 따라 오늘날 장애인에 대한 통합교육방식이 강조된다. 특수교육에서 부모에 의한 교육과 사회교육도 중요하며, 미취학연령의 장애아를 대상으로 한 조기 특수교육이 매우 중요하다. 그러나 우리나라의 경우 조기 특수교육이 아직도 부족한 실정이다.

7. 직업재활

1) 직업재활의 개념

현대 사회에서 직업은 개인적 활동이며 모든 인간들이 자신의 가치를 증명하고 발휘하는 수단이고, 장애인에게는 다른 재활보다 중요한 의미를 가진다. 장애인의 사회통합에 가장 좋은 방법은 장애인이 가치 있는 일에 종사하며 자립생활을 영위할 수 있도록 직업을 갖는 것이다. 장애인의 재활대책을 강구함에 있어서 직업재활 영역은 다른 어떤 영역보다 우선적이고 핵심적으로 다루어져야 할 부분임에는 재론의 여지가 없다.

국제노동기구(ILO)에서는 "직업재활은 직무지도와 직업훈련, 그리고 취업알선 등과 같은 직업적 서비스의 제공을 포함한 연속적·종합적인 재활과정의 일부이며, 장애인의 적절한 취업과 그 유지를 가능하도록 유지하는 것이다."라고 정의하고 있다. 즉, 직업재활이란 심신의 결함을 지닌 장애인들의 신체적·정신적·사회적·직업적·경제적 능력을 최대한으로 찾고 길러줌으로써 일할 권리와 의무를 비장애인과 똑같이 갖게 하는 것이라 할 수 있으며 장애인의 성공적인 사회통합을 위한 최대의 과제인 자립생활을 영위하도록 하는 재활사업 중 가장 중요하고 핵심이 되는 과정이다. 그러나 직업적 재활은 직업생활에 방해가 되는 기능장애에 대한 치료는 물론 직업기능훈련을 통해 직업 능력을 강화하지만 장애인 본인의 노력만으로는 달성하기 어렵기 때문에, 장애인의 능력을 발휘할 수 있는 사회구조가 마련되어야 하며 장애인의 직업교육에 대하여 교육기관, 지역사회의 직업훈련기관, 산업현장, 국가기구 등의 유기적 협력과 지원이 전제되지 않는다면 장애인의 취업은 형식적인 것에 지나지 않을 것이다.

2) 직업재활의 대상

장애의 원인이나 특성, 연령에 관계없이 재활의 준비가 되고 있고 적절한 고용을 확보하고 유지할 수 있다면 모든 장애인들에게 적용될 수 있다. 그러나 직업재활은 심신의 결함이 있는 모든 장애인들에게 필요한 것은 아니다. 즉, 장애 정도가 경미하여 특별한 개입 없이 비장애인과 같은 직업에 종사할 수 있는 사람은 직업재활의 대상이 아니라고 볼 수 있다. 따라서 심신의 결함이 직업을 찾는데 장애가 되거나 일정한 의료적·직업적·교육적·사회적 재활서비스를 제공하면 직업을 가질 수 있는 가능성이 있는 장애인을 직업재활의 대상자로 보아야 한다(남연희 외, 2010).

3) 직업재활의 방법

직업재활은 장애인이 잔존하는 기능을 극대화하여 경제적·정신적·사회적·신체적인 자립을 할 수 있도록 원조하는 것으로 여러 분야 전문가들(직업생활상담원, 직업훈련교사, 직업보도교사, 사회복지사 등)의 지도와 개입에 의하여 이루어진다. 직업재활의 과정은 직업평가, 직업훈련, 취업알선, 사후지도의 재활과정으로 구분된다.

직업훈련은 취업이 가능한 정도의 장애인에게 필요한 직무수행 능력을 습득·향상시키기 위하여 요구되는 필수적인 직업적 지식과 기술을 제공해 주는 훈련의 조직적인 형태를 말한다. 직업인으로서 갖추어야 할 직업태도, 작업행동, 직업에 대한 이해력, 습관 등 종합적인 영역을 교육하는 것이다. 장애인의 직업훈련은 내용상 직업적응훈련과 직업훈련으로 나뉘는데 직업적응훈련은 장애인이 작업환경에 적응하기 위해 직업인이 되기 위한 자세, 태도, 의식 등에 중점을 두고 훈련하는 과정이며, 직업훈련은 특정한 직종의 구체적인 기술과 지식을 습득하는 과정이다. 직업훈련의 과정을 살펴보면 다음과 같다.

(1) 직업 전 훈련

직업 전 훈련(prevocational training) 혹은 직업적응훈련이라고도 하는데 장애인이 직업적 역할을 성공적으로 수행함에 있어 문제시되는 요소를 해결하거나 수정·보완시키기 위해 개인이나 환경을 변화시키는 과정이다.

직업 전 훈련은 직업기술훈련을 위한 준비 단계이다. 따라서 모든 작업 영역에 통용되는 근로자로서의 자질, 기초지식, 직장인으로서 몸가짐, 직장에서의 인간관계와 역할 인식, 견학, 작업자의 교대, 독서, 취업신청서 작성법 습득, 대중교통 이용, 소득관리 등을 통해 기초적인 현실 적용을 체험적으로 수용하는 학습과정이다.

(2) 직업훈련

직업훈련(vocational skill training)은 취업이 가능한 정도의 장애인에게 직업에 필요한 과정을 수행하는 데 있어 요구되는 필수적인 직업적 기식과 기술을 제공해 주는 훈련의 조직적인 형태를 말한다. 직업훈련의 의의는 개인의 능력을 개발·발전시키고, 직업훈련 자체가 치료과정이 될 수 있다는 것이다.

직업훈련의 원칙과 방법은 직업훈련에 있어 다른 시민들과 동등한 기회가 제공되도록 해야 하며, 장애인과 비장애인이 동등한 조건에서 훈련 받을 수 있도록 한다. 또한 적성을 고려한 직종 선택, 내담자의 전반적 상황에 대한 서비스 제공 등을 통해 개별화된 계획 수립을 하여 지속적인 직업 능력을 개발·유지하도록 한다.

한국장애인고용안정센터에서는 장애인의 고용과 채용 후의 안정적인 일자리를 위하여 위탁교육을 실시하고 있다. 위탁교육은 1차로는 장애인이 현장에 나가서 쉽게 적응할 수 있도록 교육장을 근무지와 똑같은 인테리어와 동선 그리고 서비스 품목과 작동 기계를 활용하여 교육을 실시한다. 2차로는 1차 교육 후에 현장에 장애인 근로예비자와 교육자가 함께 나가서 교육을 실시한다.

이러한 맞춤직업훈련은 중증의 장애인도 근무에 잘 적응할 수 있는 프로그램으로 우리나라에서 이미 적용, 실시되고 있다. 직업훈련은 장애인 고용률 상향조정과 더불어 더욱 확대될 것이다.

(3) 취업알선

취업알선은 장애인이 직업인으로서 갖추어야 할 직업의 능력을 구비하였을 때 그들이 적합한 직업을 가질 수 있도록 지원하는 일련의 과정이다. 장애인의 취업알선을 위해 고려해 할 사항들을 살펴보면 다음과 같다(정순민, 1994).

첫째, 취업을 위한 준비가 잘 되어 있는가에 대한 사항이다. 장애인들이 일반적으로 학력이나 사회적인 경험이 부족한데다 전문적인 지식이나 기술이 결여되어 일에 대한 적응력이나 습성의 문제로 인하여 취업과정에서 다소의 문제점이 발생되는 경우가 있다. 따라서 직업적응능력을 갖추기 위한 기초능력교육이나 전문적인 훈련을 받아야 할 것이다.

둘째, 장애인에 대한 인식에 관한 사항이다. 장애의 정도나 여건에 따라 다양한 문제가 있겠지만, 취업에 있어서의 가장 큰 장벽은 장애인의 능력과 가치에 대한 사회적인 인식 부족과 편견이다. 장애인에게 취업을 알선함에 있어서 주변 환경의 장애인에 대한 인식을 고려해볼 필요가 있다.

셋째, 고용환경에 대한 사항이다. 장애인들은 일단 취업이 되었다고 할지라도 직장의 직무환경이나 교통편의 주변 환경 등에 대한 부적응으로 인하여 취업에 제약을 받거나 취업을 했다고 할지라도 감당하지 못하고 중도포기하고 마는 경우도 있다.

넷째, 장애인고용제도에 관한 사항이다. 장애인의 취업에 있어서 검토해야 할 중요한 사항 중의 하나는 그 사회의 고용정책이다. 「장애인고용촉진 및 직업재활법」에서 규정하는 다양한 장애인 고용제도에 대한 숙지를 통하여 장애인들이 더 많은 취업 지원을 받을 수 있도록 하는 것은 취업알선 단계에서 가장 중요한 과업이다.

(4) 사후지도(follwo up service)

사후지도는 장애인들이 일정한 과정을 마치고 취업한 뒤에 발생하는 직업과 관련된 문제해결을 위한 조력을 제공하는 일련의 활동이다. 취업이 되었더라도 장애인이나 고용주가 모두 새로운 상황을 맞게 되고 예기치 못했던 문제가 발생할 수 있다. 장애인에 대한 고용주나 동료들의 편견, 신체장애에 대한 불안감, 열악한 작업환경 등의 문제들이 내재되어 있어 근무하는데 지장을 초래할 경우가 생길 수 있다. 상담자는 취업한 뒤에도 문제발생을 사전에 예방하고 또한 대책을 수립해야 하기 때문에 항상 밀접하게 연결되어 있어야 한다. 꾸준하게 적절한 사후지도를 통하여 장애인들이 지속적인 고용이 유지될 수 있도록 하는 것은 직업재활과정의 중요한 과제인 것이다(남연희 외, 2011).

8. 사회적 재활

1) 사회적 재활의 정의

사회적 재활은 장애인을 둘러싼 사회적 · 물리적 · 경제적 · 심리적 환경조건을 정비하여 장애인이 인간다운 생활을 하고 궁극적으로 사회에 통합될 수 있도록 지원하는 재활 분야이다(신현석, 2014).

의료적 기능 개발이나 직업훈련을 통한 기술습득만으로 완전한 의미의 사회통합이 어려우므로 사회복지사는 장애로 인한 장애인의 심리적 열등감, 소외감, 사회적 장애를 해소시켜 자신감을 심어주고 강화하여 환경에 대한 적응력을 배양해 주는 역할을 담당한다. 사회심리재활은 장애인의 재활욕구를 향상시켜 적응을 저해하는 개인의 내외적인 요인을 극복하고 새로운 가능성을 찾도록 도와주어 장애인의 완전한 참여와 평등의 이념에 입각하여 아무런 차별을 느끼지 않고 그가 속한 사회의 주류 문화를 교육하면서 가정, 학교, 직장 등 사회생활을 할 수 있도록 지원하는 데 초점을 맞출 수 있다. 이러한 사회심리적 재활은 의료, 교육, 직업 등 각 전문 분야의 공통분모로 볼 수 있으며 핵심적인 요소와 각 영역이 추구하고 있는 궁극적인 가치나 목표가 되는 영역이다.

2) 사회심리재활의 대상

사회재활의 대상은 넓은 의미를 보면 장애를 가진 모든 사람, 다시 말해서 일반적 사회복지의 대상 또는 사회생활을 하는 모든 사람이라고 볼 수 있으며, 사회적 불리 때문에 장애를 가질 수밖에 없는 사람이다. 그러므로 사회재활의 대상은 사회생활을 하는 모든 시민이며 온 국민의 대상이고 온 가족이 대상이라 할 수 있다. 장애인의 사회심리재활은 장애인 당사자와 장애인과 함께 생활하거나 자주 접촉하여 돌보는 가족 전체를 대상으로 하여야 한다.

3) 사회심리재활의 방법

사회심리재활은 크게 사회재활과 심리재활로 구분하여 설명된다. 사회재활은 주로 사회과학의 지식과 기술체계를 이용해서 장애를 가지면서도 사회에 참가하는 인간이 어떻게 해야 인간으로서 존엄과 삶의 보람을 가지고 살아갈 수 있는가에 중요한 관점을 두고 있으며, 그 인간을 둘러싸고 있는 사회 스스로는 어떻게 해야 장애를 가진 사람들에게 적절한 물심양면으로 생활조건을 확보하고 향상시킬 수 있는가 등을 생각하는 것으로 전인적 재활이라는 차원에서 사회적인 측면으로 장애인을 둘러싼 법적 · 행정직 · 물리적 · 경제적 · 문화적 환경 조성을 정비하여 장애인이 인간다운 생활을 하고 궁극적으로 사회통합이 될 수 있도록 지원하는 재활 영역이다. 또한 심리재활은 장애인이 심리적인 안정을 도와주는 과정으로 장애인이 재활의욕을 저해하는 요인(활동제한의 자각, 신체의 손상, 인간관계의 긴장, 불안감, 열등감 등)을 제거하고 장애인으로 하여금 새로운 가능성을 찾도록 도와주는 재활 영역이다. 이러한 심리재활은 재활과정 중에서 빼놓을 수 없는 영역이며, 각 영역의 재활과정에 중요한 공통적 분야로 재활영역의 토대가 재활서비스 향상의 기초가 된다.

CHAPTER

05

장애의 유형 및 특성

1. 장애인복지법상 장애유형

우리나라의 「장애인복지법 시행령」 제2조 제1항에는 장애의 유형이 규정되어 있으며, 〈표 5-1〉에서 나타난 바와 같이 15개 유형으로 나뉘어 있다. 장애인복지법상 장애유형은 크게 신체적 장애와 정신적 장애의 두 가지로 나눌 수 있으며, 신체적 장애는 다시 외부 신체기능장애와 내부 기관장애로 분류한다. 신체장애는 상지와 하지 또는 내부기관의 손상이나 기능의 상실로 인하여 회복이 불가능한 상태를 말한다.

정신적 장애는 정신장애와 발달장애로 나누어지고 발달장애는 지능지수가 70 이하인 경우에 해당하는 지적장애와 소아청소년 자폐 등에 해당하는 자폐성장애로 나누어진다.

정신장애는 조현병, 조현정동장애, 양극성정동장애, 재발성우울장애, 뇌의 신경학적 손상으로 인한 기질성 정신장애, 강박장애, 투렛장애(Tourette's disorder), 기면증 같이 정신의 장애가 있어서 일상생활이 어려운 질병을 가지고 있는 경우에 해당한다.

예전에 사용하던 정신지체장애라는 말은 정신과 지체가 모두 장애가 있다는 것처럼 느껴지기 때문에 정신적 장애를 세 가지 유형으로 세분화해서 명칭을 사용하고 정신지체장애라는 말은 사용하지 않고 있다.

표 5-1 우리나라의 장애인복지법상 장애유형 변천

시기	규정법률	장애의 유형	유형수
1982년	심신장애자 복지법	지체부자유, 시각장애, 청각장애, 음성 · 언어기능장애, 정신박약	5유형
1990년	장애인 복지법	지체장애, 시각장애, 청각장애, 언어장애, 정신지체	5유형
2000년	장애인 복지법	지체장애, 시각장애, 청각장애, 언어장애, 정신지체, 뇌병변장애, 발달장애, 정신장애, 신장장애, 심장장애	10유형
2003년	장애인 복지법	지체장애, 시각장애, 청각장애, 언어장애, 정신지체, 뇌병변장애, 발달장애, 정신장애, 신장장애, 심장장애, 호흡기장애, 간장애, 안면장애, 장루 · 요루장애, 간질장애	15유형

표 5-2 장애인복지법상 장애의 분류

<table>
<tr><th>대분류</th><th>중분류</th><th>소분류</th><th>세분류 및 설명</th></tr>
<tr><td rowspan="12">신체적 장애</td><td rowspan="6">외부 신체 기능 장애</td><td>지체장애</td><td>절단장애, 관절장애, 지체기능장애, 변형 등의 장애</td></tr>
<tr><td>뇌병변장애</td><td>뇌의 손상으로 인한 복합적인 장애</td></tr>
<tr><td>시각장애</td><td>시력장애, 시야결손장애</td></tr>
<tr><td>청각장애</td><td>청력장애, 평형기능장애</td></tr>
<tr><td>언어장애</td><td>언어장애, 음성장애, 구어장애</td></tr>
<tr><td>안면장애</td><td>안면부의 추상, 함몰, 비후 등 변형으로 인한 장애</td></tr>
<tr><td rowspan="6">내부 기관 장애</td><td>신장장애</td><td>투석치료 중이거나 신장을 이식받은 경우</td></tr>
<tr><td>심장장애</td><td>일상생활이 현저히 제한되는 심장기능 이상</td></tr>
<tr><td>간장애</td><td>일상생활이 현저히 제한되는 만성 · 중증의 간기능 이상</td></tr>
<tr><td>호흡기장애</td><td>일상생활이 현저히 제한되는 만성 · 중증의 호흡기기능 이상</td></tr>
<tr><td>장루 · 오루장애</td><td>일상생활이 현저히 제한되는 장루 · 요루</td></tr>
<tr><td>뇌전증장애</td><td>일상생활이 현저히 제한되는 만성 · 중증의 뇌전증</td></tr>
<tr><td rowspan="3">정신적 장애</td><td rowspan="2">발달 장애</td><td>지적장애</td><td>지능지수가 70 이하인 경우</td></tr>
<tr><td>자폐성장애</td><td>소아청소년 자폐 등 자폐성장애</td></tr>
<tr><td colspan="2">정신장애</td><td>조현병, 조현정동장애, 양극성정동장애, 재발성우울장애, 뇌의 신경학적 손상으로 인한 기질성 정신장애, 강박장애, 투렛장애(Tourette's disorder), 기면증</td></tr>
</table>

출처: 장애인복지법 시행규칙 [별표 1] 재구성

우리나라의 15개 장애분류의 기준 사항은 「장애인복지법」 제2조 제1항 [별표 1]에 규정되어 있다. 주요 기준사항을 살펴보면, 지체장애인은 말그대로 팔이나 다리, 척추 등에 장애가 있는 경우를 말하며, 뇌병변장애인은 뇌의 기질적 병변으로 인한 장애가 있을 때, 안면장애인은 안면 부위의 장애가 있을 때에 해당된다. 또한 시각장애인과 청각장애인은 각각 시력과 청력이 일정 정도 이하인 경우, 언어장애인과 지적장애인, 자폐성장애인, 정신장애인은 언어 기능이나 지적 능력, 감정 및 사회성 등에 곤란을 겪고 있는 경우가 기준이 된다.

한편 신장, 심장, 호흡기, 간, 장루, 요루, 뇌신경세포 등에 장애가 있는 경우에는 각각 신장장애인, 심장장애인, 호흡기장애인, 간장애인, 장루 · 요루장애인, 뇌전증장애인 등으로 분류된다.

표 5-3 **장애인복지법상 장애 분류 기준사항**

장애분류	기준사항
지체장애인	가. 한 팔, 한 다리 또는 몸통의 기능에 영속적인 장애가 있는 사람 나. 한 손의 엄지손가락을 지골(손가락 뼈) 관절 이상의 부위에서 잃은 사람 또는 한 손의 둘째손가락을 포함한 두 개 이상의 손가락을 모두 제1자골 관절 이상의 부위에서 잃은 사람 다. 한 다리를 가로발목뼈관절 이상의 부위에서 잃은 사람 라. 두 발의 발가락을 모두 잃은 사람 마. 한 손의 엄지손가락 기능을 잃은 사람 또는 한 손의 둘째손가락을 포함한 손가락 두 개 이상의 기능을 잃은 사람 바. 왜소증으로 키가 심하게 작거나 척추에 현저한 변형 또는 기형이 있는 사람 사. 지체에 위 각 목의 어느 하나에 해당하는 장애 정도 이상의 장애가 있다고 인정되는 사람
뇌변병장애인	뇌성마비, 외상성 뇌손상, 뇌졸중 등 뇌의 기질적 병변으로 인하여 발생한 신체적 장애로 보행이나 일상생활의 동작 등에 상당한 제약을 받는 사람
시각장애인	가. 나쁜 눈의 시력(공인된 시력표에 따라 측정된 교정시력을 말한다. 이하 같다)이 0.02 이하인 사람 나. 좋은 눈의 시력이 0.2 이하인 사람 다. 두 눈의 시야가 각각 주시점에서 10도 이하로 남은 사람 라. 두 눈의 시야 2분의 1이상을 잃은 사람
청각장애인	가. 두 귀의 청력 손실이 각각 60데시벨(db) 이상인 사람 나. 한 귀의 청력 손실이 80데시벨 이상, 다른 귀의 청력 손실이 40데시벨 이상인 사람 다. 두 귀에 들리는 보통 말소리의 명료도가 50퍼센트 이하인 사람 라. 평형 기능에 상당한 장애가 있는 사람
언어장애인	음성 기능이나 언어 기능에 영속적으로 상당한 장애가 있는 사람
지적장애인	정신발육이 항국적으로 지체되어 지적 능력의 발달이 불충분하거나 불완전하고 자신의 일을 처리하는 것과 사회생활에 적응하는 것이 상당히 곤란한 사람
자폐성장애인	소아기 자폐증, 비전형적 자폐증에 따른 언어 · 신체표현 · 자기조절 · 사회적응기능 및 능력의 장애로 인하여 일상생활이나 사회생활에 상당한 제약을 받아 다른 사람의 도움이 필요한 사람
정신장애인	지속적인 양극성 정동장애(여러 현실 상황에서 부적절한 정서 반응을 보이는 장애), 조현병, 조현정동장애 및 재발성 우울장애 따른 감정조절 · 행동 · 사고기능 및 능력

장애분류	기준사항
	의 장애로 인하여 일상생활이나 사회생활에 상당한 제약을 받아 다른 사람의 도움이 필요한 사람
신장장애인	신장의 기능장애로 인하여 혈액투석이나 복막투석을 지속적으로 받아야 하거나 신장 기능의 영속적인 장애로 인하여 일상생활에 상당한 제약을 받는 사람
심장장애인	심장의 기능부전으로 인한 호흡곤란 등의 장애로 일상생활에 상당한 제약을 받는 사람
호흡기장애인	폐나 기관지 등 호흡기관의 만성적 기능부전으로 인한 호흡기능의 장애로 일상생활에 상당한 제약을 받는 사람
간장애인	간의 만성적 기능부전과 그에 따른 합병증 등으로 인한 간기능의 장애로 일상생활에 상당한 제약을 받는 사람
안면장애인	안면부위의 변형이나 기형으로 사회생활에 상당한 제약을 받는 사람
장루 · 요루장애인	배변기능이나 배뇨기능의 장애로 인해 장루 또는 요루를 시술하여 일상생활에 상당한 제약을 받는 사람
뇌전증장애인	뇌전증에 의한 뇌신경세포의 장애로 인하여 일상생활이나 사회생활에 상당한 제약을 받아 다른 사람의 도움이 필요한 사람

출처: 장애인복지법 시행령 [별표 1]

2. 특수교육법상 장애유형

「장애인 등에 대한 특수교육법」(약칭: 특수교육법)상 교육의 대상으로 분류되는 장애는 총 10개 유형으로 시각장애, 청각장애, 지적장애, 지체장애, 정서 · 행동장애, 자폐성장애, 의사소통장애, 학습장애, 건강장애, 발달지체 등이다.

이러한 장애 분류는 「장애인복지법」상 장애유형과 비교해 보았을 때에, 정신적 장애가 보다 세분화된 것을 알 수 있으며, 장애 정의가 보다 유연하고 확대된 것으로 평가할 수 있겠다. 하지만 장애의 정의 자체가 손상을 중심으로 하고 있으며, 비장애인 중심의 시간으로 장애를 폄하하는 듯한 뉘앙스의 표현이 관찰된다는 한계가 있다고 평가할 수 있다.

표 5-4 특수교육법상 장애의 분류

유형	설명
시각장애	시각계의 손상이 심하여 시각기능을 전혀 이용하지 못하거나 보조공학기기의 지원을 받아야 시각적 과제를 수행할 수 있는 사람
청각장애	청력 손실이 심하여 보청기를 착용해도 청각을 통한 의사소통이 불가능 또는 곤란한 상태이거나, 청력이 남아 있어도 보청기를 착용해야 청각을 통한 의사소통이 가능하여 청각에 의한 교육적 성취가 어려운 사람
지적장애	지적 기능과 적응행동상의 어려움이 함께 존재하여 교육적 성취에 어려움이 있는 사람
지체장애	기능 · 형태상 장애를 가지고 있거나 몸통을 지탱하거나 팔다리의 움직임 등에 여러 어려움을 겪는 신체적 조건이나 상태로 인해 교육적 성취에 어려움이 있는 사람
정서 · 행동장애	가. 지적 · 감각적 · 건강상의 이유로 설명할 수 없는 학습상의 어려움을 지닌 사람 나. 또래나 교사와의 대인관계에 어려움이 있어 학습에 어려움을 겪는 사람 다. 일반적인 상황에서 부적절한 행동이나 감정을 나타내어 학습에 어려움이 있는 사람 라. 전반적인 불행감이나 우울증을 나타내어 학습에 어려움이 있는 사람 마. 학교나 개인 문제에 관련된 신체적인 통증이나 공포를 나타내어 학습에 어려움이 있는 사람
자폐성장애	사회적 상호작용과 의사소통에 결함이 있고, 제한적이고 반복적인 관심과 활동을 보임으로써 교육적 성취 및 일상생활 적응에 도움이 필요한 사람
의사소통 장애	가. 언어의 수용 및 표현능력이 인지능력에 비하여 현저하게 부족한 사람 나. 조음능력이 현저히 부족하여 의사소통이 어려운 사람 다. 말 유창성이 현저히 부족하여 의사소통이 어려운 사람 라. 기능적 음성장애가 있어 의사소통이 어려운 사람
학습장애	개인의 내적 요인으로 인하여 듣기, 말하기, 주의집중, 지각, 기억, 문제해결 등의 학습기능이나 읽기, 쓰기, 수학 등 학업성취영역에서 현저하게 어려움이 있는 사람
건강장애	만성질환으로 인하여 3개월 이상의 장기입원 또는 통원치료 등 계속적인 의료적 지원이 필요하여 학교생활 및 학업 수행에 어려움이 있는 사람
발달지체	신체, 인지, 의사소통, 사회 · 정소, 적응행동 중 하나 이상의 발달이 또래에 비하여 현저하게 지체되어 특별한 교육적 조치가 필요한 영아 및 9세 미만의 아동

출처: 특수교육법 재구성

3. 장애 정도의 구분

장애유형은 장애의 종류뿐 아니라 장애의 정도에 따라서도 분류할 수 있다. 2018년 「장애인복지법」이 개정됨에 따라, 2019년 7월부터 「장애인복지법 시행규칙」 [별표 1]에는 장애인을 "장애의 정도가 심한 장애인"과 "장애의 정도가 심하지 않은 장애인"의 두 유형으로 구분하고 있다.

우리나라 「장애인복지법」에 의하면, 각 장애유형에 따라 장애 정도의 범위가 다르게 규정되어 있다. 즉, 신체적 장애(지체장애, 뇌병변장애, 시각장애, 청각장애, 언어장애, 안면장애, 신장장애, 심장장애, 호흡기장애, 간장애, 장루 · 요루장애)의 경우, "장애의 정도가 심한 장애인"과 "장애의 정도가 심하지 않은 장애인"이 모두 존재하지만, 정신적 장애(지적장애, 정신장애, 자폐성장애)의 경우에는 "장애의 정도가 심한 장애인"만 존재한다. 이는 인간의 모든 장애가 개인적 · 사회적으로 어려운 문제이지만, 특히 정신적 장애는 상대적으로 더욱 큰 실존적 · 사회적 과제 상황임을 나타내는 것이라고 할 수 있다.

각 장애유형별로 장애등급 판정기준은 「장애인복법 시행규칙」 [별표 1]에 나타나 있으며, 이를 살펴보면 아래 표와 같다.

표 5-5 장애인복지법상 장애의 분류

장애유형		장애 정도	장애 정도 분류기준
지체장애	신체의 일부를 잃은 사람	중증	• 두 손의 엄지손가락과 둘째손가락을 잃은 사람 • 한 손의 모든 손가락을 잃은 사람 • 두 다리를 가로발목뼈관절 이상의 부위에서 잃은 사람 • 한 다리를 무릎관절 이상의 부위에서 잃은 사람
		경증	• 한 손의 엄지손가락을 잃은 사람 • 한 손의 둘째손가락을 포함하여 두 손가락을 잃은 사람 • 한 손의 셋째손가락, 넷째손가락 및 다섯째손가락을 모두 잃은 사람 • 한 다리를 발목발허리관절 이상의 부위에서 잃은 사람 • 두 발의 발가락을 모두 잃은 사람

장애유형	장애 정도	장애 정도 분류기준
관절 장애가 있는 사람	중증	• 두 팔의 어깨관절, 팔꿈치관절, 손목관절 중 2개 관절기능에 상당한 장애가 있는 삶 • 두 팔의 어깨관절, 팔꿈치관절, 손목관절 모두의 기능에 장애가 있는 사람 • 두 손의 엄지손가락과 둘째손가락의 관절기능에 현저한 장애가 있는 사람 • 한 손의 모든 손가락의 관절기능에 현저히 장애가 있는 사람 • 한 팔의 어깨관절, 팔꿈치관절, 손목관절 중 2개 관절기능에 현저한 장애가 있는 사람 • 한 팔의 어깨관절, 팔꿈치 관절, 손목관절 모두의 기능에 상당한 장애가 있는 사람 • 두 다리의 엉덩관절, 무릎관절, 발목관절 중 2개의 관절기능에 현저한 장애가 있는 사람 • 두 다리의 엉덩관절, 무릎관절, 발목관절 모두의 기능에 상당한 장애가 있는 사람 • 한 다리의 엉덩관절, 무릎관절, 발목관절 모두의 기능에 현저한 장애가 있는 사람
	경증	• 한 손의 둘째손가락을 포함하여 3개 손가락의 관절기능에 상당한 장애가 있는 사람 • 한 손의 엄지손가락의 관절기능에 상당한 장애가 있는 사람 • 한 손의 둘째손가락을 포함하여 2개 손가락의 관절기능에 현저한 장애가 있는 사람 • 한 손의 셋째손가락, 넷째손가락, 다섯째손가락 모두의 관절기능에 현저한 장애가 있는 사람 • 한 팔의 어깨관절, 팔꿈치관절, 손목관절 모두의 기능에 장애가 있는 사람 • 한 팔의 어깨관절, 팔꿈치관절 또는 손목관절 중 하나의 기능에 상당한 장애가 있는 사람 • 두 발의 모든 발가락의 관절기능에 현저한 장애가 있는 사람 • 한 다리의 엉덩관절, 무릎관절, 발목관절 모두의 기능에 장애가 있는 사람 • 한 다리의 엉덩관절 또는 무릎관절이 기능에 상당한 장애가 있는 사람 • 한 다리의 발목관절의 기능에 현저한 장애가 있는 사람
지체 기능 장애가 있는 사람	중증	• 두 팔의 기능에 상당한 장애가 있는 사람 • 두 손의 엄지손가락 및 둘째손가락의 기능을 잃은 사람 • 한 손의 모든 손가락의 기능을 잃은 사람 • 한 팔의 기능에 현저한 장애가 있는 사람 • 한 다리의 기능을 잃은 사람 • 두 다리의 기능에 현저한 장애가 있는 사람 • 목뼈 또는 등 · 허리뼈의 기능을 잃은 사람
	경증	• 한 팔의 기능에 상당한 장애가 있는 사람 • 한 손의 둘째손가락을 포함하여 세 손가락의 기능에 상당한 장애가 있는 사람 • 한 손의 엄지손가락의 기능에 상당한 장애가 있는 사람 • 한 손의 둘째손가락을 포함하여 두 손가락의 기능을 잃은 사람 • 한 손의 셋째손가락, 넷째손가락 및 다섯째손가락 모두의 기능을 잃은 사람

장애유형		장애 정도	장애 정도 분류기준
			• 두 발의 모든 발가락의 기능을 잃은 사람 • 한 다리의 기능에 상당한 장애가 있는 사람 • 목뼈 또는 등 · 허리의 기능이 저하된 사람
	신체에 변형 등의 장애가 있는 사람	경증	• 한 다리가 건강한 다리보다 5센티미터 이상 짧거나 건강한 다리 길이의 15분의 1 이상 짧은 사람 • 척추옆굽음증(척추측만증)이 있으며, 굽은 각도가 40도 이상인 사람 • 척추뒤굽음증(척추후만증)이 있으며, 굽은 각도가 60도 이상인 사람 • 성장이 멈춘 만 18세 이상의 남성으로 신장이 145센티미터 이하인 사람 • 성장이 멈춘 만 16세 이상의 여성으로서 신장이 140센티미터 이하인 사람 • 연골무형성증으로 왜소증에 대한 증상이 뚜렷한 사람
뇌병변 장애		중증	• 보행 또는 일상생활동작이 상당히 제한된 사람 • 보행이 경미하게 제한되고 섬세한 일상생활동작이 현저히 제한된 사람
		경증	• 보행 시 절뚝거림을 보이거나 섬세한 일상생활동작이 경미하게 제한된 사람
시각 장애		중증	• 좋은 눈의 시력(공인된 시력표로 측정한 것을 말하며, 굴절 이상이 있는 사람은 최대 교정시력을 기준으로 한다. 이하 같다)이 0.06 이하인 사람 • 두 눈의 시야가 각각 모든 방향에서 5도 이하로 남은 사람
		경증	• 좋은 눈의 시력이 0.2 이하인 사람 • 두 눈의 시야가 각각 모든 방향에서 10도 이하로 남은 사람 • 두 눈의 시야가 각각 정상시야의 50퍼센트 이상 감소한 사람 • 나쁜 눈의 시력이 0.02 이하인 사람
청각 장애	청력을 잃은 사람	중증	• 두 귀의 청력을 각각 80데시벨 이상 잃은 사람(귀에 입을 대고 큰소리로 말을 해도 듣지 못하는 사람)
		경증	• 두 귀에 들리는 보통 말소리의 최대의 명료도가 50퍼센트 이하인 사람 • 두 귀의 청력을 각각 60데시벨 이상 잃은 삶(40센티미터 이상의 거리에서 발성된 말소리를 듣지 못하는 사람) • 한 귀의 청력을 80데시벨 이상 잃고, 다른 귀의 청력을 40데시벨 이상 잃은 사람
	평형 기능	중증	• 양측 평형기능의 소실로 두 눈을 뜨고 직선으로 10미터 이상을 지속적으로 걸을 수 없는 사람
		경증	• 평형기능의 감소로 두 눈을 뜨고 10미터 거리를 직선으로 걸을 때 중앙에서 60센티미터 이상 벗어나고, 복합적인 신체운동이 어려운 사람
언어장애		중증	• 음성기능이나 언어기능을 잃은 사람
		경증	• 음성 · 언어만으로는 의사소통을 하기 곤란한 정도로 음성기능이나 언어기능에 현저한 장애가 있는 사람

<table>
<tr><th colspan="2">장애유형</th><th>장애 정도</th><th>장애 정도 분류기준</th></tr>
<tr><td colspan="2" rowspan="2">안면장애</td><td>중증</td><td>• 노출된 안면부의 75퍼센트 이상이 변형된 사람
• 노출된 안면부의 50퍼센트 이상이 변형되고 코 형태의 3분의 2 이상이 없어진 사람</td></tr>
<tr><td>경증</td><td>• 노출된 안면부의 45퍼센트 이상이 변형된 사람
• 코 형태의 3분의 1 이상이 없어진 사람</td></tr>
<tr><td colspan="2" rowspan="2">신장장애</td><td>중증</td><td>• 만성신부전증으로 3개월 이상 혈액투석이나 복막투석을 받고 있는 사람</td></tr>
<tr><td>경증</td><td>• 신장을 이식받은 사람</td></tr>
<tr><td colspan="2" rowspan="2">간장애</td><td>중증</td><td>• 간경변증, 간세포암종 등 만성 간질환을 가진 것으로 진단받은 사람 중 잔여 간 기능이 만성 간질환 평가척도 평가상 C등급인 사람
• 간경변증, 간세포암종 등 만성 간질환을 가진 것으로 진단받은 사람 중 잔여 간 기능이 만성간질환 평가척도 평가상 B등급이면서 난치성 복수가 있거나 간성뇌증 등의 합병증이 있는 사람</td></tr>
<tr><td>경증</td><td>• 간을 이식받은 사람</td></tr>
<tr><td colspan="2" rowspan="2">호흡기장애</td><td>중증</td><td>• 만성호흡기 질환으로 기관절개관을 유지하고 24시간 인공호흡기로 생활하는 사람
• 폐나 기관지 등 호흡기관의 만성적인 기능장애로 평지에서 보행해도 호흡곤란이 있고, 평상시의 폐환기 기능(1초시 강제날숨량) 또는 폐확산능(폐로 유입된 공기가 혈액내로 녹아드는 정도)이 정사예측치의 40퍼센트 이하이거나 안정시 자연호흡상태에서의 동맥혈 산소분이 65밀리미터수은주(mmHg) 이하인 사람</td></tr>
<tr><td>경증</td><td>• 폐를 이식받은 사람
• 늑막루가 있는 사람</td></tr>
<tr><td colspan="2" rowspan="2">장루 · 요루 장애</td><td>중증</td><td>• 배변을 위한 말단 공장루를 가지고 있는 사람
• 장루와 함께 요루 또는 방광루를 가지고 있는 사람
• 장루 또는 요루를 가지고 있으며, 합병증으로 장피누공 또는 배뇨기능장애가 있는 사람</td></tr>
<tr><td>경증</td><td>• 장루 또는 요루를 가진 사람
• 방광루를 가진 사람</td></tr>
<tr><td rowspan="2">뇌전증 장애</td><td rowspan="2">성인뇌전증</td><td>중증</td><td>• 만성적인 뇌전증에 대한 적극적인 치료에도 불구하고 연 6회 이상의 발작(중증 발작은 월 5회 이상을 연 1회, 경증 발작은 월 10회 이상을 연 1회로 본다)이 있고, 발작으로 인한 호흡장애, 흡인성폐렴, 심한 탈진, 두통, 구역질, 인지기능의 장애 등으로 요양관리가 필요하며, 일상생활 및 사회생활에서 보호와 관리가 수시로 필요한 사람</td></tr>
<tr><td>경증</td><td>• 만성적인 뇌전증에 대한 적극적인 치료에도 불구하고 연 3회 이상의 발작(중증 발작은 월 1회 이상을 연 1회, 경증 발작은 월 2회 이상을 연 1회로 본다)이 있고, 이에 따라 협조적인 대인관계가 곤란한 사람</td></tr>
</table>

장애유형		장애 정도	장애 정도 분류기준
	소아 청소년 뇌전증	중증	• 전신발작, 뇌전증성 뇌병증, 근간대 발작, 부분발작 등으로 요양관리가 필요하며, 일상생활 및 사회생활에서 보호와 관리가 수시로 필요한 사람
		경증	• 전신발작, 뇌전증성 뇌병증, 근간대발작, 부분발작 등으로 일상생활 및 사회생활에서 보호와 관리가 필요한 사람
지적 장애		중증	• 지능지수가 70 이하인 사람으로서 교육을 통한 사회적 · 직업적 재활이 가능한 사람
정신 장애		중증	• 조현병으로 인한 망상, 환청, 사고장애 및 기괴한 행동 등의 양성 증상이 있으나, 인격 변화나 퇴행은 심하지 않은 경우로서 기능 및 능력장애로 일상생활이나 사회생활에 간헐적으로 도움이 필요한 사람 • 양극성 정동장애(여러 현실 상황에서 부적절한 정서 반응을 보이는 장애)에 따른 기분 · 의욕 · 행동 및 사고의 장애증상이 현저하지는 않으나 증상이 지속되거나 자주 반복되는 경우로서 기능 및 능력 장애로 일상생활이나 사회생활에 간헐적으로 도움이 필요한 사람 • 조현정동장애로 위에 준하는 증상이 있는 사람
자폐성 장애		중증	• 제10차 국제질병인사분류(International Classification of Diseases, 10th Version)의 진단기준에 따른 전반성발달장애(자폐증)로 정상발달의 단계가 나타나지 않고, 기능 및 능력 장애로 일상생활이나 사회생활에 간헐적인 도움이 필요한 사람

* 앞서 살펴본 바와 같이, 장애인복지법상 장애의 정도에 대한 정확한 표현은 "정도가 심한 장애"와 "정도가 심하지 않은 장애"로 나뉜다. 여기서 편의상 전자를 "중증", 후자를 "경증"으로 표기하였다.

출처: 장애인복지법 시행규칙 [별표 1] 재구성

CHAPTER

06

장애인의 차별금지 및 편의시설

장애인들이 우리 사회에서 평등한 인간으로 완전한 참여를 이루는 사회적 통합을 이루기 위해서 장애인들에게도 헌법에서 보장된 시민적 기본권들이 모두 실제적인 의미가 있는 형태로 구현되어야 한다. 교육권, 건강권, 노동권, 참정권, 청구권, 환경권 등 헌법에서 보장된 모든 권리는 장애인이든 비장애인이든 대한민국의 국민이라면 누구나 누려야 할 시민적 기본권인 것이다. 이러한 권리가 온전히 보장될 때 장애인도 사회의 한 구성원으로서 의미 있는 참여를 할 수 있을 것이다. 하지만 우리나라의 장애인들은 장애인차별금지법 제정 이후에도 기본적인 권리가 제대로 보장되지 못하고 있다.

1. 장애인 차별의 개념 및 유형

1) 장애인 차별의 개념

장애인 차별(disability discrimination)이란 '장애를 가진 개인'을 장애인이 속한 장애인 집단과 동일시하여 장애인 집단이 가진 속성을 가졌다고 보고, 장애인 개인을 불리하게 구분하고 배제하고 제한하는 것을 말한다. 즉 장애인 개인에 대하여 정치적, 경제적, 사회적, 문화적 생활 전 분야에서 그동안 사회적 권력, 문화적 가치 그리고 개인 편견 등에 의해 부여된 신체적 · 정신적인 특징 등을 부정적인 측면으로 인식하여 다른 사람들과 평등한 입장에서 사회생활에 참가할 기회를 빼앗거나 제한하고, 억압한 상태를 말한다. 이러한 장애인 차별은 합리적인 이유 없이 장애로 인하여 장애를 가진 개인에 대하여 직접적으로 불이익을 주는 직접차별과 사회의 중립적인 기준을 적용하였으나 그러한 중립적 기준이 장애인 집단에게 불이익한(또는 주변화된) 결과를 초래하는 간접적 차별, 장애로 인하여 장애인 개인으로 하여금 개인의 의사에 반하여 그로 하여금 수치감, 모욕감, 모멸감, 혐오감, 위협감을 느끼게 하거나 장애인 개인을 신체적 · 정신적 · 정서적으로 공격하는 모든 종류의 행위 등을 들 수 있다(조순경, 2002).

장애인 차별의 내용 중 직접적 차별과 폭력은 구체적이고 가시적인 측면이 강하여 이에 대한 사회적 변화 노력은 강하게 진행되고 있으나, 장애를 가진 개인들에게 의도하지 않은 사회적 간접차별의 양상은 개선의 정도가 매우 미약하다. 장애를 가진 사람들에게 의도하지 않은 차별이란 장애를 가진 사람에 대한 무지와 몰이해로 행정기관 및 공식기관 또는 비공식기관, 개인 등이 권리를 침해하였다는 사실을 인정하지 않거나 그 때문에 장애를 가진 사람이 어떠한 불이익을 당하거나 부당한 취급을 받고 있는 상태에 있음을 말한다. 예를 들면 장애를 가진 사람이 직업을 구할 때 사업주가 장애를 이유로 불리하게 적용시켜 기회나 고용을 제한하거나 구분 또는 분류하는 행위인 직접차별에 대한 개선을 위해 많은 장애인들에게 동등한 업무의 기회와 편의를 제공하지 않거나 배제하는 행위인 간접차별에 대한 노력의 정도는 미약한 편이라고 할 수 있는 것이다.

우리 사회에서 장애인 차별문제를 설명함에 있어 가장 근본적인 문제는 장애인들의 능력이나 일상생활 전반에 대한 잘못된 인식과 비과학적·미신적 편견에 근거한 사회문화적 가치관이라고 보는 견해가 가장 우세하다. 이러한 현상은 알포드(Alfort, 1958)의 편견의 행동 단계(즉 반대화, 회피, 차별, 신체적 공격 그리고 학살과 같은 행동의 단계)로 가장 잘 설명된다. 장애인에 대한 우리 사회의 주류인 비장애인들의 편견행동 수준이 반대화나 회피 또는 차별의 단계에 아직 머물러 있다고 보면서 사회주류의 비장애인들의 생활 속에서 장애인을 업신여기고 있거나 장애인을 보통 사람보다 못한 사람으로 취급하여 차별하는 경우가 많다고 지적하고 있다(박옥순, 2012).

장애 개인의 전 생활 영역(예: 교육, 취업, 이동, 선거 등)에서 직접적으로 장애인 차별금지라는 용어를 사용하지는 않았지만, 장애로 인한 불리한 대우, 배제, 억압 등의 문제를 해결하기 위한 노력은 장애인 인권운동의 시작에서부터 실행되어 왔다. 그리하여 장애를 가진 사람들의 기본적인 권리를 보장하는 다양한 제도 안에 실제적 측면의 장애인 차별에 관한 규정이 명시되어 있으며, 이에 대한 개선 정도도 매우 높다. 그럼에도 불구하고 아직도 장애인 차별, 즉 장애인 기본권 또는 장애인 인권의 침해문제들이 계속하여 제기되고 있다(정무성 외, 2007).

장애인에 대한 차별과 인식을 개선하려는 사회적 노력이 많이 있으나 아직도 구인신청을 하는 서류에 장애인 희망, 비희망으로 선택하게 하여 장애인의 취업을 위한 노력의 기회를 원천적으로 차단하고 봉쇄하는 기업과 단체들이 공공연하게 있다. 이러한 행위는 양면성이 있다고 볼 수 있다. 장애인이 신청을 했다가 장애인이라는 이유로 탈락을 하는 헛수고를 덜어준다는 의미에서는 좋은 일일 수도 있지만 업무가 가능한 모든 장애인을 다 업무에서 배제시키는 결과를 가져온다. 단순히 희망인지 비희망인지를 쓰지 않고 업무 내용을 자세하게 기술하여서 장애인 스스로 판단하여 업무가 가능한지 불가능한지 선택하게 하는 시스템으로 가야 할 것이다.

장애인의 희망과 비희망으로 모든 장애인을 차단하기보다는 업무의 성격을 보다 자세하게 기술을 하여서 장애인 스스로가 업무가 가능한지 불가능한지 판단하게 하여야 한다. 예를 들면 주 사업자가 직원을 채용하는 공고를 낼 경우에 업무 내용을 자세하게 기술하고 주업무가 '고객 응대 및 안내'라고 적어 둔다면 시각장애인이나 청각장애인, 언어장애인 등은 이 업무에 지원하지 않을 것이다. 또는 주업무가 디자인 및 전산업무라고 기술을 해 두면 하지 지체장애인이 컴활용에 자신이 있다면 지원을 할 것이다. 이렇게 차별이란 사전 안내를 정확하게 하지 않음으로써 기회를 박탈하거나 선택권을 줄이는 행위도 차별에 속한다.

표 6-1 장애인의 직접차별과 간접차별

구 분	내 용
직접차별	장애인을 정당한 이유 없이 제한, 배제, 분리, 거부하여 불리하게 대하는 것
간접차별	형식상으로 공정한 기준을 적용하더라도 장애를 고려하지 않은 기준을 적용해 장애인에게 불리한 결과가 발생하는 것
정당한 편의제공 거부에 의한 차별	과도한 부담이나 현저히 곤란한 사정 등 정당한 이유 없이 편의시설이나 장애를 고려한 서비스 등의 제공을 거부하는 것
광고에 의한 차별	광고의 내용이 장애인에 대한 제한, 배제, 분리, 거부 등 불리한 대우를 나타내는 것

구인 신청서에 업무 내용을 자세하게 기술하도록 하는 규정을 의무화하는 노력이 장애인의 취업을 확장하고 차별을 방지하는 노력이 되는 것이다.

2) 장애인 차별의 유형

장애인 차별 유형화란 경제적·사회적·문화적 권리 또는 시민적·정치적 권리 등의 각 영역에 대한 차별적 상황들을 노동권, 교육권, 접근권, 소비자 권리 등의 관심 영역과 세부 관심 영역으로 구분하고 이를 실제적인 차별 상황과 연결하여 명시화해서 영역별·부문별 장애인 차별 실태를 구조화할 수 있는 장애인 차별의 영역별, 부문별 체계화를 의미한다(박옥순, 2012).

장애인 차별분류에서 가장 대표적으로 사용되는 것이 UN 인권위원회의 '장애인 인권보고서'의 차별유형 분류이다. UN 인권위원회의 '장애인 인권보고서'는 경제적·사회적 및 문화적 권리규약 안에 시민적·정치적 권리규약으로 구분하고 경제적·사회적·문화적 권리규약 안에 노동권, 생존권, 건강권, 교육권, 문화향유권으로 대분류하였고, 시민적·정치적 권리규약 안에 장애 이유로 차별금지, 장애인지원서비스, 형사상의 권리, 시설장애인의 권리, 가족생활권, 참정권으로 대분류하여 장애인의 생활 영역을 거의 대부분 포함하고 있다(정무성 외, 2007).

표 6-2 UN 인권위원회 '장애인 인권보고서'의 장애차별 분류

인권규약	대분류	중분류
경제적·사회적 및 문화적 권리규약	노동권	노동의 기회, 노동환경, 적절한 보수 보장
	생존권	생계유지
	건강권	영양실조 조치, 적절한 치료, 재활서비스 제공, 건강한 생활환경 장애 예방, 불결한 시설 개선
	교육권	공립학교 취학, 공립학교 편의시설, 필요 시 특수교육 제공
	문화향유권	문화공간 편의시설, 참여능력 편견 해소

인권규약	대분류	중분류
시민적 · 정치적 권리규약	장애 이유로 차별금지	장애 이유로 차별하는 것을 금지
	장애인지원서비스	인권침해 대응지원 특별조치
	형사상의 권리	일방적이고 불필요한 체포 방지, 체포 시 사유를 알 권리, 의사소통의 문제로 체포 방지
	시설장애인 권리	시설장애인의 사생활권
	가족생활권	정신(지체)장애인 투표권, 결혼, 가정형성의 권리, 강제 불임 방지
	참정권	정신(지체)장애인 투표권, 시각장애인 투표권, 투표소 접근권, 대민봉사직 기회 제한

그러나 UN 인권위원회의 분류에는 장애인의 접근권과 소비자의 권리 등이 누락되어 있으며, 중분류 이후 구체적인 세부 분류를 하고 있지 않아서 실제적으로 발생하는 장애인 차별을 구체적으로 유형화하여 구분하는 데는 한계가 있다. 이러한 한계를 보완하기 위하여 박옥순(2012)은 다음과 같이 장애인 차별 유형을 정리하였다.

표 6-3 장애인 차별 유형화

대분류	중분류	세부항목
노동권	노동기회 차별	취업기회 제한, 면접 시 탈락, 모집공고 제한, 부당해고, 직업훈련 제한, 원서접수 거부, 적절한 시험환경 부재
	노동환경 차별	적절한 직무환경 및 업무배치 차별, 다른 동료에 비해 승진 차별, 중도장애로 복직 연기, 장애로 퇴직 강요, 직장 내 인간관계에서 차별, 다른 동료에 비해 임금체불과 저임금
	산재보상 차별	보장 시 장애인 차별, 산재인정 차별
생존권	생계유지권리 차별	생활고, 생계유지수단 제한
건강권	진료권 차별	진료계획 참여 및 알 권리 침해, 건강에 대한 교육받을 권리 침해, 병의원 진료 거부, 서비스기관 부재
	적절한 치료권 차별	수술비, 진료비 필요, 간병제도 미비, 의료재활 치료 필요
교육권	교육기회 차별	취학기회 박탈, 모집요강 제한, 연령 제한, 원서접수 거부, 편입학 거부, 교육기관 부재, 진학거부 및 강요
	교육환경 차별	편의시설 미비, 학급 내 인간관계 차별, 통합교육 거부, 교육 프로그램 참여 거부, 적절한 시험환경 부재, 학습도우미 필요, 수화점역 교재 등 필요, 교육비 지원

대분류	중분류	세부항목
문화향유권	참여권 차별	참여제한, 문화공간 편의시설 미비, 문화비용 필요
접근권	이동권 차별	교통시설 제한, 도로환경 제한, 편의시설 미비, 안내표시판 및 방송 등 미비
	건축물접근권 차별	건축물 편의시설 미비, 주차 제한
	거주이주권 차별	지역주민 거부, 거부이주권 침해
정보 접근권	정보접근 차별	장애인복지 시책접근제한, 상담 및 서비스기관 문의, 법률상담 및 자문, 장애인 등록절차 및 혜택, 기타
	정보매체접근 차별	수화 및 자막서비스 제한, 점자 및 음성서비스 제한, 컴퓨터 이용권 제한, 상징적 그림 서비스 제한
지원 서비스	비용지원 차별	이동비용 지원 필요, 양육비용 지원 필요, 의료비용 지원 필요, 융자지원 필요
	도우미지원 차별	심리상담 필요, 아동도우미 필요, 가정도우미 필요, 수화점역 등 필요
	보장구사용권 차별	보장구 구매 및 수리비용 필요, 보장구 품목 제한
참정권	선거권 차별	투표권 침해
	선거접근권 차별	선거정보 접근권 침해, 투표소 접근권 침해
소비자 권리	보험금융사용권 차별	보험가입 제한, 보상금 제한
	구매권 차별	음식점 등 서비스 기관출입 제한, 구매 제한, 불친절 및 무시
	행정접근권 차별	행정접근 제한
형사상 권리	법절차 위반	불법체포, 자백강요
	피해자로서 권리침해	의사소통제한으로 수사미진, 전술의 신빙성 불안정
시설장애인 권리	사생활권 차별	자기결정권 침해, 사생활권리 침해
	폭력	심리 및 언어폭력, 폭력, 성폭력
	적절한 서비스수익 차별	적절한 서비스 받을 권리침해
	거주이주권 차별	거주 이주 권리침해
가족권	결혼할 권리 차별	장애 이유로 결혼반대, 결혼 제한
	가족생활권 차별	자기결정권 침해, 가정폭력, 가정 내 성폭력, 장애로 이혼·별거가족 임의시설 입소 추진, 장애자녀 출산으로 이혼
신체자유 권리	폭력	심리 및 언어폭력, 폭력, 성폭력, 누명
재산권	재산상불이익	사기, 절취 및 갈취, 상속권 제한

출처: 박옥순(2012).

2. 장애인차별금지 및 권리구제 등에 관한 법률 제정의 의의와 주요 내용

1) 장애인차별금지 및 권리구제 등에 관한 법률 제정 과정

「장애인차별금지법」은 단지 장애가 있다는 한 가지 이유만으로 차별받지 않을 권리를 모든 국민에게 부여하고, 권리침해의 효과적 구제 절차를 규정하고 있으며, 우리나라는 아시아에서 홍콩에 이어 두 번째로 「장애인차별금지법」을 도입했다.

2007년 3월 2일 보건복지위원장의 제안으로 2007년 3월 6일 보건복지위원회의 본회의 의결을 통해서 「장애인차별금지 및 권리구제 등에 관한 법률」이 제정되었으며, 1년 후인 2008년 4월 11일 시행령 공포를 통하여 실제적인 법으로써의 힘을 가지게 되었다.

2007년을 기점으로 장애인에 대한 장애인인식 개선과 장애인차별금지와 장애인 고용 의무화 실시, 직업재활 등 전반에 걸친 장애인복지에 대한 사회적 노력이 전문화되고 확대 실시되었다. 장애인 인식 개선 교육에 차별금지법을 의무화하여 교육을 실시하는 등 노력에 따라 장애인차별에 대한 인식이 높아지고 있다.

2) 제안경위

① 제259회 국회(임시회) 제1차 보건복지위원회(2006. 4. 4) 상정: 노회찬 의원 대표 발의, 의안번호 제2811호, 2005. 9. 29. 회부

② 제262회 국회(정기회) 제2차 보건복지위원회(2006. 9. 18) 상정: 정화원 의원 대표 발의, 의안번호 제3704호, 2005. 12. 30. 회부

③ 제262회 국회(정기회) 제7차 보건복지위원회(2006. 11. 2. 상정: 장향숙 의원 대표 발의, 의안번호 제4346호, 2006. 5. 3. 회부)

④ 제265회 국회(정기회) 제2차 보건복지위원회(2007.02.22) 상정: 위 3건의 법률안을 심사한 결과, 본회의에 부의하지 아니하기로 하고, 「국회법」 제51조에 따라 위원회 대안으로 제안하기로 의결함.

3) 제정 이유

한국보건사회연구원의 장애인실태조사에 따른 등록장애인구는 2000년 145만 명(3.0%), 2005년 178만 명(3.7%), 2008년 224만 명(4.5%), 2011년 251만 명(5.0%)으로 11년 사이 73%가 증가하는 급속한 증가세를 보이고 있으며, 여성장애인 및 노령장애인의 비중 증가와 중증장애인 수의 증가 등 장애인구 구조도 변화하고 있다. 또한 장애인들의 사회참여욕구도 급속히 증가하여 교육권 및 이동권 등의 보장 요구와 자립생활운동의 확산 등의 새로운 변화가 매우 빠르게 진행되고 있다. 하지만, 이러한 환경적 변화에도 불구하고 우리 사회의 많은 장애인들이 다양한 영역에서 장애를 사유로 한 차별관행이 지속되고 있으며, 복지시설 등에서의 장애인 폭행, 감금 등의 사례도 빈번히 제기되는 등 심각한 인권침해 사례가 지속되고 있을 뿐만 아니라 이 중 극히 일부 사례만이 국가인권위원회에 제소되는 등 환경 변화에 대처하기에는 미흡한 실정이다. 따라서 새로운 환경변화에 대처하기 위한 시도는 정부의 정책적 노력만으로는 한계가 있어 민간부문의 노력과 협조를 이끌 제도적 틀을 구축하고 이를 통하여 장애를 사유로 한 차별을 금지하고 장애인들의 권리를 구제함으로써 미래에 지속 가능한 정책패러다임 구축의 전기를 마련하고자 한다.

4) 주요내용 및 소관부처

(1) 주요 내용

장애인 차별행위를 직접차별, 간접차별, 정당한 편의제공 거부에 의한 차별, 광고에 의한 차별로 유형화할 수 있다. 차별금지는 6개 영역이 있는데 고용, 교육, 재화와 용역의 제공 및 이용, 사법 · 행정 절차 및 서비스와 참정권, 모 · 부성권, 가족 · 가정 · 복지시설 · 건강권 등이 있다.

구분		내용
제1장 총칙		• 목적, 장애와 장애인, 용어 정의 • 동법상 차별행위를 직접차별, 간접차별, 정당한 편의제공 거부에 의한 차별, 광고에 의한 차별 이상의 네 가지로 유형화(제1조 내지 제9조)
제2장 차별 금지	고용(제10조)	• 차별금지, 정당한 편의제공 의무, 의학적 검사금지
	교육(제13조)	• 차별금지, 정당한 편의제공 의무
	재화와 용역의 이용(제15조)	• 재화 · 용역 제공, 토지 · 건물 매매 임대 • 금융상품 · 서비스, 시설물 접근 · 이용 • 이동 및 교통수단, 정보접근, 정보통신 · 의사소통 • 문화 · 예술 · 체육에서의 정당한 편의제공 • 개인정보보호, 국가 및 지방자치단체의 의무
	사법 · 행정 절차 등 (제26조)	• 차별금지, 정당한 편의 제공
	모 · 부성권 등(제28조)	• 출산 · 임신 · 입양 시 장애로 인한 차별금지 및 실질적 평등보장
	가족 · 가정 · 복지시설, 건강권 (제30조)	• 재산권, 양육권, 친권 등에 있어 장애로 인한 불합리한 차별금지 • 복지시설 이용 시 장애로 인한 친권 향유, 가족면접, 외부와의 소통에 있어서의 차별금지 • 의료행위에 있어서 장애를 이유로 제한 · 배제 · 분리 · 거부 금지
제3장 장애여성 및 장애아동 등		• 장애여성 및 아동, 정신적 장애인 차별금지 • 국가와 지방자치단체의 의무(제33조 내지 제37조)
제4장 장애인차별시정기구 및 권리구제 등		• 차별받은 사람은 국가인권위원회에 진정 • 국가인권위원회는 진정조사권과 직권조사권 보유 • 국가인권위원회 내 장애인차별시정 소위원회 설치 • 법무부의 시정명령권(제38조 내지 제45조)
제5장 손해배상, 입증책임 법원의 구제조치		• 차별행위로 손해를 가한 자에게 손해배상 책임 • 입증책임 배분(제46조 내지 제48조)
제6장 벌칙		• 악의적 차별행위에 대해 3년 이하 징역 또는 3천만원 이하 벌금(제49조 내지 제50조)
부칙		• 시행일, 소위원회 설립 준비, 위원 임기 개시

(2) 소관부처

구분		관련 조문 및 내용		관련부처
제1장 총칙		제1조~제2조	목적 · 장애정의	복지부
			총괄	복지부, 관련 부처
		제3조(정의)	제3호 장애인보조기구	복지부, 노동부, 행안부
			제4호 공공기관	복지부, 교육부, 행안부
		제9조	제6호 교육기관	교육부
			다른 법률과의 관계	국가인권위원회(법)
제2장 차별 금지	제1절 고용	제10조~제12조	고용관계차별금지 및 정당한 편의제공 등	노동부
	제2절 교육	제13조~제14조	교육의 기회 및 편의제공 등	교육과학기술부
	제3절 재화와 용역의 제공 및 이용	제18조	시설물 접근 · 이용	복지부
		제19조	이동 및 교통수단, 운전면허 등	국해부, 경찰청
		제20조~제23조	정보접근 의사소통	복지부, 행안부
		제24조~제25조	문화예술 체육활동 등	문광부
	제4절 사법 · 행정절차 및 서비스와 참정권	제26조~제27조	행정 · 사법 절차 및 서비스에 대한 서식 등 제공과 참정권 보장	행안부, 법무부
	제5절 모 · 부성권, 성 등	제28조~제29조	임신, 출산, 입양 및 성적 자기결정권	복지부, 여성부
	제6절 가족 · 가정 · 복지시설, 건강권 등	제30조~제32조	가족 및 복지시설 등에서의 장애인 의사결정권, 면접 · 소통권 · 건강권 보장 등	복지부, 여성부
제3장 장애여성 및 장애아동 등		제33조	장애여성(근로관계 및 사회 각 영역에서의 편의 제공과 배려)	여성부, 복지부, 노동부
		제34조	장애여성배려의무	여성부, 복지부
		제35조~제36조	장애아동배려의무	복지부, 교육부
		제37조	정신장애인에 대한 차별금지	복지부
제4장 장애인차별 시정기구 및 권리구제 등		제38조~제42조	진정, 조사 및 차별시정기구	인권위
		제42조~제45조	시정명령	법무부
제5장 손해배상, 입증책임		제46조~제48조	손해배상 및 법원의 구제조치	복지부, 인권위
제6장 벌칙		제49조~제50조		법무부, 인권위

3. 장애인 차별 사례

「장애인차별금지 및 권리구제 등에 관한 법률」 시행 시작과 맞추어서 2008년 4월 156건의 1차 집단진정을 한 이후, 7월 225건의 집단진정, 9월 서울시 교육감투표권 차별 5건의 집단진정을 하였다. 이를 통해 장애인들이 일상적으로 차별을 겪고 있으며, 심각성이 생활 전반에 걸쳐 있음을 사회에 알려 왔다. 또한 집단진정의 양과 내용을 홍보하여 장애인들의 차별 진정을 활성화하고자 하였다. 진정사건을 통해 일부 사안은 국가인권위원회의 권고를 받아들이거나, 장애인 차별금지법 존재 자체로 그동안의 관행이나 편견이 개선되거나, 변화하게 되는 계기를 마련하게 되었다.

시설물 내에서의 정당한 편의제공 차별 사례 1

B씨는 지체장애 1급으로 근육병의 일종인 근이양증을 앓고 있어서 혼자서 몸을 움직일 수가 없다. B씨는 근이양증 치료를 위해 병원에 내원하였다가 장애인 화장실을 이용하게 되었다. 하지만, 장애인 화장실에는 청소도구가 쌓여 있었다. B씨는 불쾌하였지만 화장실에서 볼일을 보고 있는데 갑자기 청소 아주머니가 빨리 나오라고 소리를 쳤다. 혼자서 몸을 움직일 수 없는 B씨는 당황하였고, 이후에 병원관계자에게 장애인 화장실에 청소도구를 치워줄 것을 요구하였으나 병원 측에서는 요구를 들어주지 않았다.

「장애인차별금지 및 권리구제에 관한 법률」 제4조 제2항에는 장애인의 성별, 장애의 유형 및 정도, 특성 등을 고려한 편의시설 · 설비 · 도구 · 서비스 등 인적 · 물적 제반 수단과 조치를 제공하여야 한다고 명시되어 있다.

기본권(참정권) 차별 사례 2

D씨는 지체장애 1급으로 총선 때 투표장으로 향하였으나, 투표소가 2층에 설치되어 있어 다른 사람의 도움 없이는 투표할 수 없는 상황이었다. D씨의 아버지는 선거관리위원회 측에서 배치한 도우미가 있는지 알아보았다. 하지만 선거관리위원회 측에서는 "내년에 투표하면 되지 않겠느냐, 그럼 투표소를 들판에 설치해야겠네?"라는 빈정거리는 말을 듣고, 투표장에서 되돌아올 수밖에 없었다.

교육권 차별 사례 3

A군은 뇌병변 1급으로 ○○고등학교에서 수능시험을 보던 중 2교시 종료 후 시험을 포기하게 되었다. A군은 휠체어를 타고 좁은 책상에서 시험을 치르는 것이 너무 힘이 들었고, 화장실도 멀리 있어 장애인을 위한 최소한의 편의시설도 없어 더 이상 시험을 치를 필요성을 못 느꼈다고 한다. A군은 수능시험을 치를 수 있는 기본적인 장애인 편의시설이 마련되어 있지 않다며 ○○교육청과 교육과정평가원을 상대로 국가인권위원회에 진정서를 제출하였다.

▶2013년 사례

인천시 부평구 모 아파트 본인소유 거주자로 루게릭병으로 인하여 중증장애 1급인 여성이 와상으로 가정 내 목욕이 어려워서 이동목욕차를 아파트 주차장으로 오게 하여 목욕서비스를 받음. 경비가 목욕을 방해하고 동대표가 방해하고 부녀회까지 나서서 방해하는 일이 발생함. 장애인의 아들이 나서서 관시사무실에 찾아갔으나 관리소장도 동대표와 부녀회장을 어떻게 할 수가 없다고 하면서 알아서 해결하라고 했다.

아들이 동대표와 부녀회장을 찾아가서 사정사정을 하였으나 장애인이 거주하고 그런 차가 오면 집값이 떨어진다는 이유로 목욕을 아파트주차장에서 하려거든 후문으로 와서 구석진 곳에 차를 세우고 하라고 했다. 그러나 현실적으로 경비를 비롯한 주민들이 구석진 곳에 주차를 해 두고 목욕차의 진입을 방해해서 목욕차가 들어 갈 수가 없었다.

장애인 당사자는 자기가 대응해서 싸울 능력이 되지 않으므로 내가 빨리 죽어야 한다면서 여러 날을 울다가 결국 목욕을 하지 않는 방법을 선택했다.

출처: 인천큰사랑 노인장기요양센터 장애인활동지원.

▶2021년 사례

인천시 부평구 주택가 빌라거주자인 20대의 발달장애인 남자장애인을 빌라 앞 골목길에서 이동목욕차를 주차하고 방문목욕서비스를 받음.

빌라 앞 주택에서 한 노인이 나왔고 기분이 나쁘니까 더러운 물 이곳에 버리면서 목욕하지 말라고 신고하겠다고 큰소리를 치면서 협박을 하였다. 이동목욕차의 운전기사가 30세의 젊은 사람이어서 '신고할 테면 해봐라 우리는 합법적이다'라고 하면서 더 큰소리를 쳐서 노인을 쫒은 후 그런 일이 있었다고 즉시 센터장에게 보고했다.

센터장은 다시 그런 사람을 만나거든 장애인학대로 경찰에 고소하면 민사가 아니고 형사입건되어서 바로 형사가 잡아다가 경찰서에서 수사 받을 것이고 이 사람만 장애인이고 이 사람의 가족들은 장애인이 아니고 똑똑한 사람들이기 때문에 가족에게 일러서 바로 신고하게 할 것이라고 말해서 다시는 그런 일이 없게 해야 한다고 지시를 내렸다.

젊은이를 혼자서 못 당하고 물러난 노인이 근처의 가게 하는 젊은 사람들과 주민들을 모아서 다시 와서 여러 사람이 이 지역에서 목욕을 하지 말라고 하면서 물이 더럽던 깨끗하든 전염병이 있든 없든 주민이 불편하여 민원을 넣겠다고 협박을 하였다. 젊은 운전기사는 센터장의 지시대로 말을 했다. 그러자 순식간에 사람들이 각자 자기 위치로 돌아가고 노인도 자기 집으로 급히 들어갔다. 이후로 어느 누구도 목욕차가 갔을 때 시비를 걸지 않았다.

출처: 인천큰사랑 노인장기요양센터 장애인활동지원.

이렇듯 장애인이 직접 또는 간접적으로 편의제공을 받지 못하거나 진입을 방해하는 학대를 받는 사례가 빈번한데 과거에 비해 현재는 많이 개선이 되고 있기는 하지만 아직도 장애인이라면 무조건 거부하고 무시하는 사례는 종종 볼 수 있다.

같은 사건인데 2013년 사례는 장애인당사자와 가족이 나서서 분쟁을 해결하려고 하였으나 오히려 정신적 피해만 입었다. 그러나 2021년 사례는 가족이 나설 필요도 없이 장애인학대라는 말만 듣고도 더 이상 장애인의 권리를 방해하지 않았다. 이렇듯 사회적 인식의 개선이 곧 장애인의 권리를 옹호하는 지름길이 될 수가 있다.

장애인 스스로 권리를 찾을 수 있도록 교육과 안내가 잘 이루어져야 한다.

4. 장애인 차별 법적 대응

1) 법적 대응 절차

장애인차별금지법에서 금지하는 차별행위로 인해 피해를 입은 사람 또는 그 사실을 알고 있는 사람이나 단체는 국가인권위원회에 그 내용을 진정할 수 있다. 국가인권위원회는 진정을 접수하게 되면 진정 내용에 대해 조사할 수 있다. 하지만 진정한 건만 조사할 수 있는 것이 아니라 진정이 없는 경우에도 금지하는 차별행위가 있다고 받을 만한 근거가 있고 그 내용이 중대하다고 인정할 때는 이를 직권으로 조사할 수 있다. 조사에 착수하는 국가인권위원회는 차별행위에 대한 조사와 구제 업무를 전담하는 장애인차별시정소위원회를 두는데, 여기서 실제적인 차별 여부에 대해 판단하게 된다.

접수된 진정 내용이 사실이 아님이 명백하거나 사실이라고 인정할 만한 객관적인 증거가 없는 경우, 조사결과 인권침해나 차별행위에 해당하지 아니하는 경우, 이미 피해 회복이 이루어지는 등 별도의 구제조치가 필요하지 아니하다고 인정되는 경우는 그 진정을 기각한다. 진정 내용이 차별의 구성요건을 충족하는 경우 피진정인, 그 소속기관 · 단체 또는 감독기관의 장에게 인권침해나 차별행위의 중지, 원상회복, 손해배상, 동일하거나 유사한 인권침해 또는 차별행위의 재발을 방지하기 위하여 필요한 조치, 법령 · 제도 · 정책 · 관행의 시정 또는 개선, 그밖에 필요한 구제조치 등을 권고한다.

출처: 김진우(2019). 장애인복지론. 공동체.

그림 6-1 장애인 차별 법적 대응 과정

결정에 대한 권고 내용을 피진정인이 받아들여 필요한 조치를 행하는 '수용'의 경우가 있다. 또한 국가인권위원회의 권고 내용을 불복하여 이행하지 아니하는 '불수용'의 경우에는 법무부 장애인차별시정명령위원회에서 심사하여 '피해 정도가 심각하고 공익에 미치는 영향이 중대하다고 인정되는 경우' 피해자 신청 또는 직권으로 시정명령을 하게 된다. 시정명령에 대해서도 피진정인이 불복하는 경우에는 확정된 시정명령을 정당한 사유 없이 이행하지 않는 경우 3천만원 이하의 과태료를 부과한다.

2) 장애인 차별 법적 대응 현상

장애인차별금지법이 시행된 이후 장애인차별 진정접수 건수는 2008년 585건에서 2018년 1,102건으로 약 2배가 증가한 것을 알 수 있다.

표 6-4 장애인 차별행위 진정접수 건수

구분	2008	2009	2010	2011	2012	2013	2014	2015	2016	2017	2018	계
건수	585	725	1,695	886	1,340	1,321	1,139	1,147	1,511	1,428	1,102	12,870

출처: 국가인권위원회(2019).

표 6-5 장애유형별 진정접수 건수 (단위: 건)

구분	유형	계	지체	시각	뇌병변	청각	발달	언어	정신장애	기타
전체	사건 수	12,870	4,125	3,277	931	1,314	1,521	98	498	1,106
	비율	100,00	32.05	25.46	7.23	70.21	11.82	0.76	3.87	8.60
2008	사건 수	585	72	85	35	45	29	1	15	303
	비율	100.00	12.31	14.53	5.98	7.69	4.96	0.17	2.56	51.79
2009	사건 수	725	288	91	69	46	70	11	44	106
	비율	100.00	39.72	12.55	9.52	6.34	9.66	1.52	6.07	14.62

구분	유형	계	지체	시각	뇌병변	청각	발달	언어	정신장애	기타
2010	사건 수	1.695	508	427	136	275	181	8	73	87
	비율	100.00	29.97	25.19	8.02	16.22	10.68	0.47	4.31	5.13
2011	사건 수	886	297	142	57	72	214	8	48	48
	비율	100.00	33.52	16.03	6.43	8.13	24.15	0.90	5.42	5.42
2012	사건 수	1,340	492	193	87	142	321	13	47	135
	비율	100.00	36.72	14.40	6.49	10.60	17.24	0.97	3.51	10.07
2013	사건 수	1,312	380	299	71	251	115	7	50	139
	비율	100.00	28.96	22.79	5.41	19.13	8.77	0.53	3.81	10.59
2014	사건 수	1,139	402	209	92	112	104	13	55	71
	비율	100.00	35.29	25.46	8.08	9.83	9.13	1.14	4.83	6.23
2015	사건 수	1,147	333	440	93	101	102	5	30	43
	비율	100.00	29.03	38.36	8.11	8.81	8.89	0.44	2.62	3.75
2016	사건 수	1,511	628	329	101	93	247	7	62	44
	비율	100.00	41.56	21.77	6.68	6.15	16.35	0.46	4.10	2.91
2017	사건 수	1,428	421	578	97	98	102	12	52	68
	비율	100.00	29.48	40.48	6.79	6.86	7.14	0.84	3.64	4.76
2018	사건 수	1,102	304	403	93	79	126	13	22	62
	비율	100.00	27.59	36.57	8.44	7.17	11.43	1.18	2.00	5.63
등록장애인 구성비	인원(천명)	2,546	1,254	253	253	302	226	20	102	136
	비율	100.0	49.3	9.9	9.9	11.9	8.9	0.8	4.0	5.4

출처: 국가인권위원회(2019).

장애인차별행위를 장애유형별로 분류해 보면 지체장애가 누적으로 4,125건으로 제일 많았고 그 다음으로 시각, 발달, 청각장애의 순으로 나타났다. 2018년 한해 동안에는 시각장애가 403건으로 제일 많고 그 다음으로 지체, 발달, 뇌병변장애 등의 순으로 나타났다.

표 6-6 영역별 장애인차별 진정접수 건수

(단위: 건)

접수연도	합 계	고용	교육	재화·용역								사법행정	참정권	괴롭힘 등	기타
				소계	재화·용역	보험·금융	시설물 접근	이동 교통 수단	정보접근·의사소통	문화·예술·체육	기타				
전체	12.870	769	1,173	7,832	2,098	754	1,548	987	1,934	342	169	427	178	1,327	1,119
	100.0	5.98	9.11	60.8	16.3	2.86	12.0	7.67	15.0	2.66	1.31	3.32	1.38	10.6	8.70
2008	585	41	61	347	26	49	78	128	35	20	11	44	11	42	39
	100.0	7.01	10.4	59.3	4.44	8.38	13.3	21.8	5.98	3.42	1.88	7.52	1.88	7.18	6.67
2009	725	69	49	412	150	91	93	49	13	13	3	39	3	105	48
	100.0	9.52	6.76	56.8	20.6	12.5	12.8	6.76	1.79	1.79	0.41	5.38	0.41	14.4	6.62
2010	1,659	82	55	1,260	286	65	263	103	506	36	10	26	13	176	74
	100.0	4.84	3.24	74.8	16.8	3.83	15.5	6.08	29.8	2.12	0.59	1.53	0.77	10.4	4.37
2011	886	64	62	487	164	70	67	67	45	59	15	77	3	105	88
	100.0	7.22	7.00	54.9	18.5	7.90	7.56	7.56	5.08	6.66	1.69	8.69	0.34	11.8	9.93
2012	1,340	82	96	808	175	153	252	40	42	133	13	36	57	111	150
	100.0	6.12	7.16	60.3	13.0	11.4	18.8	2.99	3.13	9.93	0.97	2.69	3.13	23.1	8.54
2013	1,312	75	45	706	132	55	128	49	307	13	22	30	41	303	112
	100.0	5.72	3.43	53.8	10.1	4.19	9.76	3.73	23.4	0.99	1.68	2.29	3.13	23.1	8.54
2014	1,139	94	66	677	172	62	142	108	166	19	8	42	19	123	118
	100.0	8.25	5.79	59.4	15.1	5.44	12.5	9.48	14.5	1.67	0.70	3.69	1.67	10.8	10.36
2015	1,147	69	55	733	120	82	125	99	286	12	9	38	-	121	131
	100.0	6.02	4.80	63.9	10.5	7.15	10.9	8.63	24.9	1.05	0.78	3.31	-	10.5	11.42
2016	1,511	56	536	643	242	48	117	58	161	8	9	46	16	88	126
	100.0	3.71	35.5	42.5	16.0	3.18	7.74	3.84	10.6	0.53	0.60	3.04	1.06	5.82	8.34
2017	1,428	80	90	994	393	46	137	215	168	7	28	27	4	91	142
	100.0	5.60	6.30	69.6	27.5	3.22	9.59	15.0	11.8	0.49	1.96	1.89	0.28	6.37	9.94
2018	1,102	57	58	756	238	33	146	71	205	47	16	22	11	107	91
	100.0	5.17	5.2668.6	21.6	2.99	13.2	13.2	6.44	18.6	4.27	1.45	2.00	1.00	9.71	8.26

출처: 국가인권위원회(2019).

진정 내용을 영역별로 살펴보면 재화 · 용역이 7,832건으로 제일 많고 그 다음으로 괴롭힘(직장 내 괴롭힘 포함) 등이 1,372건으로 나타났다.

표 6-7 장애유형별 진정접수 건수 (단위: 건, %)

사건유형		총합계	지체	시각	뇌병변	청각	지적(발달)	언어	정신장애	기타
소계		12,870	4,125	3,277	931	1,314	1,521	98	498	1,106
고용		769	276	76	63	120	64	15	46	109
교육		1,173	452	89	63	98	373	8	15	75
재화 · 용역	소계	7,832	2,538	2,690	558	764	586	40	145	511
	재화 · 용역	2,098	583	695	210	151	254	17	64	124
	보험 · 금융	754	164	157	74	137	107	9	59	47
	시설물접근	1,548	1,070	212	131	16	16	2	5	96
	이동교통수단	987	536	188	86	27	44	5	2	99
	정보접근 · 의사소통	1,934	44	1,639	17	361	27	6	2	108
	문화 · 예술 · 체육	342	75	29	20	65	122	-	3	56
	기타	169	66	40	20	7	16	1	4	15
사법행정		427	82	91	130	220	308	17	158	112
참정권		178	60	35	8	8	8	-	3	56
괴롭힘 등		1,372	345	82	130	220	308	17	158	112
기타		1,119	372	214	86	53	104	13	81	194

출처: 국가인권위원회(2019).

차별 영역을 장애유형별로 살펴보면 대부분의 장애인이 재화 · 용역과 괴롭힘 등의 영역에서 장애인차별을 호소하는 것으로 나타났다.

장애인차별 사건에서는 인용된 것이 870건, 미인용된 것이 11,605건으로 각하, 기각, 이송 등의 이유로 미인용된 사건이 더 많았다. 인용된 진정 건을 세부적으로 살펴보면 시정권고가 456건으로 제일 많았으며, 그 다음으로는 합의종결로서 수사의뢰, 고발이나 징계권고는 소수인 것으로 나타났다.

표 6-8 **장애인차별 진정 처리결과** (단위: 건, %)

종료연도	합계	인용								미인용				
		소계	수사의뢰	조정	권고	고발	징계권고	긴급구제	합의종결	소계	각하	이송	기각	조사중지
전체	12,481	870	4	5	456	11	8	1	385	11,605	6,815	49	4,729	18
2008	413	34	-	-	22	-	-	-	12	379	221	-	157	1
2009	721	57	-	-	10	-	-	-	47	664	353	6	301	4
2010	1,101	85	-	1	25	3	-	-	56	1,016	663	15	332	6
2011	952	156	1	-	119	4	-	-	32	796	381	4	410	1
2012	1,508	136	1	-	115	-	-	-	20	1,371	616	1	754	1
2013	1,563	108	-	-	27	1	1	-	79	1,455	755	1	699	-
2014	1,096	79	-	1	15	2	-	-	61	1,014	560	5	449	3
2015	1,085	91	-	-	67	1	2	-	21	993	628	4	361	4
2016	1,640	51	-	3	19	-	-	-	29	1,589	1,199	7	383	-
2017	1,086	91	-	-	67	1	2	-	21	993	628	4	361	4
2018	1,316	37	2	-	23	-	2	1	9	1,279	776	-	503	-

(비고) 조정: 장애차별조정위원회에서 조정이 성립되어 종결된 것임.
합의종결: 진정사건 조사 중에 당사자가 상호 합의서를 작성하여 사건이 종결된 것임.
조사 중 해결: 진정사건 조사 중에 권리구제가 완료되어 더 이상의 조치가 필요 없어 기각 처리한 경우임.
각하: 진정 내용이 조사대상에 해당하지 않는 경우, 피해자가 조사를 원하지 않는 경우, 진정원인이 발생한 날부터 1년 이상 지나서 진정한 경우, 진정인이 진정을 취하한 경우 등임.
출처: 국가인권위원회(2019).

용/어/찾/아/보/기

- 주변화(Marginalization): 장애를 가진 개인이 사회에서 거부되거나 소외되는 것을 표현한다.
- 장애인차별금지법: 모든 생활영역에서 장애를 이유로 한 차별을 금지하고 장애를 이유로 차별받은 사람의 권익을 효과적으로 구제함으로써 장애인의 완전한 사회참여와 평등권 실현을 통하여 인간으로서의 존엄과 가치를 구현함을 목적으로 하는 법이다.

5. 장애인 편의시설의 개념과 필요성

1) 장애인 편의시설의 개념

장애인 편의시설이란 장애인, 노약자, 임산부 등 취약계층을 포함하여 다양한 사람들이 건축물, 교통수단, 도로, 정보통신망 등에 편리하고 안전하게 접근하고 이용할 수 있도록 제공되는 시설을 말한다. 「장애인 · 노인 · 임산부 등의 편의증진보장에 관한 법」 제1조(이하 장애인등편의법)에서는 "이 법은 장애인 · 노인 · 임산부 등이 일상생활에서 안전하고 편리하게 시설과 설비를 이용하고 정보에 접근할 수 있도록 보장함으로써 이들의 사회활동 참여와 복지증진에 이바지함을 목적으로 한다"라고 하면서 제2조에서 "편의시설이란 장애인 등이 일상생활에서 이동하거나 시설을 이용할 때 편리하게 하고, 정보에 쉽게 접근할 수 있도록 하기 위한 시설과 설비를 말한다"라고 정의하고 있다.

2) 장애인 편의시설의 필요성

편의시설 설치의 목적은 이동 및 시설이용에 불편을 느끼는 사람들이 공공건물 및 공중이용시설 등에 안전하고 편리하게 접근하고 이용할 수 있도록 각종 시설을 설치 및 관리함으로써 이들의 사회활동 참여와 복지증진을 도모하기 위한 것이다. 즉, 이런 편의시설은 장애인만을 위한 것이 아니라 노인, 임산부, 아동, 환자, 짐을 든 사람, 유모차를 미는 사람 등에 이르기까지 영구적이든 일시적이든 시설이용에 불편을 겪는 사람들이 불편 없이 이용하기 위한 시설이다. 때문에 이러한 편의시설의 설치 및 운영에 "국가와 지방자치단체는 각종 시책을 마련하여야 한다"라고 「장애인등편의법」 제6조에 국가와 지방자치단체의 의무를 명시함으로써 책임성을 강화하고 있는 바, 전 국민의 참여와 노력이 함께 요구되는 분야이다.

장애인 편의시설은 장애인들이 자유롭고 편리하게 사용할 수 있는 시설을 뜻하며, 편의시설 확보는 장애인들의 일상적 생활이 자립적으로 영위됨으로써 개인적으로는 비장애인과 동등한 삶의 질 확보를 통한 인간권리의 회복이며, 나아가 일반사회와의 통합을 통한 복지사회 구현은 물론, 국가 경쟁력을 높이는 데 크게 기여할 것이다. 따라서 장애인 편의시설의 확보는 실질적 방안의 모색이 필요하다. 최근까지 우리나라의 장애인복지가 많이 발전했음에도 불구하고, 다수의 장애인들이 사회의 물리적 장벽 때문에 여전히 거리로 나오길 꺼려한다는 것이 현실임을 부인할 수 없다.

장애인복지의 가장 바람직한 형태는 장애인과 비장애인의 서로 아무런 불편 없이 사는 것이다. 그러므로 장애인의 일상생활이나 사회활동을 보다 실제적이고 현실적이게 할 수 있는 방법론이 바로 편의시설 확충이다. 사회생활을 하면서 장애인들이 겪는 어려움은 무척 다양하고 많겠지만, 그중 가장 일반적인 것은 비장애인들의 시간 개념에 맞춘 교통신호체계, 수많은 건널목, 지하보도, 급하게 경사진 도로 등의 도로보행시설과 건축물의 구조에서 오는 물리적 장애로 인한 어려움이다.

장애인 이동권은 물리적 장애, 대중교통 이용에서의 장애 등을 제거하여 자유로운 이동을 보장하는 권리를 말한다. 현재 대중교통시설에 설치된 편의시설의 예로, 지하철 계단난간에 레일을 부탁해 이동하는 고정형 리프트는 이용시간이 20~30분이 소요되고, 수직형리프트의 경우 설치기준이나 안전기준이 없어 매우 위험하여 기피하는 등 실질적으로 이동권이 보장되고 있지 못한 실정이다. 물론 이러한 문제들은 장애인들이 일반적으로 활동함에 있어서 비장애인들과는 다른 특성을 가지고 있기 때문에 발생되는 것이다. 그러므로 성인 비장애인의 활동에 알맞도록 설계된 제반 환경 속에서 장애인이 겪어야 하는 많은 어려움을 극소화시켜 주고, 장애인 스스로가 아무런 불편 없이 살아갈 수 있도록 하기 위해서는 편의시설의 신설 및 확충이 필요하다.

지하철에 엘리베이터가 있으나 휠체어를 탄 장애인이 이용이 가능하게 하려면 엘리베이터를 타고 나와서 도로까지 이용이 가능하게 하여야 한다. 엘리베이터를 타고 와서 레일을 찾는데 안내가 잘 되어 있지 않거나 담당자에게 요청하고 기다리게 하는 방식이면 이용이 매우 불편한 것이다. 마땅히 자유롭게 이용하는 것과 부탁을 해서 이용하는 것은 장애인의 이동에 대한 접근성을 방해한다고 볼 수 있는 것이다. 예를 들어 신호체계를 보면 비장애인들도 뛰다시피 걸어야 신호를 건널 수가 있다. 가끔 노인들이 횡단보도를 다 건너기도 전에 신호가 바뀌는 것을 볼 수가 있다. 그러므로 장애인을 위하여 편의시설을 확충하면 장애인만 좋은 것이 아니고 노인이나 임산부와 어린이 등 모두가 다 편리하게 이용이 가능한 것이다. 그러므로 장애인을 위한 편의시설의 확충은 전 국민의 약 5.19%(2020년 기준)에 그치는 소수를 위한 편의가 아닌 모두를 위한 편의시설 확충이라는 인식을 할 필요가 있다.

6. 장애인 편의시설의 종류

장애인 편의시설은 다음과 같이 크게 5종으로 분류되며 각 시설별로 총 18종의 세부시설로 분류된다.

<table>
<tr><td rowspan="4">1. 매개시설</td><td>의미</td><td colspan="2">대상 건축물이 위치하고 있는 해당 대지의 입구로부터 건축물의 주출입구(현관까지 이르는 경로에 설치된 편의시설)</td></tr>
<tr><td rowspan="3">종류</td><td>1) 주출입구 접근로</td><td>대지의 입구로부터 건축물의 주출입구에 이르기까지 보행자가 통행하는 통로</td></tr>
<tr><td>2) 장애인 전용주차구역</td><td>장애인전용주차구역</td></tr>
<tr><td>3) 주출입구 높이 차이 제거</td><td>건축물 주출입문 전면 하부바닥의 단차를 휠체어가 이용 가능하도록 경사로 등을 설치한 공간</td></tr>
<tr><td rowspan="4">2. 내부시설</td><td>의미</td><td colspan="2">건물 내부에 설치된 편의시설을 의미하며 주출입문, 일반출입문, 복도, 계단, 승강기 휠체어리프트, 경사로 등에 설치된 편의시설</td></tr>
<tr><td rowspan="3">종류</td><td>1) 출입구(문)</td><td>건물 주출입문(현관)과 건물 내부 각 실의 일반출입문</td></tr>
<tr><td>2) 복도</td><td>건물 내부 로비를 포함한 모든 복도</td></tr>
<tr><td>3) 계단 또는 승강기</td><td>계단, 장애인용 승강기, 휠체어리프트, 경사로 등</td></tr>
</table>

3. 위생시설	의미	장애인 등의 이용이 가능하도록 만들어진 화장실에 설치된 편의시설	
	종류	1) 대변기	대변기 칸막이 내부의 공간
		2) 소변기	소변기 및 부대시설
		3) 세면대	세면대 및 부대시설
		4) 욕실	장애인 등의 이용이 가능한 욕실
		5) 사워실 · 탈의실	장애인 등의 이용이 가능한 샤워실
4. 안내시설	의미	시각 및 청각장애인이 시설을 이용하기에 편리하도록 설치된 편의시설	
	종류	1) 점자블록	시각장애인용 점자블록
		2) 유도 및 안내설비	점자안내표지판, 촉지도식안내판, 음성안내장치, 유도신호장치 등
		3) 경보 및 피난설비	소방법에 의해 설치된 비상벨 및 비상경보 등
5. 기타시설	의미	건축물의 일부 용도에 적용되는 편의시설	
	종류	1) 객실 · 침실	숙박시설 용도에 설치된 객실이나 복지시설, 기숙사 등의 용도에 설치된 침실
		2) 관람석 · 열람석	문화집회시설 용도에 설치된 관람석이나 도서관 등에 설치된 열람석
		3) 접수대 · 작업대	공공청사 등의 용도에 설치된 접수대 등
		4) 매표소 · 판매기 · 음료대	공연장 등의 용도에 설치된 매표소나 자동판매기, 자동발권기, 음료식수대 등

1) 매개시설

(1) 주출입구 접근로

편의시설	구조 · 재질 등 세부사항	설치 및 개선기준
주 출입구 접근로	바닥표면	잘 미끄러지지 아니하는 재질로 평탄하게 마감
	포장방법	보도블록 등으로 접근로를 포장하는 경우 이음새의 틈이 벌어지지 않고, 면이 평탄하게 마감
	빠질 위험이 있는 곳	덮개를 설치하되, 그 표면은 동일한 높이가 되도록 하며, 격자구멍 또는 틈새가 있는 경우 그 간격이 2cm 이하

편의시설	구조 · 재질 등 세부사항	설치 및 개선기준
	보도 및 접근로 단차	대지 내를 연결하는 모든 보도 및 접근로에 높이 차이가 있을 경우 진행 방향상의 높이 차이는 2cm 이하 ※ 2008년 1월 1일 이후 허가 신청된 건물부터 적용
	유효폭	휠체어사용자가 통행할 수 있도록 전체 접근로의 유효폭은 1.2m 이상 확보
	기울기	접근로의 기울기는 18분의 1 이하(다만, 지형상 곤란한 경우 12분의 1까지 완화)
	경계를 위한 공작물 설치 등 보행 장애물	차도와의 경계부분에 연석울타리, 기타 차도와 분리할 수 있는 공작물 설치(차도와 구별하기 위한 공작물을 설치하기 곤란한 경우 시각장애인이 보행통로에 차량, 안내판, 가로수, 화분 등의 보행 장애물이 없게 설치

(2) 장애인 전용주차구역

편의시설	구조 · 재질 등 세부사항	설치 및 개선기준
장애인 전용 주차 구역	설치위치	장애인전용주차구역은 장애인 등의 출입이 가능한 건축물의 출입구 또는 장애인용 승강설비와 가장 가까운 장소에 설치
	확보 주차면수	규정 비율의 100% 이상
	주차구역 크기	장애인전용주차구역은 각각 폭 3.3m 이상, 길이 5m 이상, 평행주차인 경우 폭 2m 이상, 길이 6m 이상의 크기로 설치
	안내표지설치	장애인전용구차구역의 바닥면 규정에 따라 장애인전용주차장 표시를 하고, 주차장에는 입식안내표시를 식별하기 쉬운 장소에 설치
	안전통행로	장애인전용주차구역에서 건축물의 출입구 또는 장애인용 승강설비에 이르기까지 통로에는 바닥면의 높이 차이를 없애도 그 유효폭은 1.2m 이상으로 설치

(3) 주출입구 높이차이 제거

편의시설	구조 · 재질 등 세부사항	설치 및 개선기준
주출입구높이 차이 제거 (경사로)	턱 낮추기	건축물의 주출입구와 통로의 높이 차이는 2cm 이하가 되도록 설치
	휠체어리프트 또는 경사로 설치	건축물의 주출입구와 통로의 높이 차이가 있는 경우 휠체어 리프트나 경사로 설치

* 단차 없이 접근, 또는 규정에 적합한 경사로와 출입구의 폭이 1.2m 이상 2cm 이하의 단차, 또는 그 이상의 단차가 있는 부분에 경사로를 1/12 이하 설치

2) 내부시설

(1) 출입구(문)

편의시설	구조 · 재질 등 세부사항	설치 및 개선기준
출입구(문)	주출입문 단차제거 및 점형 블록 설치	출입구의 바닥면은 문턱이나 높이차이가 없도록 설치하고, 주출입구 0.3m 전면에 점형 블록을 설치
	주출입문 유효폭	통과 유효폭은 0.8m 이상 확보
	주출입문 전면 유효거리	주출입문의 전면 유효거리는 1.2m 이상 확보
	손잡이설치	주출입문의 손잡이는 중앙 지점이 바닥면으로부터 0.8~0.9m 사이에 위치하도록 설치
	출입문 단차 제거	출입문턱의 높이 차이가 없도록 설치
	출입문 유효폭	출입문 통과 유효폭의 0.8m 이상 확보
	출입문 전면 유효거리	출입문의 전면 유효거리를 1.2m 이상 확보
	공중이용 주목적 사무실 점자표지판 부착	건축물 내 공중의 이용을 주목적으로 하는 사무실 등의 출입문의 손잡이는 중앙지점이 바닥면으로부터 0.8~0.9m 사이에 위치하며 출입문 옆의 벽면 1.5m 높이에 방 이름을 표기한 점자표지판 부착 ※ 다만 2005년 12월 30일 이후 허가 신청된 건물인 경우에 벽면의 점자표지판이 바닥으로부터 1.5m 높이에 설치되어야 함

(2) 복도

편의시설	구조 · 재질 등 세부사항	설치 및 개선기준
복도 및 통로	유효폭 및 재질마감	• 모든 복도의 유효폭은 1.2m 이상으로 하고, 바닥표면은 미끄럽지 않은 재질로 평탄하게 마감
	바닥 단차 제거	• 복도 바닥면에는 높이 차이를 두어서는 안 됨 • 그러나 높이 차이가 나는 경우에는 경사로를 기울기 1/12 이하로 설치
	보행 장애물 제거	• 통로 상부는 바닥으로부터 2.1m 이내 유효높이를 확보하고 유효높이 2.1m 이내에 장애물이 있을 경우 바닥면으로부터 0.6m 이하에 접근방지용 난간 또는 보호벽 설치

(3) 계단 또는 승강기

편의시설	구조 · 재질 등 세부사항	설치 및 개선기준
계단	유효폭	계단 및 참의 유효폭 1.2m 이상 확보
	디딤판과 챌면	모든 계단에 챌면을 설치하고, 디딤판의 너비는 0.28m 이상, 챌면의 높이는 0.18m 이하로 설치하며, 디딤판의 끝부분에는 목발이나 발끝이 걸리지 않도록 설치
	손잡이 설치	• 계단 측면에 굵기 3.2~3.8m, 높이 0.8~0.9m에 손잡이가 연속되게 설치 • 손잡이 끝부분에 0.3m 이상 수평손잡이를 연장 설치
	점형 블록 설치 등	계단의 시작과 끝 지점(중간 참 포함) 0.3m에 계단의 폭만큼 점형 블록을 설치하고, 손잡이 양 끝부분 및 굴절 부분에는 층수, 위치 등을 나타내는 점자표지판 부착
경사로	유효폭	전체 구간의 경사로의 유효폭 1.2m 이상 확보(건축물을 증축 · 개축 · 재축 · 이전 · 대수선 또는 용도 변경한 경우 0.9m까지 완화)
	휴식 참 설치	바닥면으로부터 높이 0.75m 이내마다 수평면의 참 설치
	기울기	경사로의 기울기는 12분의 1 이하 설치
	활동 공간 확보	경사로 바닥면은 미끄럽지 않음, 경사로의 시작과 끝, 굴절부분 및 휴식 참에는 1.5m×1.5m 이상의 활동 공간 확보
	손잡이 설치	• 경사로의 길이가 1.8m 이상이거나 높이가 15cm 이상인 경우에 양측 면에 손잡이를 연속 설치 • 손잡이의 높이는 0.8~0.9m, 굵기는 3.2~3.8cm로 설치

편의시설	구조 · 재질 등 세부사항	설치 및 개선기준
승강기 (휠체어 리프트 등이 설치된 경우 관련 규정 참조)	활동 공간 확보	• 승강기 및 리프트 전면에는 1.4m×1.4m 이상의 활동 공간 확보
	유효 바닥면적	• 승강기 내부의 유효 바닥면적은 폭 1.1m 이상, 깊이 1.35m 이상 ※ 2008년 1월 1일 이후 신축건물은 폭 1.6m 이상으로 설치
	조작반 설치	• 승강기 내부의 휠체어 사용자용 조작반은 진입방향 우측면에 가로형으로 설치하고, 그 높이는 바닥면으로부터 0.85m 내외로 설치 • 조작반 통화 장치 등에 점자표지 부착

3) 위생시설

편의시설	구조 · 재질 등 세부사항	설치 및 개선기준
화장실 일반사항	휠체어 접근 가능 통로연결 여부	장애인 등의 이용이 가능한 화장실을 휠체어가 접근 가능한 통로에 연결하여 설치
	바닥 단차 및 재질	바닥의 높이 차이는 없으면서, 바닥면은 미끄럽지 않음
	점자블록 및 남녀구분용 점자표지판 설치	남 · 여 각각의 일반화장실 출입구 옆에 점형 블록을 0.3m 전면에 설치하고, 벽면 1.5m 높이에 남자용 · 여자용을 알 수 있는 점자표지판 부착 ※ 2008년 1월 1일 이후부터 장애인복지시설에는 시각장애인이 화장실을 쉽게 찾을 수 있도록 안내표시와 음성유도장치를 설치
	영유아용 거치대 등 설치	여성용 화장실은 영유아용 거치대 등 임산부 및 영유아가 안전하고 편리하게 이용할 수 있는 시설 구비 설치
대변기	남 · 여 구분 설치	휠체어접근 가능층 중 일반화장실 내 혹은 입구 가까운 곳에 남 · 여 각 1개 이상 설치
	시각적 설비 설치 여부	출입문에 화장실 사용 여부를 시각적으로 알 수 있는 설비 밑 잠금장치 설치 (색상 및 문자 사용이 가능하고 식별이 용이해야 함)
	출입문 형태	칸막이 출입문 형태는 자동문, 밖여닫이, 미닫이, 접이문 (안여닫이인 경우 내부 활동 공간 확보)
	출입문 유효폭	칸막이 출입문 유효폭 0.8m 이상
	유효바닥면적	유효 바닥면 크기가 폭 1.4m 이상, 깊이 1.8m 이상으로 하고, 휠체어의 내부 회전이 가능하도록 설치 ※ 다만 2005년 12월 30일 이전 허가 신청된 건물인 경우에는 화장실의 유효 바닥면 크기가 폭 1m 이상, 깊이 1.8m 이상 확보할 수 있음

편의시설	구조 · 재질 등 세부사항	설치 및 개선기준
	구조	대변기는 양변기 형태이고 좌대의 높이는 바닥면으로부터 0.4m 이상 0.45m 이하로 설치
	수평손잡이	대변기의 양옆에는 수평손잡이를 바닥면으로부터 0.6~0.7m의 높이에 설치하되 한쪽 손잡이는 변기 중심에서 0.4m 이내의 지점에 고정하여 설치하고 다른쪽 손잡이는 회전식으로 설치 ※ 다만 2005년 12월 30일 이전 허가 신청된 건물인 경우에는 대변기 양옆에 설치되는 수평손잡이를 바닥면으로부터 0.6~0.7m의 높이에 설치하되 한쪽 손잡이는 변기 중심에서 0.45m 이내의 지점에 고정식으로 설치할 수 있음
	수직손잡이	대변기의 한쪽 옆에는 수직손잡이 길이가 0.9m 이상 되도록 설치
	세정장치	대변기 세정장치는 광감지식, 누름버튼식, 레버식 등 사용하기 쉬운 형태로 설치
소변기	수평손잡이	장애인용소변기의 수평손잡이 높이는 바닥면으로부터 0.8~0.9m, 길이는 벽면으로부터 0.55m 내외, 좌우 손잡이의 간격은 0.6m 내외로 설치
	수직손잡이	장애인용소변기의 수직손잡이 높이는 바닥면으로부터 1.1~1.2m, 벽면으로부터 돌출폭은 0.25m 내외
세면대	구조	휠체어사용자용 세면대는 상단높이가 바닥면으로부터 0.85m 이하이고 하단높이가 0.65m 이상이며 무릎 및 휠체어 발판이 들어갈 수 있도록 공간 확보
	수도꼭지	수도꼭지는 광감지식 · 누름버튼식 · 레버식 등 사용하기 쉬운 형태로 설치하고, 냉 · 온수의 구분을 점자로 표시(광감지형은 점자표기 필요 없음)

4) 안내시설

(1) 점자블록

편의시설	구조 · 재질 등 세부사항	설치 및 개선기준
점자블록	연속설치	• 시각장애인이 대지경계선으로부터 주출입구까지 접근로로 이동하는 데 불편함이 없도록 시각장애인용 점자블록을 연속적으로 설치
	표준형 사용	• 표준형 점자블록(점형블록 및 선형블록 모두) 사용 - 크기 0.3m×0.3m, 점형은 36개 돌출점, 선형은 4개 돌출선, 색상은 황색(다만, 바닥재와 색상구별이 어려울 때 다른 색상 사용 가능)

* 안내시설 중에서 시각장애인 점자블록을 의무적으로 설치해야 하는 시설에서는 주출입구 접근로에 연속적으로 점자블록을 설치
* 표준형 점자블록이란 0.3×0.3m의 크기에 36개의 볼 혹은 4줄의 선을 정크기에 맞게 설치

(2) 유도 및 안내설비

편의시설	구조 · 재질 등 세부사항	설치 및 개선기준
유도 및 안내설비	축지도 등 설치	시각장애인이 해당시설의 주요시설 위치 등에 대해 알 수 있도록 점자 또는 촉지도식 안내판 설치, 안내판 앞에 점형블록을 설치
	음성안내장치 설치	시각장애인이 해당시설의 주요시설 위치 등에 대해 알 수 있도록 음성안내장치의 설치
	기타 유도신호장치	시각장애인용 유도신호장치는 음향 · 시각 · 음색 등을 고려하여 설치하여야 하고, 특수신호장치를 소지한 시각장애인이 접근할 경우 대상시설의 이름을 안내하는 전자식 신호장치를 설치

(3) 경보 및 피난설비

편의시설	구조 · 재질 등 세부사항	설치 및 개선기준
경보 및 피난설비	청각경보 시스템	비상시 시각장애인 대피용 청각경보시스템(비상벨)을 연속적으로 설치
	시각	비상시 청각장애인 대피용 시각경보시스템(경광등)을 연속적으로 설치

5) 기타 시설

(1) 접수대 또는 작업대

편의시설	구조 · 재질 등 세부사항	설치 및 개선기준
관람석 및 열람석	설치장소	• 관람석 또는 열람석은 출입구 및 피난통로에서 접근하기 쉬운 위치에 설치
	구조	• 관람석: 유효 바닥면적이 1석당 폭 0.9m 이상, 깊이 1.3m 이상으로 설치
접수대 · 작업대	활동 공간	• 접수대 또는 작업대 전면에 휠체어 탄 채 접근이 가능한 활동 공간 확보
	구조	• 접수대 또는 작업대의 상단높이는 바닥면으로부터 0.7m 이상 0.9m 이하로 설치하고, 하부에는 바닥면으로부터 높이 0.65m 이상, 깊이 0.45m 이상의 공간을 확보
매표소 등	매표소	• 매표소: 휠체어사용자가 사용하는 데 편리하도록 매표소의 높이는 0.7~0.9m 이하에 설치하며, 하부는 바닥면으로부터 높이 0.65m 이상 깊이

편의시설	구조 · 재질 등 세부사항	설치 및 개선기준
		0.45m 이상의 공간을 확보, 0.3m 전면에 점형블럭 설치 ※ 2005년 12월 30일 이전 허가 신청된 건물인 경우에는 휠체어사용자가 사용하는 데 편리하도록 매표소의 높이는 0.7~1.1m 이하에 설치하며 하부는 바닥면으로부터 높이 0.65m 이상 깊이 0.45m 이상의 공간을 확보할 수 있음
	자동판매기	• 자동판매기 또는 자동발매기: 자동판매기 및 자동발매기 등은 동전투입구, 조작버튼, 상품출구 등이 0.4~1.2m의 범위에 설치하고, 조작버튼에는 시각장애인이 알기 쉽도록 품목, 금액 등 점자 표시를 설치하며, 0.3m 전면에 점형블록 설치
	음료대	• 음료대: 음료대의 분출구의 높이는 0.7~0.8m로 설치, 음료대의 조작기는 광감지식 · 누름식버튼 · 레버식 등으로 설치

7. 장애인 편의시설 관련 법률 및 현황

1) 장애인 편의시설 관련 법률

우리나라 장애인 편의시설에 관한 최초의 입법은 1981년 「심신장애자복지법」이다. 이 법 제13조에는 "도로, 공원, 공공건물, 교통시설, 기타 공중이 이용하는 시설을 설치하는 자는 심신장애자가 이를 편리하게 이용할 수 있는 시설이나 설비를 갖추도록 노력해야 한다."라고 규정하고 있다. 이 법은 그 당시 세부 시행이 수반되지 못한 선언적 규정에 지나지 않았으나, 차후 편의시설에 관한 논의를 공식화하고, 그에 대한 구체적 세부사항을 마련하게 되는 단초를 제공했다는 측면에서 큰 의미가 있다.

건축법에서는 1985년부터 장애인 편의시설에 관한 규정을 마련하였고, 건축법 시행령 제61조 제6항에서 '장애인용 관람 공간 확보 및 통로 경사로 설치'에 대해 언급하고 있다. 1986년 개정 건축법 시행령 제55조 제2항에 장애인용 승강기와 화장실 부분에 대한 규정이 첨가되었고, 또한 1988년에 선정된 건축법 시행규정 제25조와 제55조에 장애인용 승강기와 구조에 대해 명확히 규정함으로써 장애인 편의시설이 점차 확대되는 계기를 마련하였다.

한편, 1989년 전면 개정된 「장애인복지법」에서는 편의시설에 관한 조항이 보다 강화되었는데, 동법 제33조에 "국가와 지방자치단체가 편의시설에 대한 시설을 강구하여야 한다."라고 규정함으로써 편의시설 설치와 관련된 정부의 의무를 명시하고, 제57조 제3항에서 편의시설을 설치하지 않은 자에 대한 처벌규정도 별도로 마련해 놓고 있다.

또한, 이 법을 시행하기 위하여 1994년 12월 30일에 「장애인 편의시설 및 설비의 설치기준에 관한 규칙」이 제정되었고, 1995년 1월 1일부터 시행되었다. 이 규칙에서 도로, 공원, 공공건물, 교통시설, 공동주택 등을 편의시설 설치대상으로 정하고 각 대상에 따른 편의시설의 종류와 기준을 명시하고 있다. 이 규칙은 장애인복지법 및 동법 시행령에 대한 시행규칙이었는데, 이동약자를 전반적으로 포괄하지 못한다는 지적이 있어 왔다. 이에 장애인, 노인, 임산부 등 모든 이동약자들의 이동과 정보에의 접근을 보장해줄 수 있는 총체적 법률의 필요성들이 제기되면서, 1997년 4월 10일 「장애인 · 노인 · 임산부 등의 편의증진보장에 관한 법률」이 새롭게 제정되었다.

한편, 2006년 1월에는 「장애인 · 노인 · 임산부 등의 편의증진보장에 관한 법률」에서 '도로, 교통시설'이 별도로 분리되어 교통약자의 이동편의증진 법령이 등장하였다. 이 법에서는 교통수단, 여객시설, 도로 부분이 보다 강화되었다.

장애인 편의시설 관련 법령의 변천과정을 정리해 보면 〈표 6-9〉와 같다.

표 6-9 장애인 편의시설 관련 법의 변천

연도	법령명	비고
1981	심신장애자복지법 제정	1989년 폐지
1989	장애인복지법으로 변경, 내용은 전면적으로 개정	
1999	장애인복지법 전면 개정 – 장애의 범위 확대	1989년 제정
1990	장애인고용촉진 등에 관한 법률	
1994	장애인 편의시설 및 실비의 설치기준에 관한 규칙	
1997	장애인 · 노인 · 임산부 등의 편의증진보장법 제정	
2005	장애인기업활동 촉진법 제정-중소기업청	
2007	장애인차별금지 및 권리구제에 관한 법률 제정	
2008. 4.	중증장애인 생산품 우선구매 특별법 제정	
2008. 7.	장애물 없는 생활환경 인증제도 시행	
2010	장애인연금법 제정	
2011. 1.	장애인활동지원에 관한 법률 제정	
2011. 8.	장애아동복지지원법 제정	
2014	발달장애인 권리보장 및 지원에 관한 법률 제정	
2017	장애인고용촉진 및 직업재활법 개정	

2) 장애인 편의시설 현황

보건복지부는 「장애인 · 노인 · 임산부 등의 편의증진보장에 관한 법률」 제11조에 근거하여 2018년에 장애인 편의시설 실태 전수조사를 실시하고 그 결과를 발표하였다. 이번 조사는 장애인 편의시설 설치 현황에 대한 기초자료를 확보하고 설치 실태를 다각도로 분석하여 향후 편의시설 확충 및 제도 개선 방향 등을 모색하기 위해 실시된 것이다. 여기에서는 2018년 편의시설 실태 전수조사 보고서[1]의

1) 보건복지부가 주관하고 전국 지방자치단체(17개 시 · 도, 229개 시 · 군 · 구)가 참여한 이번 조사는 2018년 5월부터 12월까지 8개월간 전국의 19만여 시설물을 대상으로 조사원 1,756명(장애인 190명 포함)이 투입되었다. 조사대상은 1998년 이후 신축 또는 증축 등 건축행위가 발생한 공원, 공공건물 및 공중이용시설, 공동주택 등(18만 5,947개소)이며, 조사 내용은 장애인주차구역, 승강기, 화장실 등 23종의 편의시설 설치 여부이다.

내용 일부를 요약 정리해 보았다.

2018 장애인 편의시설 실태 전수조사 결과에 따르면 편의시설 설치율은 80.2%, 적정 설치율은 74.8%로 각각 나타났다. 이는 직전 연도는 2013년도에 비해 설치율은 12.3%, 적정 설치율은 14.6% 높아진 것이며, 처음 조사 실시한 1998년보다 설치율은 약 2배 수준으로 증가한 것이다(표 6-10 참조).

이와 같이 설치율과 적정 설치율이 향상된 것은 1998년 「장애인등편의법」 제정 이후 지속적인 제도 보완 및 인식 개선 등에 따른 것으로 판단된다. 특히, 건축물 설계단계부터 편의시설 설치 여부를 사전 확인하는 '적합성 확인제도'의 정착(2015) 및 국가 또는 지방자치단체가 새로 짓는 건물에 대한 'BF(Barrier Free)인증 의무화[2](2015) 등이 주요하게 작용한 것으로 보인다.

※ 2013년도 조사 시 설치율(67.9%)이 2008년 설치율(77.5%) 대비 9.6% 하락한 것은 점자블록 등 조사 범위 세분화에 따른 조사방법의 변화 때문으로 분석

(1) 편의시설 유형별 조사 분석

장애인 편의시설 시설유형에 따라 제1종 근린생활시설 등 22개 시설로 분류하여 조사한 결과, 이 중 관광휴게시설(설치율 86.3%, 적정 설치율 80.8%)이 가장 높고, 공원(설치율 66.3%, 적정 설치율 62.5%)이 가장 낮게 나타났다. 이는 설치해야 할 의무대상시설이 비교적 적은 관광휴게시설과 공동주택 등에서 설치율이 높게 나온 것이다. 다만 노유자시설의 경우, 장애인 등의 이용빈도가 가장 높은 시설임에도 설치율이 73.0%로 평균에 비해 낮은 수준으로 조사되었다. 이는 전체 시설 중 설치해야 할 의무대상시설이 가장 많이 때문으로 판단되나, 노유자시설의 특성을 감안해 향후 설치율 제고에 대한 대책 마련이 필요하다.

---

2) 장애인 등의 접근 · 이용에 불편이 없도록 편의시설을 설치 · 관리하고 있는지를 공신력 있는 기관이 평가하여 인증하는 제도이다.

(2) 시설주체별 조사 분석

시설 운영주체를 공공과 민간으로 구분하여 분석한 설치율과 적정 설치율은 모두 2013년도보다 증가하였으나, 2018년 공공부문의 적정 설치율은 72.4%로 민간부문의 75.0%보다 2.6%p 낮게 나타났다. 특히, 공공부문 중 국가 또는 지자체 청사(84.7%, 78.8%), 지역자치센터(82.8%, 74.9%)는 평균보다 높게 나타났으나, 파출소·지구대(72.5%, 63.4%), 우체국(75.2%, 66.0%), 보건소(76.4%, 66.9%)는 평균보다 낮게 나타나 전체 공공부문의 설치율과 적정 설치율을 낮추는 요인으로 분석되었다(표 6-10 참조).

2013년 이후 민간부문의 신규건축이 상대적으로 많이 늘어났으며, 신축되는 건축물은 의무적으로 장애인 편의시설을 설치하여야 하기 때문에 민간부문 설치율이 더 높아진 것으로 추정된다. 특히 공공부문 중 대표적 생활 밀집시설인 파출소·지구대, 우체국, 보건소 등의 상당수는 소규모나 노후된 상태이므로 이들에 대한 설치율 제고를 통해 공공시설에 대한 접근성 향상으로 이어지게 할 필요가 있다.

표 6-10 공공부문/민간부문 설치율 및 적정 설치율 비교

연도	구분	대상건물수	설치 기준 항목 수	설치 수	설치율	적정 설치 수	적정 설치율
2018	공공부문	13,347	915,565	734,207	80.2	662,976	72.4
	민간부문	172,595	8,112,406	6,502,834	80.2	6,086,005	75.0
	계	185,947	9,034,294	7,243,294	80.2	6,754,701	74.8
2013	공공부문	11,973	733,461	539,797	73.6	456,772	62.3
	민간부문	129,600	5,571,913	3,743,912	67.2	3,338,376	59.9
	계	141,573	6,305,374	4,283,679	67.9	3,795,148	60.2

(3) 시설 주체별 조사 분석

장애인 편의시설의 성질별로 매개시설, 내부시설, 위생시설, 안내시설 등 5개 대상시설로 분류하여 조사한 결과 5개 시설 대부분 적정 설치율이 증가하였으나 이

중 매개시설과 내부시설의 적정 설치율이 증가하였다는 것은 장애인 등이 외부에서 시설물에의 접근성이 향상되었다는 것을 의미한다. 다만, 접근성의 체감률 향상을 위해서는 현재 「교통약자법」(국토부 소관)에서 규율하고 있는 도로·보도 등 외부 접근환경 및 대중교통과의 연계까지 포함하여 개선되어야 하므로 이를 위한 부처간 협업 강화 등 노력이 필요한 부분이다.

- 매개시설: 건축물 주출입구 접근로, 장애인전용주차구역, 주출입구를 포함한 공간
- 내부시설: 출입구(문), 복도, 계단, 승강기 등을 포함한 내부 공간
- 위생시설: 화장실, 욕실, 샤워실, 탈의실을 포함한 내부 공간
- 안내시설: 점자블록, 유도 및 안내설비, 경보 및 피난 설비를 포함한 공간
- 기타시설: 객실 및 침실, 관람석, 열람석, 접수대, 작업대, 매표소, 판매기, 음료대, 임산부 등을 위한 휴게시설 등 공간 편의시설의 종류별 설치율에 대한 조사

또한, 시설물에 설치된 편의시설 종류를 총 23종으로 분류하여 조사하였다. 종류별 설치율을 보면 복도(95.1%, 93.1%), 승강기(93.8%, 89.4%), 주출입구 접근로(93.3%, 89.4%) 순으로 설치율이 높게 나타났으나, 위생시설 일반사항[3](55.0%, 49.1%), 안내시설의 유도 및 안내설비(57.5%, 54.3%)의 설치율은 상대적으로 낮은 것으로 드러났다.

복도, 승강기, 접근로 등 고정적으로 설치되고 설치 후 변경이 어려운 항목들은 설치율이 높게 나타났으며, 점자블록·유도 및 안내설비 등 시각장애인 유도·안내와 관련된 항목에서 설치율이 낮게 나타났다.

- 상위 5개 시설: 복도(95.1%, 93.1%), 승강기(93.8%, 89.4%), 접근로(93.3%, 89.4%), 세면대(91.2%, 84.5%), 대변기(90.5%, 81.4%)
- 하위 5개 시설: 위생시설 일반사항(55.0%, 49.1%), 유도 및 안내설비(57.5%, 54.3%), 판매대(63.1%, 59.4%), 접근로 점자블록(63.3%, 58.6%), 객실·침실(67.8%, 60.7%)

3) 위생시설 중 장애인화장실의 남녀 구분, 접근통로, 점형블록 등의 설치 여부를 말한다.

표 6-11 **편의시설 종류별 설치 현황(2013~2018년 비교)**

편의시설 종류		2013년 장애인 편의시설 싵태 설문조사					2018년 장애인 편의시설 실태 전수조사				
		설치기준 항목수	설치수	설치율	적정 설치수	적정 설치율	설치기준 항목수	설치수	설치율	적정 설치수	적정 설치율
매개시설	주출입구 접근로	991,011	870,981	87.9	802,575	81.0	1,296,695	1,209,486	93.3	1,159,332	84.9
	장애인 주차구역	224,274	151,557	67.6	108,774	48.5	487,238	389,585	80	343,483	70.5
	높이차이제거	1,514,298	875,339	57.8	794,780	52.5	2,008,014	1,517,232	75.6	1,447,667	72.1
	계	2,729,583	1,897,877	69.5	1,706,129	62.5	3,791,947	3,116,303	82.2	2,950,482	77.8
내부시설	주출입문	801,213	610,521	76.2	555,912	69.4	1,262,916	1,054,787	83.5	992,717	78.6
	일반출입문	569,365	460,846	80.9	403,379	70.8	748,347	607,797	81.2	557,691	74.5
	복도	146,187	138,032	94.4	132,325	90.5	253,496	240,953	95.1	236,006	93.1
	계단	154,224	105,489	68.4	83,124	53.9	511,071	372,294	72.8	314,387	61.5
	경사로	12,768	11,528	90.3	8,236	64.5	20,315	15,834	77.9	13,352	65.7
	승강기	244,500	227,888	93.2	208,200	85.2	491,862	461,612	93.8	439,514	89.4
	휠체어리프트	1,164	1,118	96.0	951	81.7	2,689	2,048	76.2	1,923	71.5
	에스컬레이터	-	-	-	-	-	8,586	6,813	79.4	5,264	61.3
	계	1,929,421	1,555,422	80.6	1,392,127	72.2	3,299,282	2,762,138	83.7	2,560,854	77.6
위생시설	일반사항	401,661	188,875	47.0	155,192	38.6	805,275	442,878	55.0	395,721	49.1
	대변기	586,184	290,018	49.5	233,998	39.9	453,761	410,527	90.5	369,492	81.4
	소변기	198,880	67,508	33.9	63,579	32.0	168,629	146,220	86.7	142,752	84.7
	세면대	36,939	30,238	81.9	20,105	54.4	46,893	42,859	91.4	39,776	84.8
	욕실	14,128	3,683	26.1	2,990	21.2	3,714	2,853	76.8	2,570	69.2
	샤워실 · 탈의실	12,334	3,547	28.8	2,528	20.5	4,549	3,902	85.8	3,457	76.0
	계	1,250,126	583,869	46.7	478,392	38.3	1,482,821	1,049,239	70.8	953,768	64.3
안내시설	유도 및 안내설비	77,642	30,107	38.8	27,825	35.8	116,670	67,068	57.5	63,334	54.3
	경보 및 피난설비	32,564	25,522	78.4	19,840	60.9	97,673	79,105	81.0	70,247	71.9
	접근로 점자블록	85,524	27,014	31.6	23,046	26.9	81,215	51,378	63.3	47,616	58.6
	계	195,730	82,643	42.2	70,711	36.1	295,558	197,551	66.8	181,197	61.3
기타시설	객실 · 침실	115,384	91,384	79.2	80,035	69.4	71,235	48,303	67.8	43,239	60.7
	관람석 · 열람석	9,820	9,516	96.9	9,172	93.4	4,518	3,892	86.1	3,623	80.2
	접수대 · 작업대	53,860	46,619	86.6	42,533	79.0	44,634	38,513	86.3	35,046	78.5
	매표소 · 판매대 · 음료대 – 매표소	21,450	16,349	76.2	16,049	74.8	1,796	1,381	76.9	1,125	62.6
	매표소 · 판매대 · 음료대 – 판매대						1,015	640	63.1	603	59.4
	매표소 · 판매대 · 음료대 – 음료대						693	560	80.8	506	73.0
	매표소 · 판매대 · 음료대 – 점형블록						288	251	87.2	250	86.8
	계	200,514	163,868	81.7	147,789	73.7	124,179	93,540	75.3	84.392	68.0

(4) 전국 시 · 도별 조사 분석

전국 17개 시 · 도별 설치율과 적정 설치율 모두 2013년과 비교하여 전체적으로 증가하였다. 시 · 도별 설치율을 보면 처음 조사에 포함된 세종(88.9%, 84.7%)이 가장 높고, 서울 (87.9%, 83.5%), 울산(85.1%, 82.0%) 순으로 나타났으며, 상대적으로 저조한 지역은 충북(70.8%, 62.6%), 전남(73.2%, 65.4%) 등이다. 아울러 직전 조사연도 대비 설치율이 가장 크게 늘어난 곳은 서울(20.7%p)이며, 울산(14.6%p), 충남(13.2%p), 인천(12.8%p), 경기(12.6%p) 등에서 10%p 이상의 증가율을 기록하였다(표 6-12 참조).

표 6-12 편의시설 설치율 상위 5개(2018년 설치율 상위 4개 지역)

지역	대상 건물 수	설치율(적정 설치율)	2013년	증감
서울	27,856	87.9%(84.6%)	67.2%(60.7%)	20.7%p(23.7%p)
울산	3,887	85.1%(82.0%)	70.5%(66.8%)	14.6%p(15.2%p)
광주	7,065	82.2%(80.2%)	70.6%(61.4%)	11.6%p(18.8%p)
경기	38,247	82.0%(77.6%)	69.6%(62.4%)	12.4%p(15.2%p)

도시지역이 많은 광역시 등 자치단체의 설치율이 높게 나타난 반면, 도 단위에서는 상대적으로 낮게 나타났다. 이는 도 단위 자치단체의 경우 농어촌 지역과 노후 건축물이 많기 때문인 것으로 분석된다. 특히, 도 단위 지역은 고령화 속도 및 장애인구 비율이 높은 지역이 많으므로 편의시설 정비에 보다 노력이 필요할 것으로 사료된다(표 6-13 참조).

또한, 보건복지부는 미설치 또는 부적정 설치로 나타난 편의시설 시설주에 대하여 관련법에 의한 시정명령 등 후속조치를 시행하도록 하고(장애인등편의법 제23조(시정명령) 및 제24조(이행강제금)), 아울러 편의시설 설치 및 관리 여부 등을 체계적으로 관리할 수 있도록 '편의시설 관리시스템"을 구축하는 한편, 장애인 등의 실질적 접근성 향상이 이루어질 수 있도록 편의시설 설치 세부기준을 규정하고 있는 「장애인등편의법 시행령 · 시행규칙」 등에 대한 종합적 재검토 등을 추진하기로 하였다.

보건복지부는 조사 결과, 장애인 편의시설의 설치율과 적정 설치율이 지속적으로 높아지는 것은 장애인 접근성의 양적 · 질적 향상을 의미한다는 점에서 긍정적이나 아직까지 장애인 등이 체감하는 접근성은 만족할 만한 수준이 아닌 것으로 판단하고, 시설물에 대한 물리적 접근성만 단순히 개선하는 것이 아니라 도로 · 보도 · 교통수단 및 웹접근성 등이 함께 개선될 수 있도록 관련부처와의 협업을 강화하고, 제5차 장애인정책종합계획(2018년 3월 발표)을 토대로 장애인편의증진 5개년 계획(2019년 11월)을 수립 · 시행하여 장애인 접근성이 보다 향상될 수 있도록 노력하였다.

표 6-13 전국 시 · 도별 설치 현황(2013~2018년 비교)

지역	2013년 장애인 편의시설 실태 설문조사						2018년 장애인 편의시설 실태 전수조사						증가율	
	대상 건물수	대상편의 시설수	설치수	설치율	적정 설치수	적정 설치율	대상 건물수	대상편의 시설수	설치수	설치율	적정 설치수	적정 설치율	설치율	적정 설치율
서울	18,529	698,539	469,537	67.2	423,987	60.7	27,856	1,281,950	1,126,201	87.9	1,084,340	84.6	30.8	39.4
부산	9,672	445,606	318,466	71.5	293,709	65.9	11,542	556,144	450,345	81.0	412,842	74.2	13.3	12.6
대구	7,002	236,084	170,423	72.2	152,237	64.5	8,206	426,993	344,582	80.7	322,959	75.6	11.8	17.2
인천	10,450	415,069	277,264	66.8	247,923	59.7	12,260	539,621	429,301	79,6	394,810	73.2	19.2	22.6
광주	5,052	229,268	161,775	70.6	140,738	61.4	7,065	352,632	289,910	82.2	282,980	80.2	16.4	30.6
대전	3,535	109,913	78,329	71,3	70,351	64.0	3,881	210,210	174,163	82.9	161,341	76.8	16.3	20.0
울산	3,606	173,880	122,601	70.5	116,142	66.8	3,887	191,761	163,218	85.1	157,194	82.0	20.7	22.8
세종	-	-	-	-	-	-	919	49,855	44,316	88.9	42.248	84.7	-	-
경기	29,541	1,326,389	923,628	69.6	827,777	62.4	38,247	1,760,119	1,446,055	82.2	1,366,155	77.6	18.1	24.4
강원	4,467	157,822	112,669	71.4	101,542	64.3	5,794	318,419	250,496	78.7	231,362	72.7	10.2	13.1
충북	4,927	252,523	152,183	60.3	133,251	52.8	8,632	446,844	316,577	70.8	279,507	62.6	17.4	18.6
충남	75538	367,452	237,977	64.8	201,350	54.8	8,016	416,037	324,729	78.0	296,256	71.2	20.4	29.9
전북	10,270	515,110	334,029	64.8	286,019	55.5	11,842	605,288	450,702	74.5	412,590	68.2	15.0	22.9
전남	7,553	404,951	260,484	64.3	209,999	51.9	10,440	517,090	378,530	73.2	338,328	65.4	13.8	26.0
경북	10,270	515,110	334,029	64.8	286,019	55.5	11,842	605,288	450,702	74.5	412,590	68.2	15.0	22.9
경남	9,351	493,597	333,975	67.7	293,858	59.5	12,466	639,345	495,402	77.5	454,976	71.2	14.5	19.7
제주	2,921	145,576	102,906	70.7	94,118	64.7	3,577	171,241	133,246	77.8	124,450	72.7	10.0	12.4
계	141,573	6,305,374	4,283,679	67.9	3,795,148	60.2	185,947	9,034,890	7,243,294	80.2	6,754,701	74.8	18.1	24.3

* 2013년도 조사에서는 세종시 는 충청남도에 포함되어 조사함

8. 장애인 편의시설의 과제와 전망

그동안 장애인을 위한 편의시설에 관한 법률은 건축법이나 고로교통법, 주차장법 등으로 분산, 규정되어 통일성을 기하기가 어려웠고 1995년 제정된 장애인 편의시설 및 설비의 설치기준에 관한 규칙이 시행되었으나 의무규정의 미시행 시 벌금을 부과하는 등의 제재규정이 있었으나 미약하여 법의 실효성을 기대하기가 어려운 실정이었다. 동시에 제재뿐만이 아니라 세금 공제와 같은 편의시설 설치 시 누릴 수 있는 인센티브제도와 같은 동기유발요인이 부재하여 그 실효성이 극히 미약했다.

이후 장애인 편의시설에 대한 확충을 도모하고자 「장애인 · 노인 · 임산부 등의 편의증진보장에 관한 법률」을 시행했다. 이 장애인등 편의법은 도로, 공원, 공공건물 및 공중이용시설 등의 편의시설을 확충한다는 데 그 설립 배경이 있으며, 이를 계기로 장애인을 포함하여 모든 국민의 삶의 질을 높일 수 있는 방향의 모색과 구체적 검토가 요구되고 있다.

이 법에 따른 장애인 편의시설에 대해서는 1998년 4월 11일 이후에 건축허가를 받아 신축, 증축, 개축, 이전, 대수선 또는 용도변경을 한 건축주가 설치의무를 부담한다. 장애인 편의시설을 설치하지 않은 시설주는 벌금과 이행강제금이 부과된다. 편의시설을 설치하지 않은 시설주에 대하여는 편의시설의 설치 및 개선 등 시정명령을 내릴 수 있으며, 시정명령을 받고도 시정기간 내에 이를 이행하지 아니할 때에는 5백만원 이하의 벌금과 3천만원 이하의 이행강제금이 부과된다.

장애인 편의시설은 일종의 도시 공공시설이다. 개인 건축주에게 편의시설 설비를 부담시키는 것은 편의시설의 공급이 개선되지 못하는 한 원인이 되고 있다. 그러므로 장애인 편의시설 정비에 소요되는 비용부담을 사업의 정도에 따라 정부의 지원금을 증가하고 세제혜택을 주는 등 건축주의 부담을 덜어주고 편의시설을 설치 및 유지할 수 있도록 지원해 주는 것이 필요하다.

「장애인등편의법」에서 규정하는 각종 시설기준들은 장애인에게 있어서는 편의시설이 아니라 기본시설이다. 또한 이러한 시설들은 「장애인등편의법」 등 별도의 법령을 마련하는 것도 필요하지만, 「건축법」이나 시설관련 법령에서도 구체적이고 강제적으로 규정하여 모든 시설들이 설계 단계에서부터 체계적으로 관리되어 시설이 제대로 갖추어지지 않을 경우 허가 또는 준공검사가 이루어지지 않도록 현재 일부 시도에서 조례로 시행되고 있으나, 의무 조항으로 법제화가 필요하다.

또한 이미 설치된 시설물은 사후관리를 강화해야 할 것이다. 점형블록 같은 경우 건물주들이 돈을 들여 설치했다가도 검사만 받고 불편하다고 제거해 버리는 경우가 있고, 설치 후 관리가 미흡하여 오히려 안전사고를 야기시킬 수 있다. 이를 방지하기 위해 정기적 점검과 교육 및 사후관리에 철저를 기해야 할 것이다. 장애인 편의시설은 정기적으로 점검하고 수선해야 하며 개·보수 시에는 법령에 맞는 규격품에 맞게 재시공하여야 한다. 시공도 문제지만 관리도 중요하게 다루어져야 한다.

편의시설에 대한 인식 부족으로 편의시설 설치에 부정적 시각을 가지고 있는 사람들이 있다. 그러나 장애가 없는 일반 비장애인들이 다시 한 번 생각해 보아야 할 부분들이 있다. 그러나 장애인에게 편리한 시설은 비장애인에게는 더욱 편리하다는 점이다. 흔히들 모든 사람들은 예비 장애인이라고 하며 사람들은 나이가 들고 노약자가 될 수밖에 없다. 더구나 저출산 고령사회에 접어든 현대사회는 인구의 절반 이상이 장애인을 포함하여 아동, 노인 혹은 여성 등 취약한 인구계층이라 해도 과언이 아니다. 편의시설이 소수의 장애인만을 위한 것 같아 보이지만 실상은 모든 사람들에게 해당되며 안전과 편리를 위해서도 필요한 시설이다.

대부분의 장애인들은 장애인만을 위한 특별한 시설보다는 비장애인과 똑같은 시설에서 전혀 불편 없이 생활할 수 있기를 원한다. 건물을 신축할 때부터 출입구에 계단이 없다면 별도의 경사로를 설치할 예산을 들을 필요도 없고 장애인이나 비장애인 모두가 아무런 차이 없이 자유롭게 출입할 수 있다.

장애인 편의시설이 단지 장애인이나 노약자를 위한 사회 편의시설만을 의미하는 것은 아니다. 이것은 그 사회의 수준과 문화적 측면을 단적으로 보여주는 예라 할 수 있겠다. 모두가 경제 성장과 능률을 지향하던 시대에는 사회의 소외계층과 전체적 복지에 대한 이해가 부족하여 불평등과 갈등이 경제 성장만큼이나 팽배해 있지만, 최근 들어 복지에 대한 관심이 날로 증가해 가면서 선진국에서는 이미 많은 부분에서 가시적으로 그 성과가 드러나고 있는 실정이다. 우리나라의 경우도 과거에 비해 복지정책이 적극적으로 실행되고는 있으나, 아직도 미흡한 편이다. 향후 사회의 전체적 분위기도 사회통합적 측면으로 보편화되어야 할 것이며, 편의시설 설치는 장애인이 일상생활이나 사회활동을 보다 실제적이고 현실적이게 할 수 있도록 지원해야 한다. 장애가 있지만 일반인과 똑같은 사람으로 비장애인과 더불어 살아갈 수 있도록 보장을 해주고 그것이 비장애인에게도 사회 공동체의식을 느끼게 하는 계기가 될 것이다.

9. 배리어프리(barrier-free)와 유니버셜디자인(Universal design)

배리어 프리(영어: barrier-free)는 장애인 및 고령자 등의 사회적 약자들의 사회생활에 지장이 되는 물리적인 장애물이나 심리적인 장벽을 없애기 위해 실시하는 운동 및 시책을 말한다. 일반적으로 장애인의 시설 이용에 장애가 되는 장벽을 없애는 뜻으로 사용되고 있다.

특히 지체장애인의 사소한 배려 없는 건축물이나 도로의 안내로 인하여 장애인이 혼자서 충분히 이동이 가능한 것을 방해하는 경우가 생기는데 이것은 아주 작은 장애가 되는 물리적 환경의 개선만으로 장애인의 이동에 대한 질을 향상시킬 수 있다. 장애인이 혼자서 이동이 가능한가 아닌가는 직업이나 교육 등과 같은 모든 일상생활이 혼자서도 가능하거나 또는 불가능한 일을 초래하기도 한다.

공공기관에 입구에 턱이 있으면 휠체어를 이용하는 장애인이 혼자서 공공기관에 자유롭게 들어가지 못하므로 경사로를 설치하는 것만으로 공공기관의 진입이 자유로워진다. 시각장애인이 혼자서 신호등을 건널 때 초록불에서 음악이 나오면 안심하고 길을 건널 수 있다. 손을 자유롭게 사용하지 못하는 장애인은 손잡이를 쉽게 잡거나 밀기만 해도 문이 열리고 닫힌다면 화장실과 같이 남의 도움을 받기 좀 민망한 곳을 자유롭게 출입이 가능하다. 이처럼 장애물로 인하여 진입을 방해하는 물리적 환경을 개선하여 장애인도 비장애인과 똑같이 생활을 할 수 있는 것이다.

1974년 6월 유엔 장애인 생활환경 전문가 협회에 의해 장벽이 없는 건축 설계라는 보고서가 알려지면서 건축 분야에서 사용되기 시작하여 일본, 스웨덴, 미국 등지를 시작으로 전 세계로 확산되었다.

유니버셜 디자인(UD: Universal design)은 '보편적인 디자인', 혹은 '모든 사람을 위한 디자인'(DESIGN FOR PEOPLE)이라고 한다. 초창기엔 고령자나 장애인과 같이 신체가 불편한 사람들이 생활에서 불편을 느끼지 않도록 하는 디자인 개발에 초점이 맞춰졌으나 차츰 연령과 성별, 국적(언어), 장애의 유무 등의 차이와 관계없이 처음부터 누구에게나 공평하고 사용하기 편리한 제품, 건축, 환경, 서비스 등을 구현하는 디자인으로 의미가 발전했다. 1990년대 미국 노스캐롤라이나 주립대학의 유니버셜 디자인센터에서 근무한 노널드 메이드(1급 소아마비 중증 장애인)가 제창했다. 구멍 뚫린 콘센트, 레버식 문손잡이, 기울어진 세면대, 저상버스, 엘리베이터 등이 있다.

장애인뿐만 아니라 누구든지 편리한 디자인의 대표적인 예를 보면 다음과 같다.

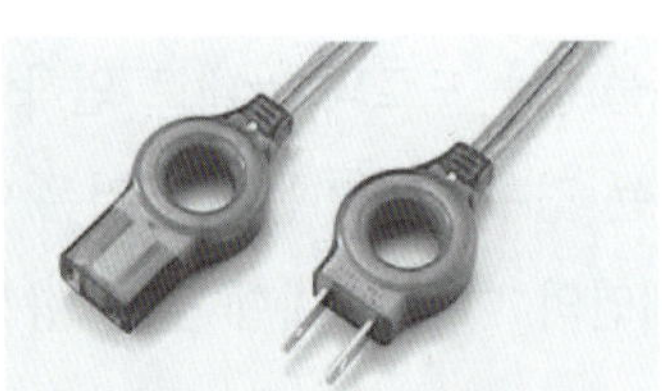

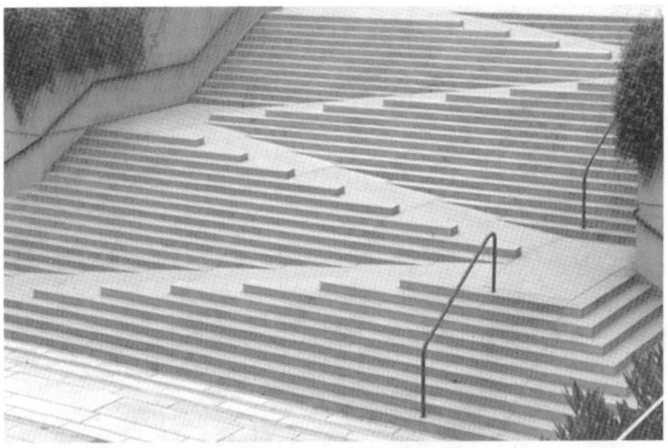
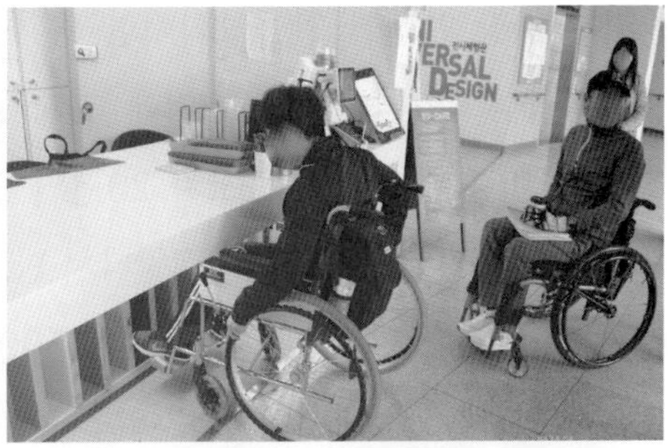

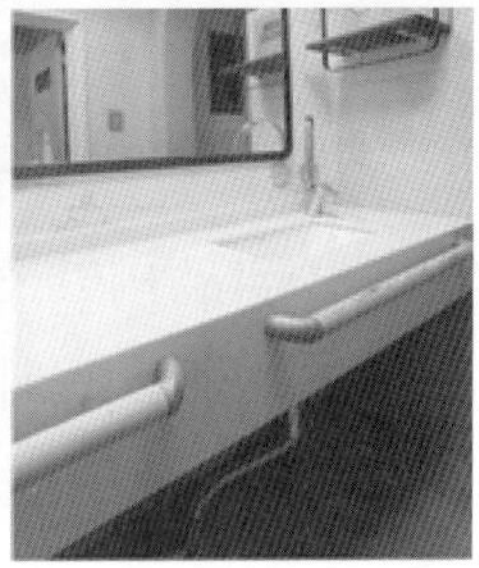

TSID 장애애인 전문 인증 시스템 구축

‘TSID 인증’은 ID와 비밀번호 없이 ‘원터치’만으로 안전하고 편리하게 사이트에 접속할 수 있도록 하는 본인 인증수단이다. TSID 기술은 5G시대에 가장 적합하며, 해킹의 위험에서 벗어날 수 있는 가장 안전한 인증방식이란 평가를 받고 있다.

장애인복지카드를 전자식으로 대체할 수 있고, 인터넷 사이트 가입, 신용카드 사용, 홈쇼핑 결제, 코로나 접촉 여부 자가 진단 등 다양한 기능을 쉽고 안전하게 활용할 수 있어 장애인복지에 크게 기여할 것으로 보고 있다.

TSID 인증’은 윤엠연구소가 20년의 연구 기간을 거쳐 개발한 획기적인 인증방식이다. ID와 비밀번호 없이 ‘원터치’만으로 안전하고 편리하게 사이트에 접속할 수 있다. ‘TSID 인증’은 지금까지 2500년 동안 인류가 사용하고 있는 아날로그 방식 ‘고정값’ 암호체계에서 벗어나 5G 시대에 가장 적합한 디지털 방식 ‘양방향 비고정값’ 암호체계를 기반으로 한 것이다. TSID 기술은 해킹의 위험에서 벗어날 수 있는 가장 안전한 인증방식이란 평가를 받고 있다. 다양한 기능을 쉽고 안전하게 활용할 수 있어 장애인복시에 크게 기여할 것으로 보고 있다.

'TSID 인증'은 윤엠연구소가 20년의 연구 기간을 거쳐 개발한 획기적인 인증방식이다. ID와 비밀번호 없이 '원터치'만으로 안전하고 편리하게 사이트에 접속할 수 있다. 'TSID 인증'은 지금까지 2500년 동안 인류가 사용하고 있는 아날로그 방식 '고정값' 암호체계에서 벗어나 5G 시대에 가장 적합한 디지털 방식 '양방향 비고정값' 암호체계를 기반으로 한 것이다. TSID 기술은 해킹의 위험에서 벗어날 수 있는 가장 안전한 인증방식이란 평가를 받고 있다.

윤엠연구소의 장애인 전용 TSID 인증센터를 재능 기부하여 구축하는 것은 단순히 ID와 비밀번호를 대체하는 새로운 인증체계를 구축하는 것이 아니라 장애인들이 비장애인보다 먼저 세계 유일특허 기술을 사용하며, 인터넷 사이트와 IOT 기기 등 4차 산업의 산물들을 쉽고 안전하게 활용할 수 있는 혁명적 전환의 계기가 될 것이다.

우리가 현재 사용하고 있는 오토매틱 자동차도 원래는 장애인 차량으로 개발됐지만, 지금은 편리함에 만끽한 비장애인들이 주로 사용하고 있는 것처럼 장애인이 복지카드로 쉽게 인터넷에 접속하고 활용하는 것은 단지 장애인뿐 아니라 모두가 다 편리한 시스템이 될 수 있다.

장애인고용안정협회는 TCID연구소와 협약을 맺고(2021.4.7) 장애인의 고용촉진을 비롯한 쉽고 빠른 인터넷 접근성으로 인하여 장애인의 풍요로운 삶에 한발 더 나아가고 있다.

출처: 소셜포커스(SocialFocus)(http://www.socialfocus.co.kr)

CHAPTER

07

장애인의 교육정책

1. 장애인 교육정책의 목적 및 특성

인간의 발달과정에 있어서 교육의 중요성은 말할 필요가 없을 것이다. 고대 시절에도 현대시절에도 교육의 방법과 내용 등의 차이는 있지만 교육은 있어 왔고 지금까지도 이어지고 있다.

교육은 한 사람이 나고 자라고 살아가기 위한 기술과 지혜를 담고 있으며 인류가 생존하는 방법으로 교육이 실시, 유지되고 있다. 교육이란 인류의 존재와 인간의 생존에 필수적인 요소이므로 장애의 유무를 떠나서 인간 모두의 필요한 영역이라고 볼 수 있다.

그러므로 장애인의 교육 또한 당연히 중요한 부분이라고 볼 수 있다. 장애인교육의 목적은 장애인이 비장애인과 같이 정상적인 삶을 영위하기 위한 교육을 실시하는 것이다. 장애인의 교육이라고 해서 특별한 하나의 분야로 취급하고 다른 교육을 해야 하는 것은 아니다. 다만 장애인의 경우 장애의 유형이나 그 정도에 따라서 교육의 방법을 달리할 필요가 있다. 예를 들어 발달장애인의 경우 발달이 단계에 맞게 이루어지는 학생과 똑같은 방법으로 해서는 교육이 이루어지지 않는다.

이처럼 장애인의 경우 장애의 특성에 맞는 교육을 실시해야 교육의 효과가 있는 것이다. 장애인특수교육이 그 예인데 대표적으로 치료교육(언어훈련, 청능훈련, 물리치료, 작업치료, 감각 · 운동 · 지각훈련, 심리 · 행동적응훈련, 보행훈련, 일상생활훈련)이 있다. 특히, 지적장애 학생들은 일반교육과정으로는 접근이 어려운 특성으로 인해 지금까지 많은 이론적 관점의 변천과정을 겪어 왔는데, 교정 · 치료적 관점과 적응 · 발달적 관점, 그리고 생활 · 기능 중심의 관점 등 크게 세 가지를 들 수 있다.

교정 · 치료적 관점은 장애원인이 교육을 하기에 적합하지 않은 어려운 부분이 있다고 판단되나 그 어려운 부분을 뛰어넘어서 교육을 실시하기 위하여 교육의 목적을 그 기질적 원인을 치료하거나 교정하는 데 두어 온 것이다. 그에 반해 적응 · 발달적 관점은 인간의 발달이 위계적인 구조를 이루며 점차 상위 과정으로 분화되어 가는 과정에 있다는 발달이론을 바탕으로 형성된 이론이다. 학생의 발달계열에 따라 일반교육과정을 발달장애 학생에게 맞도록 교육을 하는 것이다. 이 교육과정의 의도는 같은 발달단계에 있는 비장애인 학생이 현재 배우고 있는 교육과정을 배워야 한다는 데서 출발하는 것이다. 같은 교육과정을 같은 방법으로 배우기 어려우므로 특수한 방법으로 교육을 해서 비장애인과 같은 수준의 교육을 받게 하는 것을 목적으로 하는 것이다.

생활·기능 중심의 관점은 1960년대부터 시작된 산학협동 프로그램에서부터 시작되었다. 이것은 학생들에게 지역사회 중심의 학습기회를 제공하고, 생활과 관련된 기능을 습득하게 하려는 콜스토와 프레이(Kolsteo & Frey)의 연구에서 구체화되었다. 이 교육과정은 지역사회에서 생존하기 위한 능력을 함양하고, 인간으로 살아가는 데 필요한 사회적 양식을 가르치는 것을 주된 목적으로 하는 생태학적 접근을 취하고 있다.

지역사회의 적응이야말로 요즈음에 강조되고 있는 자립을 위한 준비과정의 교육이라고 볼 수 있다. 장애인의 자립 준비는 비장애인의 자립 준비와는 다르다. 비장애인의 자립은 일정한 기술 습득이나 자격 취득으로 직업을 갖고 생활여건이 조성되면 자립이 가능하다고 보고 대부분 그 상태를 유지하는 것이 가능하다고 본다. 그러나 장애인의 자립은 교육을 실시하여 자립을 하고 나서도 끊임없이 지원이 되어야 한다. 특히 발달장애인이나 지적장애인의 경우에는 자립을 위한 교육을 실시해서 자립을 성공으로 이끌었다고 해서 그 자립이 유지된다고 보기 어렵다. 그 자립을 유지하기 위한 교육이 끊임없이 이루어질 때 자립이 유지되는 것이다.

이것은 비장애인의 교육과 장애인의 교육이 다른 부분이기도 하다. 장애인의 취업을 위한 교육 또한 마찬가지로 교육하고 자격을 취득하여 취업을 한 후에도 끊임없이 교육이 이루어지면서 직업이 유지가 된다. 장애인직무지도원이나 근로지원인이 그 대표적인 것이다. 발달장애인이나 지적장애인의 교육은 이처럼 학교교육이나 직업을 위한 기술 습득과 자격증 취득 그리고 취업 후의 교육까지 단절 없이 연속적으로 이루어지는 특성이 있다.

그러나 발달장애인이나 지적장애인의 경우와는 달리 시각장애인이나 청각장애인 그리고 지체장애인의 경우에는 장애의 정도에 따라 차이는 있을 수 있지만 비장애인과 통합교육을 실시하는 것이 가능하고 사회통합의 기능을 위해서는 장애인과 비장애인이 통합수업을 하는 것이 자연스러운 일일 수 있다.

시각장애인의 경우 점자로만 글을 읽을 수 있는 사람은 타인의 도움 없이 통합수업이 어렵겠지만 저시력자나 난시나 색맹, 시야각도가 좁은 사람들은 보통의 수업을 하는 데 별 무리가 없다.

청각장애인의 경우에도 완전히 듣지 못하여 수어를 사용해야만 하는 농인이 아닌 난청이나 보청기를 사용해서 들을 수 있으면 미술이나 음악이나 체육시간에도 함께 수업을 하는 데 무리가 없다.

지체장애인의 경우에는 축구시간에 손과 발을 다 사용해야 하는 골키퍼를 시키거나 운동회 때 반대표로 육상선수에 나갈 것이 아니라면 비장애인들과 수업을 하는데 다소 불편할 수는 있어도 크게 무리가 있거나 다른 학생들에게 불편을 주지는 않고 함께 수업을 할 수 있다.

1998년 선포된 「한국장애인인권헌장」의 제1조에서는 “장애인은 장애를 이유로 정치, 경제, 사회, 교육 및 문화생활의 모든 영역에서 차별을 받지 아니한다”라고 규정하고 있으며 「특수교육진흥법」에도 국가와 지방자치단체의 임무, 장애인의 의무교육과 조기교육, 개별화교육, 통합교육 특수교육위원회 등 장애인교육을 보장하는 각종의 세부 내용을 담고 있다. 이처럼 사람이면 누구나 다 교육을 통해서 효과적으로 환경에 적응함으로써 자신을 최상의 상태로 보전하게 하려는 욕구가 있다. 그리고 인간은 환경 속에서 교육을 통해서 인간으로서의 정체성을 실현·유지해 갈 수 있도록 교육해야 할 절대적 책임이 있다고 할 수 있다.

현재 대부분의 국가가 구체적인 제도를 마련하여 국민에게 일정기간 동안 의무교육을 받도록 하고 있다. 또한 오늘날 국가는 의무교육이 아니라도 국민의 필요에 따라서는 언제든지 더 많은 교육을 받을 수 있도록 지원하려는 방향을 추구하고 있다.

우리나라 장애인 교육권은 헌법을 비롯한 각종 법률과 선언문에 명시되어 있다. 「헌법」 제31조는 능력에 따라 균등하게 교육받을 권리를 보장하고 「교육기본법」 제2조에서는 '홍익인간상을 교육이념으로 하며, 국민의 인격도야와 자주적 생활능력, 민주시민으로서의 자질, 인간다운 삶의 영위'를 교육목적으로 규정하고, 제3조와 제4조에 걸쳐 '능력과 적성에 따라 평생에 걸쳐 교육받을 권리와 성별, 종교, 신념, 사회적 신분, 경제적 지위 또는 신체적 조건 등을 이유로 차별 받지 않을 기회의 균등'을 보장하고 있다.

이렇듯 장애인의 교육권에 대해 구체적으로 명시를 하고 있지만 모든 장애인에게 향유되지 못하고 있는 것이 오늘날의 현실이다. 그 이유는 사회적 인식이 주를 이루고, 교육 영역에 있어 입학거부와 같은 차별적인 사례들도 빈번히 나타나고 있는 실정이다. 이외에도 장애인들이 적절한 교육을 받을 수 있는 제도적 여건이 충분히 마련되어 있지 못하여 많은 장애인이 교육을 받지 못한 채 방치되거나 기본적인 교육받을 권리마저 포기해버리는 경우가 발생되고 있다.

장애인에 대한 사회적 인식이 개선되면 통합교육이나 직업교육 등에서도 장애인과 함께 교육을 하는 것이 자연스러운 일이 될 것이다. 교육에 있어서 통합이 되는 것이야말로 진정한 사회통합이 될 것이다.

2. 특수교육의 현황

1) 특수교육 대상과 교육기관

「특수교육진흥법」 제2조에 의하면 특수교육이란 특수교육 대상자의 특성에 적합한 교육과정, 교육방법, 교육매체 등을 통하여 정규 교과교육, 치료교육 및 직업교육을 실시하는 것으로 정의한다. 특수교육은 '특수학교를 통한 특수교육, 일반학교에서의 특수학급을 통한 특수교육, 통합교육, 순회교육, 유아특수교육'으로 구분된다.

특수교육의 목표는 특수교육 대상 학생의 인권보장과 사회정의의 실현을 위한 통합교육의 실현이다. 「특수교육진흥법」 제5조에 따르면, 특수교육대상자의 초등학교 및 중학교 과정의 교육은 의무교육이고, 유치원 및 고등학교 과정의 교육은 무상교육이라고 명시되어 있다. 따라서 장애학생들도 비장애학생들과 균등하게 교육받을 권리를 지니고 있으며, 그들의 특성에 따라 적절한 교육기회를 제공받아야 한다.

특수교육대상자를 위하여 특수교육기관을 설립·운영하고 있는데 특수교육기관은 특수교육대상자에게 특수교육을 제공하기 위하여 유치원, 초등학교, 중학교 또는 고등학교(전공과 포함) 과정을 교육하는 특수학교 및 특수학급을 말한다. 2018년 기준 전국 175개의 특수학교에서 2만 5천여 명이 교육받고 있다.

표 7-1 특수학교 현황 (단위: 개, 명)

설립별	학교 수	학급 수	학생 수	교원 수
국립	5	168	857	319
공립	78	2,572	14,091	4,548
사립	91	2,007	10,971	3,616
계	175	4,747	25,919	8,483

출처: 교육부, 2018년 특수교육연차보고서.

특수학교에 진학한 학생들은 시각장애·청각장애·지적장애·지체부자유·정서장애·언어장애·학습장애·만성질환을 갖고 있는 장애인이다. 장애유형별 특수학교 현황은 다음의 표와 같이 지적장애 특수학교가 전체의 60%를 차지할 정도로 가장 많으며 다음으로 지체부자유, 청각장애, 시각장애학교 순이다.

표 7-2 장애유형별 특수학교 수 (단위: 개, 명)

시각장애	청각장애	지적장애	지체부자유	정서장애	합계
국립	5	168	857	319	175

출처: 교육부, 2018년 특수교육연차보고서.

특수학급은 특수교육대상자에게 통합교육을 실시하기 위하여 고등학교 이하의 각급 학교에 설치된 학급으로써, 그들의 능력에 따라 전일제, 시간제, 특별지도, 순회교육 등으로 운영된다. 2018년 기준 유·초·중·고등학교에 설치된 특수학급에서 4만 8천여 명이 교육받고 있다.

표 7-3 특수학교 현황 (단위: 개, 명)

과정별	학교 수	학급 수	학생 수	교사 수
유치원	740	853	3,058	859
초등학교	4,281	5,480	24,169	5,528
중학교	1,839	2,372	9,990	2,395
고등학교	1,076	1,938	11,422	2,235
전공과	18	33	209	60
계	7,954	10,676	48,848	11,077

출처: 교육부, 2018년 특수교육연차보고서.

장애학생이 특수교육대상자로 선정되었지만, 특수학급이 아닌 일반학급에 배치되는 통합학급의 방식은 지속적으로 확대되어 2018년 기준 일반학급에 통합 배치된 특수교육대상자는 유치원 1,628명, 초등학교 6,617명, 중학교 3,264명, 고등학교 4,086명으로 모두 15,595명이다.

표 7-4 특수교육대상자 수 (단위: 개, 명)

유치원	초등학교	중학교	고등학교	계
1,628	6,617	3,264	4,086	15,595

출처: 교육부, 2018년 특수교육연차보고서.

유아특수교육기관은 유치원 과정만 운영하는 특수학교와 특수학교 유치원, 그리고 유치원 특수학급이 운영되고 있으며, 유치원 특수학급이 증가하는 추세이다.

표 7-5 유아특수교육기관 현황 (단위: 개)

구분	특수학교 유치원	유치원 과정 특수학교	유치원 특수학급	계
설치학교 수	125	10	740	865
설치학급 수	267	61	853	1,120

출처: 교육부, 2018년 특수교육연차보고서.

순회교육은 특수교육을 담당하는 교원이 가정이나 의료기관, 학교 기타 시설 등에 있는 특수교육대상자를 방문하여 행하는 특수교육을 의미한다. 2006년 교육부 기준으로 특수학교, 특수학급, 통합학급 등에 1만 2천여 명의 특수교육보조원이 배치되어 있으며 특수교육보조원은 특수교육대상자의 문제행동 관리 및 신변처리 등의 지원을 담당하는 인력이다. 특수교육 보조원의 배치는 특수교육 대상 학생의 학습권 보장 및 교육의 질 제고를 목적으로 도입되었으며, 특수교육 내실화를 위해 유급의 특수교육보조원이 확대 배치될 필요성이 있다.

특수교육대상자에 대한 특례입학제도를 1995년부터 시행하고 있으며, 표에 나타난 바와 같이 특별전형 전문대학과 4년제 대학의 수는 지속적으로 늘어나고 있지만 장애학생의 이동권 및 학습보장을 위한 대학 내 장애인 편의시설의 설치 확대와 장애학생의 교내 활동 및 학습활동을 지원할 수 있는 장애학생 지원센터와 전담인력의 배치 등이 미흡한 대학이 많은 실정이다.

표 7-6 연도별 특수교육대상자 특별전형 대학입학생 수 (단위: 교, 명)

학년도	전문대학		대학교		합계	
	실시대학	학생	실시대학	학생	실시대학	학생
1997	6	42	30	234	36	276
1998	6	57	39	298	45	355
1999	6	47	40	349	46	396
2000	9	55	48	313	57	368
2001	11	61	43	360	54	421
2002	15	194	46	420	61	614
2003	14	117	47	310	61	427
2004	24	115	49	309	73	424
2005	11	45	53	344	64	389
2006	10	31	63	388	73	419
2007	9(7)	79	71(71)	439	80(78)	518
2008	8(7)	100	74(65)	460	82(72)	560
2009	10(10)	74	80(70)	498	90(80)	561
2010	19(12)	51	80(75)	601	99(87)	652
2011	14(14)	60	89(77)	574	109(91)	634
2012	16(16)	97	90(84)	566	106(100)	663
2013	25(17)	185	97(89)	649	122(106)	834
2014	23(16)	84	98(80)	637	121(96)	721
2015	23(18)	54	98(84)	753	121(102)	807
2016	24(15)	48	100(88)	768	124(103)	816
2017	(15)	46	(97)	832	(112)	878
2018	(16)	56	(100)	888	(116)	944

* 괄호는 최종 등록기준 학교 수
출처: 교육부, 2018년 특수교육연차보고서.

2) 교육의 기회와 통합교육

통합교육의 개념은 장애아동을 비장애아동의 그룹 속에서 그들이 필요로 하는 특별한 요구에 대한 서비스를 제공하면서 함께 생활화 교육을 받는 것이라 정의할 수 있다. 통합교육은 기본적으로 모든 아동들이 학교와 지역사회 생활의 주류에서 학습할 수 있으며 소속될 수 있다는 가정에 근거해서 장애아동들이 장애가 없는 또래의 비장애아동들과 함께 배치되거나 일시적인 공동참여 형태로 교육받는 것을 말한다. 파우프먼(Faufman, 1975)은 통합교육의 정의를 장애아동들이 일반학급에서 물리적(시간적 통합), 학문적(교수적 통합), 사회적(사회적 통합)으로 통합되는 것을 의미한다고 말한다. 통합교육은 장애아동이 비장애아동과 더불어 잘 살아가는 삶을 지향하며 그 목적을 달성하기 위해 다양성을 인정하고 수용교육의 평등성과 수월성을 보장하고, 구성원들의 가치를 목표로 하고 있다.

3) 장애인통합교육의 배경

(1) 역사적 배경

장애인통합교육의 역사적 배경을 살펴보면 정상화의 원리로 문화적으로 정상적인 개인의 행동 및 특성을 형성 · 유지하기 위해서는 가능한 한 문화적으로 정상적인 수단을 사용해야 한다는 철학적인 믿음을 가졌다.

장애인을 위한 교육의 목적과 수단이 비장애인들을 위한 목적이나 수단과 같아야 하며, 장애인과 비장애인이 분리되지 않고 서로 통합해야 한다는 정상화 원리 개념이 장애인교육에 있어 최소제한환경 개념을 탄생시켰다.

탈시설화로 시설에서 적절한 교육과 양육을 제공하지 못함으로 인해 시설수용에 대한 강한 비판으로 장애인을 비장애인과 사회로부터 분리된 시설에서 지역사회로 이동시키기 시작하였다.

최소제한환경으로 장애아동을 비장애 또래아동, 가정, 지역사회로부터 가능한 한 최소한으로 분리시켜야 한다는 것이다. 장애아동의 삶이 가능한 '정상적'이어야 하므로 교육이 개별적 필요에 의해 이루어져야 하지만 절대적인 필요 이상으로 개인의 자유를 침해해서는 안 된다. 최소제한환경의 적용에 있어서 ① 개별아동의 필요를 근거로 한다. ② 분리결정 전에 통합 환경 배치를 위한 노력이 선행되어야 한다. ③ 연계적 특수교육서비스 체제를 운영한다. ④ 대상아동의 또래들의 필요도 함께 고려해야 한다. ⑤ 좀 더 제한된 환경 배치 시에 적절한 범위 내에서 가능한 한 최대한으로 통합교육을 제공해야 한다.

일반교육 주도로 모든 유형의 특수아동을 완전히 일반교육체제에 포함할 수 있다는 것으로, 장애아동은 하나의 교육체계 내에서 특수교육서비스를 받을 수 있고, 표찰의 부정적 영향을 감소시킬 수 있으며, 비장애아동들과 통합된 학습을 할 수 있다.

완전통합은 일반교육 환경에 모든 장애아동들을 배치하고 그들의 교육적 요구에 따라 필요한 부분만 특수교육을 지원하는 것이 바람직하며, 정상화의 원리를 토대로 하였다. 장애아동을 통합된 환경인 일반학교에서 교육함으로써 지역사회에서 독립적인 삶을 영위할 수 있도록 한다. 완전통합이 장애아동을 위한 단 하나의 적절한 선택이 아니라, 연계적 특수교육서비스 체계가 갖추어져야 하며, 일반학급, 지역사회에 통합시키기 위해 다양한 특수교육서비스 체계가 존재해야 한다.

(2) 사회적 배경

특수교육 패러다임의 아동과 교육개혁의 요구로 세기의 변화와 더불어 후기 산업사회, 포스트모던, 정보사회, 지식기반사회 등으로 불리며 교육환경이 부단히 변하고 있다. 따라서 특수교육 패러다임은 분리교육에서 주류화교육으로 다시 학습공동체를 추구하는 포함식 총합교육으로 이동하고 있다. 이런 패러다임 이동은 장애를 아동의 결함으로 보던 관점에서 벗어나 개인과 환경 및 이들 두 요인들 사이의 상호작용까지 고려하는 다원적 접근을 강조한다.

공동체적 학교사회의 실현과 졸업 후의 삶에 대비한 교육성과 수요로 포함식 통합학교 공동체는 일반교육과 특수교육이 당면하고 있는 모두를 위한 교육이란 새로운 과제를 해결할 수 있는 교육체가 될 수 있다. 포함식 통합학교가 되기 위해서는 학생의 권리, 책임의 공유, 학교의 구조, 학교의 역할과 실제 등에서 변화가 이루어져야 한다.

또한, 장애인의 삶의 질 향상이 강조되고 있다. 삶의 질에 영향을 미치는 측면의 세 가지는 개인에게 관련된 사적인 가치와 경험, 모든 사람이 함께 하고 있는 기본적인 욕구, 집단의 사람들이 공유하는 경험과 의미 등이 있다. 개인에게 미치는 영향과 이들 세 가지 구성요소의 상호작용은 상황적으로 상호 의존하고 있고 삶의 질과 교육결과는 직접적인 관련성을 가진다.

4) 장애인통합교육의 주요 원리

① 교육의 평등성을 추구한다. 교육의 평등성은 개인이 가지고 있는 학습 능력과 요구에 적합한 교육서비스를 제공하여 주는 것을 의미한다. 이런 서비스가 양적 및 질적으로 보장되는 것을 평등주의적 기회평등이라 한다.

② 교육의 수월성을 추구해야 한다. 수월성 교육은 심화반 혹은 영재교육으로 인식된다. 영재를 키우는 교육도 중요하지만 개인의 잠재력을 최대한 계발시켜주는 것이 교육의 수월성을 보장해주는 것이다.

③ 조화의 극대화를 추구한다. 모든 사람들이 한 사람도 소외되지 않고 각자의 역할을 맡아서 수행하고 기능을 발휘하며 집단의 공동성을 위하여 기여하고, 조화를 이루며 더불어 살아가는 집단사회 즉, 공동체 사회를 이룩하는 것이다. 공동체 사회에서는 인종, 능력, 성별, 종교, 빈부, 문화 등에서 편견과 차별 없이 조화가 이루어질 때 가치 있는 사회가 되며 통합교육은 결국 공동체

사회를 이루어야 한다.

④ 다양성을 인정하고 수용한다. 다양성은 차이를 인정하고 수용하며 존중하는 것이 필수적이다. 사회구성원들은 외모만큼 능력이나 성격의 차이를 보인다. 따라서 각 개인 간의 다양한 능력 수준은 차별과 집단화의 근거가 되는 것이 아니라 개인차와 독특한 교육적 요구로 인정되어야 한다.

3. 여성장애인과 교육

여성은 남성과 동등한 인간으로서 가져야 할 기본적인 권리를 지니고 있지만, 우리나라와 같은 전통적인 가부장제의 사회구조 속에서 여성의 권리는 많은 부분 제한되어 있는 실정이다. 우리나라에 있어 여성장애인은 남성장애인과 마찬가지로 교육적 욕구가 큰 반면 기본적인 권리를 보장받고 있지 못한 경우가 많다.

교육과 취업 모든 면에서 여성에 대한 차별이 있는 것처럼 장애인여성 또한 마찬가지로 차별이 있다. 여성장애인이 남성장애인에 비해 교육에 대한 욕구가 적은 것이 아님에도 불구하고 가족이나 장애인당사자의 교육에 대한 인식의 차이로 교육에 대한 권리를 보장 받지 못하고 있다.

선천성 장애인들 중 지체장애 또는 복합장애가 있는 경우에 장애가 심해서가 아니라 학교에 다니지 못해서 글을 잘 쓰지 못하는 사례가 아직도 빈번히 있다. 지적수준이나 교육에 대한 욕구가 아닌 단순히 글을 배울 기회가 없어서 글을 잘 읽고 쓰지 못하는 장애인들이 아직도 많다.

이러한 욕구를 해소하기 위해서 지역사회복지관에서 한글읽기 프로그램이나 시동아리 프로그램을 운영하고 있다. 한글 읽기나 시동아리는 소수의 인원으로 매주 정기적인 만남과 작품을 내고 또 발표회를 하기도 한다. 인천시 삼산동에 위치한 종합사회복지관에서는 시동아리와 미술동아리를 적극 지원하고 발표회를 할 때에는 삼산동이 위치한 부평구청에서 자리를 내주어서 그림과 시를 작품발표회 형식으로 진행하도록 적극 진행하고 있다.

이러한 행위들이 장애인들의 기본적인 교육을 넘어 수준 높은 교육의 장이 되고 있다. 그러나 2020년부터는 코로나-19 여파로 인하여 비대면교육으로 전환되어서 활동성이 적은 장애인들에게는 그나마 적은 활동이 더 적어지고 있는 현실이다.

여성장애인들의 교육의 기회가 취약한 것은 취업의 취약으로도 이어지고 있다. 여성장애인들의 고용을 비롯한 사회참여가 확대되려면 사회적 노력과 함께 여성장애인들 스스로도 교육의 질을 다양한 방법으로 높여야 한다. 장애인과 장애인의 가족 그리고 사회적 노력이 함께 이루어져야 한다.

표 7-7 여성장애인의 교육수준 비교

(단위: %)

교육수준	장애인	
	여성	남성
무학	19.1	4
초등학교	36.5	20.5
중학교	14.5	18.3
고등학교	20.9	37.6
대학 이상	9	19.7
계	100	100

출처: 한국보건사회연구원, 2017년 장애인실태조사.

따라서 여성장애인을 위한 교육은 다른 구성원의 경우보다 세심하게 배려하고 지원할 필요가 있다. 여성장애인은 우리 사회의 차별적 구조 속에서 교육적 욕구가 큰 반면 기본적인 권리를 보장받고 있지 않은 대표적인 계층이라 할 수 있다. 여성장애인은 우리 사회의 차별적 구조 속에서 '장애'와 '여성'이라는 이중적 고통을 지닌 대상으로서 교육은 물론 결혼, 취업 등의 기회를 충분히 갖지 못하고 사회와 가족으로부터도 소외되고 있다. 우리 사회도 급속한 산업화와 국민경제의 발전 등 변화에 따라 장애인도 함께 생활할 수 있는 여건의 조성이 필요하나 여성장애인의 경우에는 이와 같이 문제의 심각성으로 인해 특별한 관심과 대책을 필요로 하고 있다.

4. 교육보장정책의 과제와 전망

1) 정상화의 노력

장애인을 위한 교육기회를 확충하는 정책의 기본 방향은 장애인복지서비스의 기본 방향과 궤를 함께해야 한다. 장애인복지서비스의 기본 방향에서 가장 중요한 이론은 정상화(normalization)이론이라 할 수 있다. 정상화이론은 1960년대 후반 스칸디나비아에서 지적장애인에 대한 서비스 실천의 원칙으로 제기된 이론으로 시설보호에 반대하며, 일상적인 생활형태와 리듬을 강조하는 개념이다. 정상화이념은 정상적이고 일상적인 생활의 리듬을 존중하며, 개인의 성장과 발달에서 정상적인 발단경험, 인생주기에서의 선택의 자유, 정상적인 이웃과 같이하는 정상적인 가정에서의 삶, 지역사회에 통합되어 있는 삶을 강조한다.

정상화에 대한 노력으로 우리나라에서도 20020년부터 (재단법인) 우성원과 같은 대형시설에서 탈시설화로 입소 인원을 줄이고 활동지원으로 가정에서 생활하거나 보호작업장이나 주간보호시설로 전환하도록 정책적으로 노력을 하고 있다. 그러나 발달장애인의 경우 독립된 생활을 할 수 있도록 하는 것은 결코 쉬운 일이 아니므로 보다 더 사회적 노력과 연구가 필요한 부분이다.

2) 사회통합의 노력

장애인복지의 또 다른 기본 이념은 사회통합이다. 「장애인복지법」 제3조에서는 '장애인복지의 기본이념은 장애인의 완전한 사회참여와 평등을 통한 사회통합을 이루는 데 있다'고 규정하고 있다. 여기에서 중요한 개념은 완전한 사회참여와 평등이다.

먼저, 참여는 해당 장소에 몸이 간다는 의미가 아니라 사회적으로 인정받는 방식을 통해 개인적으로 참여하는 것을 의미한다. 또, 평등은 단순한 완전평등을 의미하지 않는데, 이는 완전평등 자체가 장애인의 완전한 사회참여를 보장하지 않기 때문이다. 따라서 현실과의 절충적 개념으로 합리적인 배려가 요구된다.

따라서 사회통합이란 '가치 있는 물리적 · 사회적 환경 속에서 정상적이고 가치 있는 시민들과의 활동과 접촉을 의미하며, 이들 관계에 사람들이 개인적으로 참여하는 것'을 의미한다. 이렇게 될 때, 장애인은 다른 시민과 모든 면에서 같아지고, 다른 시민들이 누리는 권리를 모두 누리게 되며, 우리 사회가 모든 구성원들의 조화를 이루어 최대의 발전을 이룩할 수 있게 될 것이다.

3) 생산적 복지의 노력

장애인복지는 또한 생산적 복지의 이념적 바탕 위에 제공되어야 한다. 생산적 복지는 '모든 국민이 인간적 존엄성과 자긍심을 유지할 수 있도록 기초적인 생활을 보장함과 동시에 자립적이고 주체적으로 경제 · 사회활동에 참여할 수 있는 기회를 확대하고 분배의 형평성을 제공함으로써 삶의 질을 향상시키고 사회발전을 추구하는 국정이념'이며, 따라서 이 이념을 실현시킬 수 있는 방향으로 장애인 교육기회가 제공되어야 한다.

생산적 복지에서는 자활을 위한 사회적 투자를 강조하고 있다. 장애인의 자활은 교육기회의 제공에서 시작된다. 그동안 교육자원의 배분에서 소외되었던 장애인에게 교육기회를 제공하여 공평한 교육자원을 분배 받음으로써 장애인의 자활이 의지를 갖고 자활에 성공할 수 있도록 이끌어져야 한다.

과거 장애인보호작업장과 같이 장애인들끼리 보호를 받으면서 일을 하고 소득을 얻을 수 있었던 일이 현재에는 장애인과 비장애인이 함께 일하면서 소득을 얻는 방식으로 전환되어 확대 실시되고 있다. 예를 들면 자회사형 장애인표준사업장이 그 대표적이 예이다. 장애인들은 보호작업장 형식으로 일을 할 수 있는 것만으로도 보람되고 행복하지만 장애인과 비장애인이 함께 일하면서 더 만족도가 높게 나타나고 있다. 시작은 회사에서 장애인 미고용에 대한 부담금을 면제 받거나 경감하기 위해서 시작했지만 결과적으로 회사도 만족하고 장애인도 만족할 만한 결과를 창출하고 있다. 뿐만 아니라 이 업무를 담당하고 있는 담당자들도 장애인과 비장애인이 하나가 되어서 일을 하도록 성공시킨 것에 대한 보람을 느끼며 자긍심도 매우 높다.

현재 우리나라에서 장애인들이 비장애인들과 함께 일하고 비장애인들을 고객으로 직접 부딪히는 직업을 창출해서 운영하고 있다. 성공적인 대표 사례로 우리나라에서 1호로 지정 받고 시행 중인 자회사형 장애인표준사업장을 포스코에서 설립한 포스코휴먼스가 있다. 그 외에도 제주항공의 모두락, LG생활건강의 밝은누리, 한국전기안전공사의 유니버셜안전예술단, 스타벅스코리아 등 성공적으로 자회사형 장애인표준사업장을 설립해서 운영하고 있는 대표적인 사례가 있다. 2021년도에 집필자가 위에 언급한 회사들의 책임자들을 직접 만나서 이야기를 나누었는데 하나같이 담당자들이 보람을 느끼고 있으며 이 일을 계속할 것이며 많은 회사들이 함께 동참하기를 원하고 있다고 말했다. 또한 다른 회사에서 자문을 구하면 도움을 줄 수 있다고 말했다. 이는 장애인의 생산적 복지에 대한 미래가 매우 밝은 것을 알 수 있다. 이제는 수혜적 복지에서 생산적 복지의 시스템을 정부와 기업을 갖추어 나가고 있다고 볼 수 있다.

4) 통합교육

장애인통합교육으로 장애아동은 비장애아동들과 같은 교육환경에서 교육을 받게 됨으로써, 자신이 스스로 사회적으로 가치 있고 존중받는 인격체라는 것을 체득하여 건전한 사회적 가치관 형성에 매우 긍정적 영향을 미친다. 또한 비장애아동들은 통합교육을 통하여 인간의 다양성과 존엄성을 생각해 볼 수 있는 기회를 얻고 장애아동을 이해하고 어울리면서 효과적으로 인성발달과 도덕심을 배울 수 있는 교육기회가 되어 사회의 구성원으로서의 인격이 형성되고 타인을 도울 기회를 경험하는 등 다양한 사회적 행동을 배우게 된다. 따라서 통합교육이 필요하다. 이를 위해 다양한 노력을 해야 한다. 우리나라의 경우 이와 같은 학교와 가정, 지역사회 및 국가나 기타 교육행정기관의 노력이 지속적으로 추진되어야 한다. 장애인과 비장애인이 통합교육을 실시하는 것이 자연스러운 일이 되어야 진정한 사회통합도 이루어지고 장애인의 자립 또한 이루어질 수 있다.

용/어/찾/아/보/기

- 특수교육보조원: 고등학교 졸업 이상 학력으로 특수교육에 대한 이해가 필요로 하며 특수교육 대상학생의 개인욕구 지원 교수-학습활동 지원, 문제행동 지원, 문제행동 관리 지원을 주 업무로 하는 직종이다.
- 한계시민: 주류사회에 속하지 못하고 소외되고 버려진 상태에 있는 사람을 뜻한다.

CHAPTER

08

장애인의 소득보장정책

1. 장애인의 경제적 생활실태

소득은 경제활동을 통하여 얻는 대가를 화폐가치로 표시한 것으로 장애인이든 비장애인이든 일상생활을 영위하는 데 필수적으로 요구되는 기본생계에 필요한 비용이다.

소득보장은 실업 · 질병 · 재해에 의해 수입이 중단될 때, 또는 노령에 의한 퇴직 시 소득을 보장받고 기본적인 삶을 영위하기 위한 보장이 되어야 한다.

부양자의 사망 등에 의해 수입이 상실될 때, 출생 · 사망 등에 수반하는 지출이 발생할 때, 일정 생활수준을 유지할 수 있도록 소득을 보장해주는 제도이다. 2017년 장애인 실태조사에서 장애인의 소득액은 경제적으로 불안정함을 알 수 있다. 장애인 가구의 월평균 소득은 253.5만원으로 2017년 4/4분기 전국 월평균 2인 이상 가구 소득(444만 5천원)의 57% 수준에 불과한 것으로 나타났다.

장애인의 지난 1개월 평균 총 장애인가구 수입액의 분포를 보면, 50~99만원 범주가 19.7%로 가장 많았으며, 이어서 100~149만원 14.5%, 150~199만원 12.0%, 500만원 이상 11.8%, 그리고 200~249만원 10.0%의 순으로 나타났다. 따라서 1개월평균 총가구 수입액이 200만원 미만인 장애인의 비율은 49.1%로, 2014년의 55.3%에 비해 6.2% 포인트 낮아졌다. 장애유형별로는 뇌전증장애(7.5%), 장루 · 요루장애(6.8%) 중에서 50만원 미만의 비율이 높게 나타났다. 한편 총 가구 수입액이 500만원 이상인 비율을 비교해 보면, 자폐성장애인 중에서는 34.1%로 다른 장애유형에 비해서 훨씬 높았다. 또한 간장애(31.9%)와 안면장애(25.4%)도 다른 장애유형에 비해서 높았다. 1개월 평균 총 가구 수입액의 평균을 보면, 253.5만원으로 조사되어 2014년의 224.9먼 원에 비해서 28.6만원(12.7%) 증가하였다. 장애유형별로 총가구 수입액 평균을 비교해 보면, 자폐성장애가 409.4만원으로 가장 높았으며, 이어서 안면장애 403.0만원, 간장애 366.2만원, 지적장애 307.5만원의 순으로 높았다. 반면에 정신장애의 가구 수입액 평균은 197.5만원에 불과하였으며, 장루 ·

요루장애와 청각장애도 각각 212.3만원, 225.5만원으로 상당히 낮은 것으로 나타났다.

표 8-1 지난 1개월 평균 총가구 수입액 (단위: %, 명, 만원)

구분	지체장애	뇌병변장애	시각장애	청각장애	언어장애	지적장애	자폐성장애	정신장애	신장장애	심장장애	호흡기장애	간장애	안면장애	장루·요루장애	뇌전증장애	전체
50만원 미만	3.1	2.6	3.2	3.8	2.2	0.8	-	2.8	2.0	0.7	1.2	-	1.6	6.8	7.5	2.9
50~99만원 미만	19.8	21.0	20.8	26.2	25.1	10.3	3.2	24.2	12.8	7.5	21.7	5.5	15.1	21.3	13.5	19.7
100~149만원	14.0	15.5	15.2	14.6	13.5	12.9	3.7	19.7	14.7	29.8	23.2	15.8	6.3	13.9	7.4	14.5
150~199만원	11.5	13.7	11.8	12.4	72	14.3	3.1	12.1	12.3	4.6	11.6	9.2	12.6	11.9	14.1	12.0
200~249만원	9.4	10.5	9.0	9.6	2.6	10.3	10.9	14.7	13.3	19.5	14.3	10.9	10.5	17.0	11.1	10.0
250~299만원	7.2	7.6	9.9	5.4	9.1	7.3	5.2	4.9	9.4	4.2	5.9	5.5	17.2	9.4	15.9	7.4
300~349만원	9.0	7.3	6.2	2.9	13.1	12.2	15.5	3.4	7.6	7.0	9.6	9.5	-	4.5	5.3	8.3
350~399만원	5.7	4.5	4.5	5.2	5.6	5.4	12.8	8.7	7.4	2.1	1.8	1.9	11.4	1.2	6.6	5.5
400~499만원	8.6	7.3	6.6	5.7	7.5	11.0	11.5	7.9	5.9	11.8	-	9.8	-	5.4	2.8	7.9
500만원 이상	11.7	10.1	13.0	10.2	14.1	15.4	34.1	1.4	14.6	12.8	10.7	31.9	25.4	8.5	15.8	11.8
계	100.0	100.0	100.0	100.0	100.0	100.0	100.0	100.0	100.0	100.0	100.0	100.0	100.0	100.0	100.0	100.0
전국 추정 수	1,261,555	286,600	262,381	282,255	20,700	197,182	22,972	103,628	83,583	6,174	14,033	11,042	3,173	15,542	9,820	2,580,340
평균	255.3	239.7	247.8	225.5	261.4	307.5	409.4	197.5	269.0	277.4	231.2	366.2	403.0	212.3	270.0	253.5

출처: 2017년 장애인실태조사.

또한 장애인가구가 한 달 동안 살아가는 데 필요한 최소한의 생활비에 대해서 살펴보았다. 그 결과 100~149만원 범주가 18.8%로 가장 많았으며, 50~99만원이 18.7%, 200~249만원이 16.8%, 150~199만원이 15.7%로 나타났다. 한 달 동안 평균 최소 생활비는 187.9만원으로 조사되었는데, 이는 2014년의 164.8만원에 비해 23.1만원(14.0%)이 늘어난 금액이다. 장애유형별로 비교해 보면, 월평균 최소 생활비는 자폐성장애가 341.7만원으로 가장 높은 것으로 나타났으며, 이어서 간장애 264.3만원, 안면장애 341.7만원, 심장장애 231.3만원, 지적장애 219.4만원,

신장장애 204.8만원 등의 순으로 높았다. 반면에 월평균 최소 생활비가 낮은 장애로는 정신장애(157.0만원), 청각장애(165.5만원), 시각장애(177.4만원), 뇌전증장애(181.8만원) 등으로 나타났다.

표 8-2 한 달 동안 최소한의 생활비 (단위: %, 명, 만원)

구분	지체장애	뇌병변장애	시각장애	청각장애	언어장애	지적장애	자폐성장애	정신장애	신장장애	심장장애	호흡기장애	간장애	안면장애	장루·요루장애	뇌전증장애	전체
50만원 미만	1.4	0.9	1.5	3.2	-	1.8	-	4.1	0.3	-	-	-	-	1.0	-	1.6
50~99만원 미만	19.2	18.2	19.6	23.8	30.6	10.8	3.8	22.9	12.7	11.5	5.6	4.1	23.0	13.6	22.8	18.7
100~149만원	19.1	18.7	20.5	21.8	6.1	12.9	2.7	21.8	17.6	24.3	29.7	10.4	12.5	20.9	8.4	18.8
150~199만원	15.6	13.4	17.1	15.2	20.9	16.6	4.3	18.5	18.2	16.1	21.3	9.0	-	13.2	29.8	15.7
200~249만원	17.2	16.5	15.5	14.3	12.8	21.7	13.8	16.1	14.4	15.1	18.9	17.5	32.1	18.6	13.6	16.8
250~299만원	7.4	9.1	8.0	6.1	11.4	7.6	4.2	4.4	12.7	2.1	5.5	12.5	13.1	15.5	13.3	7.6
300~349만원	9.7	9.7	8.1	8.2	7.0	12.8	22.3	5.4	10.6	-	8.4	25.4	-	6.6	4.1	9.5
350~399만원	3.6	3.4	3.4	2.4	4.5	5.5	9.3	3.1	7.0	5.4	4.0	3.5	-	1.2	-	3.7
400~499만원	4.3	7.8	5.0	3.1	4.4	4.2	26.2	2.1	4.7	19.2	1.6	12.3	13.4	5.7	3.9	4.8
500만원 이상	2.7	2.5	1.3	2.0	2.2	6.1	13.3	1.6	1.9	6.3	5.1	5.3	5.8	3.7	4.0	2.8
계	100.0	100.0	100.0	100.0	100.0	100.0	100.0	100.0	100.0	100.0	100.0	100.0	100.0	100.0	100.0	100.0
전국 추정 수	1,261,555	286,600	262,381	282,255	20,700	197,182	22,972	103,628	83,583	6,174	14,033	11,042	3,173	15,542	9,820	2,580,340
평균	185.6	196.9	177.4	165.5	183.2	219.4	341.7	157.0	204.8	231.3	191.6	264.3	241.1	196.8	181.8	187.9

출처: 2017년 장애인실태조사.

장애로 인한 추가 소요비용이 있었던 장애인은 77.1%로, 2014년 75.3%보다 1.8% 포인트 정도 높아진 것으로 조사되었다. 월평균 추가비용 총액은 16만 5,100원으로, 2014년의 16만 4,200원보다 900원 증가하였다. 추가비용의 내용을 보면, 의료비가 65.9천원으로 가장 많았으며, 부모 사후 및 노후 대비비 22.9천원, 보호·간병비가 20.6천원, 교통비 20.5천원, 통신비 9.8천원, 보육·교육비 8.0천원, 장애인보조기구 구입·유지비가 7.2천원 등으로 나타났다.

장애유형별로 비교해 보면, 자폐성장애(60만 5,200원), 간장애(46만 2,200원), 뇌병변장애(34만 2,200원), 안면장애(32만 3,900원), 신장장애(29만 3,600원), 지적장애(28만 7,000원), 장루·요루장애(23만 4,700원) 등이 높게 나타났다. 대부분 장애의 경우, 의료비로 인해 추가비용이 많았다. 특히 내부장애인 간장애(41만 5,500원), 신장장애(19만 9,100원), 뇌병변장애(16만 7,600원), 안면장애(12만 2,200원), 장루·요루장애(12만원) 등의 추가 의료비가 높았다. 반면에 자폐성장애는 보육·교육비(36만 8,400원), 교통비(8만 5,400원), 재활기관이용료(5만 9,000원)로 인한 추가비용이 많았다. 자폐성장애 외에도 언어장애(4만 5,800원)와 지적장애(4만 4,700원)의 보육·교육비로 인한 추가비용이 많았다. 또한 신장장애는 의료비 외에도 추가 교통비(4만 7,000원)가 상당히 많았는데, 이는 매주 3회 정도의 정기적인 병원방문 때문인 것으로 보인다.

표 8-3 현재 장애로 인한 추가 소요비용 (단위: 천원)

구분	지체장애	뇌병변장애	시각장애	청각장애	언어장애	지적장애	자폐성장애	정신장애	신장장애	심장장애	호흡기장애	간장애	안면장애	장루·요루장애	뇌전증장애	전체
월평균 총 추가비용	121.5	342.2	87.0	83.1	146.9	287.0	608.4	85.9	293.6	112.4	176.4	462.2	329.2	234.7	118.9	165.1
교육비	21.3	29.9	7.8	5.1	19.3	31.3	85.4	12.2	47.0	21.2	43.8	25.3	17.0	24.0	9.3	20.5
의료비	51.3	167.6	16.3	11.1	28.3	71.7	27.7	47.5	199.1	83.7	71.5	415.5	122.2	120.0	53.8	65.9
보육·교육비	0.2	5.1	0.4	1.1	45.8	44.7	368.4	0.0	0.0	0.0	0.0	0.0	0.0	0.0	0.0	8.0
보호·간병비	13.7	88.4	5.6	4.4	0.0	14.2	19.7	0.2	14.6	0.0	21.2	7.7	0.0	2.4	37.0	20.6
재활기관 이용료	1.0	7.9	0.6	0.7	0.3	34.1	59.0	8.3	0.2	0.0	0.0	0.0	0.0	2.4	0.0	4.8
통신비	2.3	3.2	29.0	24.9	21.3	9.8	6.8	2.4	3.4	2.9	3.4	0.4	3.7	1.1	3.0	9.8
장애인 보조기기 구입·유지비	3.6	7.3	3.0	22.3	0.4	1.6	0.4	0.0	8.8	4.5	19.9	0.3	5.3	82.3	0.0	7.2
부모사후 및 노후대비비	23.0	16.8	23.0	13.1	31.5	67.8	41.0	11.4	17.5	0.0	14.1	7.6	180.9	0.0	15.9	22.9
기타	5.0	16.0	1.3	0.2	0.0	11.7	0.0	3.9	3.1	0.2	2.6	5.4	0.0	2.5	0.0	5.4

출처: 2017년 장애인실태조사.

한편, 뇌병변장애(8만 8,400원)와 뇌전증장애(3만 7,000원)는 보호 · 간병비로 인한 추가비용도 상당히 많았다. 또한 시각장애(2만 9,000원), 청각장애(2만 2,300원)는 장애인보조기구 구입 · 유지비도 상당히 많았다. 마지막으로 지적장애(6만 7,800원)와 자폐성장애(4만 1,000원)는 부모 사후 및 노후 대비비가 상당히 많아서 두 장애유형의 특성을 반영하였다.

2. 우리나라의 장애인 소득보장정책

우리나라의 장애인소득보장은 저소득계층(국민기초생활수급권자, 차상위계층)으로 한정하여 지원하고 있으며, 장애인의 소득보장은 실질적으로 매우 필요하다고 할 수 있다.

우리나라에서 장애인들에게 제공되는 소득보장정책은 직접적 소득보장정책인 공공부조로서 행해지는 정책(비기여, 소득 · 자산조사급여), 사회보험정책(기여)이 있고, 간접적 소득보장대책인 각종 감면 및 할인정책(진단적 기능)이 있다.

1) 직접적 소득보장정책

직접적 소득보장정책은 적극적 의미에서 사회보험인 국민연금, 산업재해보상보험과 국민기초생활보장제도, 장애수당 등을 들 수 있다.

(1) 국민연금

우리나라의 공적연금은 공무원연금(1960), 군인연금(1963), 사립학교교직원연금(1973), 국민연금(1988)이 있다. 이 공적연금에서 국민연금은 노령, 장애, 폐질, 사망 등과 같은 사회적 위험으로 인해 소득능력이 상실되거나 감소되어 소득이 단절된 국민들에게 연금을 지급함으로써 개인의 생활안정 유지와 복지 증진에 기여할 수 있도록 하는 소득보장제도이다. 이는 사회보험의 일종으로 예외적인 경우를 제외하고 원칙적으로 국내에 거주하는 18세 이상 60세 미만의 국민이 가입하여야 한다. 국민연금 급여의 종류에는 장애연금, 유족연금, 노령연금, 반환일시금 및 사망일시금으로 구분하여 일정한 요건을 갖춘 경우 해당 급여를 지급하고 있다.

이 가운데 장애연금은 가입 중에 발생한 질병, 부상이 완치되었으나 신체적·정신적 장애가 남아있는 경우 그 등급에 해당하는 급여를 장애가 존속하는 동안 지급한다. 지급 방법에는 장애원인 발생일로부터 1년 6개월이 경과해야 하며, 국민연금을 납입한 사람만을 대상으로 장애연금과 장애일시보상금의 지급 방법이 있다. 장애일시보상금은 「국민연금법」상 장애등급 4급에 해당하는 경미한 장애를 입은 경우에는 기본 연금액의 225%를 일시금으로 지급한다. 반면, 장애연금은 장애등급 1~3급에 해당하는 장애를 당한 경우 지급된다. 등급에 따라 기본 연금액의 100%, 80%, 60%에 부양가족이 있는 경우에 지급하는 부양가족연금액을 합산하여 지급한다.

현행 국민연금에서 지급되는 장애연금제도는 장애연금 수급 시기가 장애원인 발생일로부터 1년 6개월이 경과해야 한다는 점과 국민연금을 납입한 사람만 대상으로 하기 때문에 18세 이전에 장애를 입거나 선천적인 장애를 갖고 있는 경우에는 수급대상에 해당하지 않는다는 문제점을 가지고 있다. 이에 대한 향후 개선책으로 2010년 7월부터 장애인연금이 도입되었다.

(2) 산업재해보상보험제도

산업재해보험보상보험은 사회보험 가운데 가장 먼저 도입되었으며, 우리나라에서는 1963년 제정되어 1964년에 시행되었다. 산재보험은 산업 현장에서 활동하는 근로자와 가족의 생활을 보장하기 위하여 국가가 책임을 지는 의무보험으로 국가가 사업주로부터 보험료를 징수하여 그 재원으로 사업주를 대신하여 산재근로자에게 보상해 주는 제도이다.

산업재해를 당한 근로자가 산재보험제도에 의해 받을 수 있는 급여로 요양급여,

휴업급여, 장애급여, 유족급여, 상병보상급여, 장의비, 특별급여가 있다. 이 가운데 장애인과 관련된 급여가 장애급여이다. 장애급여는 산업재해로 인한 부상, 질병 후 장애가 남아있는 경우에 지급하며, 장애 정도(1~14급)에 따라 차등하여 지급하고 있다.

(3) 국민기초생활보장제도

우리나라에서는 1961년 12월 30일 「생활보호법」이 제정 · 공포되었으며, 국민기초생활보장제도는 2000년 19월 1일부터 종전의 생활보호제도를 대신하여 시행되었다. 이 제도는 생활이 어려운 사람을 소득, 재산, 부양의무자 등 일정한 기준에 따라 수급자로 선정하여 생계, 의료, 교육, 주거 등의 각종 급여를 지원하는 공공부조제도이며, 소득이 없는 장애인의 생활안정에 도움이 되고 있다. 급여대상 선정은 자신을 부양해 줄 수 있는 사람이 없다는 것이 입증되어야 하며, 부양의무자가 있다고 하더라도 부양을 받을 수 없는 경우에도 인정된다. 따라서 장애와 무관하게 일정한 소득과 자산수준 이하인 사람들만 수급권자가 될 수 있으며, 생계급여, 주거급여, 의료급여, 자활급여, 교육급여, 해산급여, 장제급여가 있다.

(4) 장애수당 및 장애아동수당

① 역사적 배경

장애수당지급대상자는 「국민기초생활 보장법」에 의한 수급자 및 차상위계층의 18세 이상 등록장애인으로 「국민기초생활 보장법」 제32조에 따른 보장시설에 입소한 국민기초생활보장 수급자 장애인은 연령에 상관없이 장애수당만 지급하고 특례수급 장애인도 「국민기초생활 보장법」에 의한 일반수급 장애인과 같이 장애수당 등을 지급한다. 지급기준은 만 18세 이상의 등록한 장애인 중 「장애인연금법」상 중증장애인에 해당하지 않는 자(종전 3~6급)로 국민기초생활수급자 및 차상위계층인 자(단, 만 20세 이하)로서 「초 · 중등교육법」에 따른 학교에 재학(휴학 및 의무교육대상자 중 유예자도 포함됨) 중인 자는 제외한다.

표 8-4 **2021년 장애수당 지급기준**

구분		지급 금액
경증장애인 (3~6급)	기초수급(생계 또는 의료)	40,000원
	기초수급(주거 또는 교육)	40,000원
	보장시설 입소(생계, 의료)	20,000원

출처: 보건복지부, 2021년 장애인복지시책.

② 장애아동수당

장애아동수당은 「국민기초생활 보장법」에 의한 수급자 및 차상위계층의 18세 미만 등록장애아동으로 단, 만 20세 이하로서 「초·중등교육법」에 따른 학교에 재학(휴학 및 의무교육대상자 중 유예자도 포함됨) 중인 자는 포함한다.

표 8-5 **2021년 장애아동수당 지급기준**

구분		지급 금액
중증장애인	기초수급(생계 또는 의료)	200,000원
	기초수급(주거 또는 교육)	150,000원
	보장시설 입소(생계, 의료)	70,000원
경증장애인	기초수급(생계 또는 의료)	100,000원
	기초수급(주거 또는 교육)	100,000원
	보장시설 입소(생계, 의료)	20,000원

출처: 보건복지부, 2021년 장애인복지시책.

③ 장애인연금제도

장애인연금제도는 중증장애인에게 근로 능력의 상실 또는 현저한 감소로 인하여 줄어드는 소득과 장애로 인한 추가비용을 보전하기 위해 매월 일정액의 연금을 지급하는 사회보장제도이다. 장애수당과 달리 「장애연금법」에 의해서 보장되며, 임금상승률 등을 반영하여 매년 인상된 연금을 받을 수 있다. 기존의 장애수당은 경증장애인을 대상으로만 지원하고, 중증장애인에 대한 수당은 장애인연금으로 전환되어 지원하고 있다.

표 8-6 2021년 장애인연금제도 지급기준

급여액

- 2020 1.~2020. 12.
  - 생계 · 의료 · 주거 · 교육급여 수급자 및 차상위계층 300,000원(감액이 없는 최고 지급액 기준)
  - 차상위초과자 254,760원(감액이 없는 최고 지급액 기준)
- 2021. 1.~2021. 12.
  - 300,000원(감액이 없는 최고 지급액 기준)

가. 장애연금급여 종류

(1) 기초급여(18~64세)

〈장애인연금 수급자 중 차상위계층, 차상위초과자 급여액〉

출처: 보건복지부, 2021년 장애인복지시책.

급여종류로는 기초급여와 부가급여로 나누어진다. 기초급여는 근로능력의 상실 또는 현저한 감소로 인하여 줄어드는 소득을 보전해 주기 위해서 지급하는 급여로 모든 장애인연금 대상자에게 매월 최고 300,000원을 지급한다.

또한, 부가급여는 장애로 인하여 추가로 드는 비용의 전부 또는 일부를 보전해 주기 위하여 지급하는 급여로 기초수급자(생계 또는 의료)는 매월 8만원(65세 이상은 38만원), 차상위계층[기초수급(주거 또는 교육)]은 매월 7만원, 차상위초과자는 매월 2만원(65세 이상은 4만원)을 추가 지급한다.

2) 간접적 소득보장정책

간접적 소득보장정책은 소극적 의미에서 서비스를 제공받는 데 사용되는 경비를 감면하는 성격의 의료비, 교육비 등과 같은 현물급여와 각종 세제혜택과 요금감면을 의미한다. 장애인자녀교육비 지원제도, 장애인자립자금 대여제도, 각종 경제적 부담경감시책 등을 들 수 있다.

(1) 장애인자녀 교육비 지원

장애인자녀 교육비 지원제도는 비장애인에 비하여 소득활동에 제한을 받으면서 의료비, 교통비, 보장구 구입비 등 교육 간접비용이 상대적으로 높은 저소득 장애인 가구에 자녀에 대한 교육비를 지원함으로써 경제적 부담을 줄여 최소한의 교육기회 보장과 장애인 가구의 생활안정을 도모하고자 시행하고 있다. 지원대상은 소득인정액 최저생계비 130% 이하인 가구의 1~3급 초·중·고등학생 장애인 본인 및 자녀를 대상으로 하고 있다. 지원 내용은 고등학생의 입학금 및 수업료 전액, 고등학생의 교과서대 125,900원(연 1회), 초·중학생의 부교재비 37,500원(연 1회), 중·고등학생의 학용품비 51,000원을 지급하고 있다.

(2) 장애인 자립자금 대여제도

장애인 자립자금 대여제도의 목적은 「국민기초생활 보장법」에 의해 생업자금융자를 받는 수급자 및 차상위계층을 제외하고 장애인복지법 제41조 규정에 따른 자활, 자립이 가능한 장애인 가구주, 가구주의 배우자에게 자립자금을 대여하여 이들의 자활, 자립, 생활안정을 도모하는 것이다.

표 8-7 2019년 장애인 자립자금 월소득 인정액 기준

• 성년(만 20세 이상) 등록 장애인 - 소득 기준: 가구의 소득인정액이 기준 중위소득 50% 초과 기준 중위소득 100% - 금융기관의 여신규정상 결격사유가 없는 자 ※ 국민기초생활 보장법 상의 수급자 및 차상위 계층은 저소득층 생업자금을 대여하므로 대상에서 제외. 다만, 저소득층 생업자금이 부족하여 못 받는 경우에 한해 가능	• 대여한도 - 무보증대출: 가구당 1,200만원 이내 - 보증대출: 가구당 2,000만원 이내 - 담보대출: 5,000만원 이하 • 대여이자: 3% (고정금리) • 상환방법: 5년 거치, 5년 분할 상환

출처: 보건복지부, 2019년 장애인복지시책.

(3) 각종 경제적 부담경감시책

장애로 인한 소득경감과 추가비용 부담을 완화하기 위해 정부에서는 각종 공공요금을 비롯한 준 정부기관에서 운영하는 편의시설에 대해 이용료를 면제 혹은 감면해주는 제도를 확대해 왔다. 다음 표는 2019년도 장애인복지시책이다.

표 8-8 분야별 장애인복지시책

■ 연금 · 수당

<table>
<tr><th>주요사업명</th><th>지원대상</th><th>지원 내용</th><th>비 고</th></tr>
<tr><td>1-1.
장애인연금
1급, 2급 및 3급
중복장애</td><td>• 2019년도 선정기준액
단독가구: 122만원
부부가구: 195.2만원</td><td><table>
<tr><th colspan="2">구 분</th><th>계</th><th>기초</th><th>부가</th></tr>
<tr><td rowspan="2">기초(생계 · 의료급여)</td><td>18~64세</td><td>330,000</td><td>250,000</td><td>80,000</td></tr>
<tr><td>65세 이상</td><td>330,000</td><td></td><td>330,000</td></tr>
<tr><td rowspan="2">주거 · 교육급여 차상위</td><td>18~64세</td><td>320,000</td><td>250,000</td><td>70,000</td></tr>
<tr><td>65세 이상</td><td>70,000</td><td></td><td>70,000</td></tr>
<tr><td rowspan="2">차상위 초과</td><td>18~64세</td><td>270,000</td><td>250,000</td><td>20,000</td></tr>
<tr><td>65세 이상</td><td>40,000</td><td></td><td>40,000</td></tr>
</table></td><td>읍 · 면 · 동에 신청</td></tr>
<tr><td>1-2.
경증 장애수당
및 장애아동
수당</td><td>• 장애수당:
국민기초생활 보장법에 의한 수급자 및 차상위 계층(기준중위소득 50% 이하)의 만 18세 이상 등록장애인 중 장애등급이 3~6급인 자
• 장애아동수당:
국민기초생활 보장법에 의한 수급자 및 차상위 계층(기준중위소득 50% 이하)의 만 18세 미만 장애아동
* 중증장애인: 1급, 2급 및 3급 중복장애
* 경증장애인: 장애등급이 3~6급인 자</td><td>• 장애수당
- 기초(생계, 의료, 주거, 교육) 및 차상위: 1인당 월 4만원
- 보장시설 수급자(생계, 의료): 1인당 월 2만원
• 장애아동수당
- 기초(생계, 의료), 중증: 1인당 월 20만원
- 기초(주거, 교육), 차상위 중증: 1인당 월 15만원
- 기초(생계, 의료, 주거, 교육) 및 차상위 경증: 1인당 월 10만원
- 보장시설(생계, 의료) 중증: 1인당 월 7만원
- 보장시설(생계, 의료) 경증: 1인당 월 2만원</td><td>읍 · 면 · 동에 신청</td></tr>
</table>

■ **보육 · 교육**

주요사업명	지원대상	지원 내용	비 고
2-1. 장애아 보육료 지원	• 만 0~12세 장애아동 - 장애인복지카드(등록증) 소지자 - 장애소견이 있는 의사진단서 제출자(만 5세 이하만 해당) - 특수교육대상자 진단 · 평가 결과 통지서 제출자(만 3세~만 8세까지만 해당)	• 지원단가 - 종일반: 46만 2천원/월 - 방과후: 23만 2천원/월 - 만 3~5세 누리장애아보육: 46만 2천원/월 ※ 가구소득 수준과 무관	읍 · 면 · 동에 신청
2-2. 여성장애인 교육지원	• 장애인복지법 제32조 (장애인등록)에 의한 등록 여성장애인	• 여성장애인 사회참여 교육 지원 - 상담사례관리, 역량강화교육 등 다양한 프로그램 운영 및 지역사회 연계	제공기관에 신청

■ **의료 및 재활지원**

주요사업명	지원대상	지원 내용	비 고
3-1. 장애인 의료비 지원	• 의료급여법에 의한 의료급여 2종 수급권자인 등록장애인 • 건강보험의 차상위 본인부담 경감 대상자인 등록장애인(만성질환 및 18세 미만 장애인)	• 의료기관 이용 시 발생하는 급여항목 본인부담금의 일부 또는 전액 지원(비급여 제외) - 1차 의료기관 외래진료 본인부담금 750원 일괄 지원 • 2차, 3차 의료기관 진료 - 의료(요양)급여수가 적용 본인부담 진료비 15%(차상위 14%, 암환자 5%, 입원 10% 등) 전액을 지원하되 본인부담금 식대 20%는 지원하지 않음	의료급여증과 장애인등록증을 제시
3-2. 건강보험 지역가입자의 보험료 경감 – 자동차분 건강보험료 전액 면제	• 장애인복지법 규정에 의해 등록한 장애인 소유 자동차	• 해당 자동차는 건강보험료 산정 시 제외	국민건강보험 공단지사에 확인
3-2. 건강보험 지역가입자의 보험료 경감 – 생활수준 및 경제활동 참가율 등급별 점수산정 시 특례 적용	• 등록장애인	• 건강보험료 책정 시 지역가입자인 등록장애인에 한해 연령 · 성별에 상관없이 기본구간(1구간)을 적용	국민건강보험 공단지사에 신청

주요사업명	지원대상	지원 내용	비 고
산출보험료 경감	• 지역가입자 중 등록장애인이 있는 세대로 소득이 360만원 이하인 동시에 과표재산이 1억 3천 5백만원 이하	• 장애등급 1~2급인 경우: 30% 감면 • 장애등급 3~4급인 경우: 20% 감면 • 장애등급 5~6급인 경우: 10% 감면	국민건강보험 공단지사에 신청
장기요양 보험료 경감	• 등록장애인 1~2급	• 장기요양보험료의 30% 감면	국민건강보험 공단지사에 신청
3-3. 장애진단서 발급비 지원	• 국민기초생활보장법상의 생계급여 또는 의료급여 수급자로서 신규 등록장애인 및 재판정 시기가 도래한 장애인	• 진단서 발급 비용지원 - 지적, 자폐성, 정신장애: 4만원 - 기타 일반장애: 1만 5천원 ※ 장애판정을 위한 검사 비용은 본인 부담	시·도 및 시·군·구에서 의료기관에 직접 지급 또는 읍·면·동에 신청
3-4. 장애검사비 지원	• 기존 등록장애인 중 장애인연금, 장애수당, 활동 지원, 중증장애아동수당 신청으로 인한 서비스 재판정 및 의무 재판정 등으로 재진단을 받아야 하는 수급자 및 차상위계층인 자 • 행정청 직권으로 재진단을 받는 자	• 최대 10만원 범위 내에서 지원	읍·면·동에 신청
3-5. 발달재활 서비스	• 연령기준: 만 18세 미만 장애아동 • 장애유형: 뇌병변, 지적, 자폐성, 언어, 청각, 시각 장애아동 • 소득기준: 기준 중위소득 180% 이하 • 기타요건 - 장애인복지법상 등록장애아동 - 다만, 등록이 안된 만 6세 미만 아동은 의사진단서(검사자료 포함)로 대체 가능	• 매월 14~22만원의 발달재활서비스 바우처 지원 • 언어·청능, 미술·음악, 행동·놀이·심리, 감각·운동 중 발달재활서비스를 선택하여 이용	읍·면·동에 신청
3-6. 언어발달 지원	• 연령기준: 만 12세 미만 비장애아동(한쪽부모 및 조손가정의 한쪽 조부모가 시각·청각·언어·지적·뇌병변·자폐성 등록 장애인) • 소득기준: 기준중위소득 120% 이하	• 매월 16~22만원의 언어 재활 등 바우처 지원 • 언어발달진단서비스, 언어·청능 등 언어 재활서비스, 독서지도, 수회지도	읍·면·동에 신청

주요사업명	지원대상	지원 내용	비 고
3-7. 장애인보조기기 교부	• 등록장애인 중 국민기초생활 보장법 상의 수급자 및 차상위계층	• 품목 및 교부대상 - 욕창방지용 방석 및 커버: 1~3급 뇌병변 · 심장장애인 - 와상용 욕창예방 보조기기: 1~3급 심장장애인 - 보행차, 좌석형 보행차, 탁자형 보행자: 지체 · 뇌병변 장애인 - 음식 및 음료섭취용 보조기기, 식사도구, 젓가락 및 빨대, 머그컵, 유리컵, 컵 및 받침대, 접시 및 그릇, 음식보호대, 기립훈련기: 1~3급 지체 · 뇌병변 장애인 - 목욕의자: 지체 · 뇌병변 장애인 - 이동변기: 1~3급 지체 · 뇌병변 장애인 - 미끄럼 보드, 미끄럼 매트 및 회전 좌석: 1~3급 지체 · 뇌병변 · 심장 · 호흡장애인 - 장애인용의복(09 03 05): 지체 · 뇌병변 · 심장 · 호흡장애인 - 휠체어용 탑승자 고정장치 및 기타 액세서리: 1~3급 지체 · 뇌병변 · 심장 · 호흡장애인 - 독립형 변기 팔 지지대 및 등 지지대: 지체 · 뇌병변 장애인 - 환경조정장치: 1~3급 지체 · 뇌병변 장애인 - 대화용장치: 뇌병변 · 발달 · 청각 · 언어장애인	읍 · 면 · 동에 신청
3-8. 보장구 건강보험급여 (의료급여) 적용	• 건강보험: 등록장애인 중 건강보험 가입자 및 피부양자 • 의료급여: 등록장애인 중 의료급여 수급권자 * 세부 대상 기준은 「국민건강보험법 시행규칙」 [별표7] 및 「장애인보장구 보험급여 기준 등 세부사항(보건복지부 고시)」[별표2] 참조	• 건강보험 대상자: 전동휠체어, 의지 · 보조기, 자세보조용구 등 88개 품목에 대해 지급기준 금액의 90%까지 국민건강보험공단에서 지원(차상위는 100%) • 의료급여 수급권자: 전동휠체어, 의지 · 보조기, 자세보조용구 등 88개 품목에 대해 지급기준 금액의 100%까지 의료급여 기금에서 지원 * 보험급여 대상 보장구 유형 및 기준액, 내구연한 등은 「국민건강보험법 시행규칙」 [별표7] 참조	〈신청기관〉 • 건강보험: 국민건강보험공단(지사) • 의료급여: 시·군·구청 * 국민건강보험공단에 등록된 업소 및 품목에 대해 구입한 경우 급여지원 (공단 홈페이지 사이버민원센터 참조)

주요사업명	지원대상	지원 내용	비 고
3-9. 장애인 의료재활시설 운영	• 등록장애인	• 지원내용 - 장애의 진단 및 치료 - 보장구 제작 및 수리 - 장애인 의료재활상담 등 • 의료급여수급권자 및 시 · 군 · 구청장의 무료진료 추천자는 무료, 그 외의 자는 실비 부담	의료급여증과 장애인등록증 (복지카드)을 제시
3-10. 여성장애인 출산비용 지원	• 장애인복지법 제32조에 의한 등록 여성 장애인 중 출산 및 유산 · 사산한 자 * 임신기간 4개월 이상 태아를 유 · 사산한 경우로 인공임신중절 수술에 따른 유산은 제외	• 출산(유산, 사산포함) 태아 1인 기준 1백만원 지급	읍 · 면 · 동에 신청

■ **서비스**

주요사업명	지원대상	지원 내용	비 고
4-1. 장애인 활동 지원	• 만 6세~만 64세의 장애인복지법상 등록 1~3급 장애인 중 활동지원 인정 조사표에 의한 방문조사 결과 220점 이상인 자	• 월 한도액 - 기본급여: 등급별 월 61.0~153.0만원 - 추가급여: 독거여부, 출산여부, 취업 및 취학여부 등의 생활환경에 따라 월 130~3,539천원 추가급여 제공 • 본인부담금 - 생계 · 의료급여 수급자: 면제 - 차상위계층(생계 · 의료급여수급자 제외): 2만원 - 가구별 소득수준에 따라 기본 급여의 6~15%+ 추가급여의 2~5% 차등 부감 * 기본급여(1~4등급): 36.6~113.5천원(국민연금 기초급여액으로 상한 설정) * 추가급여(독거, 출산, 학교 · 직장생활 등): 2.6~176.9천원	읍 · 면 · 동, 국민연금공단 각 지사에 신청
4-2. 장애아 가족 양육지원	• 연령기준: 만 18세 미만 중증장애아동 • 장애유형: 「장애인복지법」에 근거한 1급, 2급, 3급 장애아동	• 1아동당 연 600시간 범위 내 지원 • 아동의 가정 또는 돌보미 가정에서 돌봄서비스 제공(장애아동 보호 및 휴식 지원)	읍 · 면 · 동에 신청
4-3. 발달장애인 공공후견인 심판청구 비용지원	• 연령기준: 만 19세 이상 발달장애인 • 장애유형: 「장애인복지법」에 근거한 지적 · 자폐성 장애인	• 공공후견인 선임을 위해 가정법원 심판 청구 시 소요되는 인지대 등 행정비용 지원(청구 건당 최대 50만원)	읍 · 면 · 동에 신청

주요사업명	지원대상	지원 내용	비 고
4-4. 발달장애인 공공후견인 활동비용지원	• 가정법원에서 발달장애인의 공공후견인으로 선임 결정을 받은 자	• 공공후견인 선임(월 150천원) - 월 지급 상한(월 400천원) 1인: 150천원, 2인: 300천원, 3인 이상: 400천원	공공후견법인에서 활동비 지급
4-5. 발달장애인 부모상담 지원	• 발달장애인 자녀를 가진 부모 및 보호자 • 장애인 유형: 「장애인복지법」에 근거한 지적 · 자폐성 장애인	• 상담(개별/단체) 서비스 지원 - 1인당 월 160천원 바우처 지원(초과금액은 본인 부담) - 월 3~4회, 회당 50분~100분, 12개월간 제공(특별한 경우 연장 최대 12개월 가능)	읍 · 면 · 동에 신청
4-6. 발달장애인 가족휴식지원	• 발달장애인 및 그 가족 • 장애인 유형: 「장애인복지법」에 근거한 지적 · 자폐성 장애인	• 힐링캠프(가족캠프, 인식 개선캠프, 동료상담캠프), 테마여행(역사, 문화기관 방문 등) - 1인당 최대지원 금액: 240,000원 - 돌보미 및 캠프(여행도우미) (발달장애인 2인당 1명까지 지원)	사업수행 선정기관에 신청
4-7. 장애인 거주시설 운영	• 등록장애인 1) 무료이용 대상자 - 등록장애인으로서 「국민기초생활보장법」에 따른 수급권자 - 수급권자가 아닌 경우라도 등록장애인으로 부앵의무자(국민기초생활보장법에 의한 부양의무자를 말한다. 이하 같다)가 없거나 부양의무자가 있어도 부양능력이 없거나 부양을 받을 수 없는 자 - 입양기관 보호 장애아동 2) 실비이용 대상자 - 소득조건에 관계없이 등록장애인	• 일반가정에서 생활하기 어려운 장애인에게 일정기간 거주 · 요양 · 지원 등의 서비스를 제공	시 · 군 · 구에 상담
4-8. 방송수신기 무료보급(자막 방송 수신기, 화면해설방송 수신기, 난청노인용 수신기)	• 시청각장애인, 난청노인 - 저소득층 및 중증장애인 우선 보급	• 청각장애인을 위한 자막방송 수신기 보급 • 시각장애인을 위한 화면해설방송 수신기 보급 • 난청노인을 위한 난청노인용 수신기 보급	방송통신위원회 산하 한국방송통신전파진흥원 수행
4-9. 실비 장애인 거주시설 입소 이용료 지원	• 아래의 소득조건을 만족하여 실비 장애인 거주 시설에 입소한 장애인 • 소득조건(지원대상) - 기준 중위소득 이하인 자	• 실비장애인거주시설 입소 시 입소비용 중 매월 290천원 지원	

주요사업명	지원대상	지원 내용	비 고
4-10. 장애인방송 시청 지원	• 시청각장애인(자막방송, 화면해설방송, 수화방송)	• 시청각장애인을 위한 장애인 방송(자막, 수화, 화면 해설방송) 지원 - 국내 방송사업자(지상파, SO, PP, 종편, 위성 등) 장애인 방송 제작지원 • EBS 장애인교육방송물 보급 - 시 · 청각장애 학생을 위해 EBS 교육방송물을 자막 · 화면해설방송으로 재제작하여 웹을 통해 지원	방송통신위원회 산하 시청자미디어재단
	• 발달장애인 (발달장애인용 방송 프로그램)	• 발달장애인이 쉽게 이해할 수 있도록 기 제작된 영상물을 '알기 쉬운 자막 · 음성해설방송'으로 제작하여 보급	방송통신위원회 산하 시청자미디어재단
4-11. 장애인 자동차 표지 발급	• 장애인 또는 장애인과 주민등록상의 주소를 같이 하면서 함께 거주하는 배우자, 직계존 · 비속, 직계비속의 배우자, 형제 · 자매, 형제 · 자매의 배우자 또는 자녀의 명의로 등록하여 장애인이 주로 사용하는 자동차 1대 • 「재외동포의 출입국과 법적 지위에 관한 법률」 제6조에 의하여 국내거소신고를 한 재외동포와 「출입국관리법」에 의한 외국인 등록을 한 외국인으로서 보행장애가 있는 사람 명의로 등록한 자동차 1대 • 「장애인복지법」 제58조에 따른 장애복지시설 및 동법 제63조에 따른 단체 명의로 등록하여 장애인복지사업에 사용하는 자동차 ※ 지방자치단체의 명의로 등록하여 장애인복지시설이나 장애인복지단체가 장애인복지사업에 사용하는 자동차 포함 • 「노인복지법」 제34조에 따른 노인의료복지시설 명의의 자동차 • 「장애인 등에 대한 특수교육법」 제28조 제5항에 따라 각급학교의 명의로 등록하여 장애인의 통학을 위하여 사용되는 자동차	• 주차기능 표지 부착 차량에 대해 장애인전용주차구역에 주차 가능 ※ 장애인의 보행상 장애 여부에 따라 장애인전용주차구역을 이용할 수 있는 표지가 발급되며, 장애인이 탑승한 경우에만 표지의 효력을 인정	읍 · 면 · 동에 신청

주요사업명	지원대상	지원 내용	비 고
	• 「영유아보육법」 제26조에 따라 장애아를 전담하는 어린이집의 명의로 등록하여 장애아보육사업에 사용되는 자동차 • 「교통약자의 이동편의 증진법」 제16조에 따른 특별교통수단으로써 장애인의 이동 편의를 위해 사용되는 자동차		
4-12. 공동주택 특별분양 알선	• 무주택세대구성원인 장애인(지적장애 또는 정신 및 제3급 이상의 뇌병변장애인의 경우 그 배우자 포함)	• 청약저축에 상관없이 전용면적 85제곱미터 이하의 공공분양 및 공공임대주택 분양 알선	시·도에 문의 및 읍·면·동에 신청
4-13. 무료 법률 구조제도 실시	• 기준 중위소득 125% 이하인 등록장애인(외국인 포함) - 법률구조공단에서 심의하여 무료 법률 구조를 결정한 사전에 한함	• 중증장애인(1~3급) 소송 시 법원에 소요되는 일체의 비용(인지대, 송달료, 변호사 비용 등)을 무료로 법률구조 서비스 제공 - 무료 법률상담 - 무료 민사·가사사건 등 소송대리(승소가액이 2억 원 초과 시 소송 비용 상환) - 무료 형사변호(단, 보석보증금 또는 보석보증 보험 수수료 본인 부담) ※ 4급 이하 등록장애인은 변호사 비용만 지원하며 인지대 등 소송비용은 본인 부담	대한법률구조공단 관할지부에 유선 또는 방문상담
4-14. 장애인 운전교육 사업 안내	• 장애유형별 지원 - 지체장애인, 뇌병변장애인, 청각장애인 • 장애등급별 지원 - 1~4급 - 5~6급: 국민기초생활수급자(※ 국민기초생활수급자 증명서 제출) - 5~6급: 면허증(면허시험 응시표)에 면허조건이 부과된 경우	• 제1종 보통 및 제2종 보통면허(수동, 자동) 취득 및 소지자 교육(교육과정별 1회만 실시) • 장애 상태에 맞는 차량과 전문 강사가 찾아가는 교육 실시 - 운전면허취득자 과정: 장내기능교육, 도로주행교육 - 운전면허소지자: 중도장애인 운전적응교육, 도로연수교육 - 운전체험교육 및 장애인 자동차보조기기 상담 · 08:30~17:30, 공휴일 제외(토, 일, 국경일 등)	국립재활원 장애예방운전지원과 내방 또는 전화상담 후 신청서류 제출

■ **일자리 융자지원**

<table>
<tr><th>주요사업명</th><th>지원대상</th><th>지원 내용</th><th>비 고</th></tr>
<tr><td>5-1.
장애인
고용서비스</td><td>• 등록장애인</td><td>• 장애인 취업지원서비스 제공
- 장애인 직업상담과 직업능력평가를 통한 집중 취업 알선
- 취업지원 프로그램 등 구직역량 강화 지원
- 장애인 직업훈련 실시 및 훈련비 지원
- 보조공학기기 및 근로지원인 서비스 지원
• 의무고용사업주(상시 50인 이상)에 대한 장애인 의무고용 이행지원 강화
* 정부, 공공기관: 3.4%, 민간기업: 3.1%
- 의무고용률 미준수 사업주에게 장애인고용 부담금 부과(상시 100인 이상 사업체)
- 장애인 의무고용률을 초과 고용한 사업주에게 장애인고용장려금 지급</td><td>고용노동부
(한국장애인
고용공단)
※ 자세한 사항은 홈페이지에서 안내</td></tr>
<tr><td>5-2.
장애인
일자리지원</td><td>• 만 18세 이상 등록장애인 및 미취업 시각장애인 안마사</td><td>
<table>
<tr><th>구 분</th><th>내용</th><th>근로시간</th><th>급여</th></tr>
<tr><td>복지
일자리</td><td>공공기관, 복지관 등에 배치되어 공형(주차단속, 환경도우미, 보육도우미 등) 업무를 수행하는 일자리</td><td>월
56시간</td><td>월 보수
467천원/
월 20천원</td></tr>
<tr><td>일반형
(전일제)
일자리</td><td>자치단체, 행정기관 등 공공기관에 배치되어 행정보조, 복지서비스 업무를 수행하는 일자리</td><td>주 5일
40시간</td><td>월 보수
1,745천원
/월 사업주
보험료
175천원</td></tr>
<tr><td>일반형
(시간제)
일자리</td><td>자치단체, 행정기관 등 공공기관에 배치되어 행정보조, 복지서비스 업무를 수행하는 일자리</td><td>주
20시간</td><td>월 보수
873천원/
월 사업주
보험료
88천원</td></tr>
<tr><td>시각장애인 안마사
파견</td><td>일정시설 여건을 갖춘 노인복지관, 경로당 등에 배치되어 안마서비스를 제공하는 일자리</td><td>주 5일
25시간</td><td>월 보수
1,114천원
/월 사업주
보험료
118천원</td></tr>
<tr><td>발달장애인요양보호사보조</td><td>요양보호사가 배치된 노인복지시설 및 노인전문병원 등에 배치되어 노인요양보호사가 수행하는 업무를 보조하는 일자리</td><td>주 5일
25시간</td><td>월 보수
1,094천원
/월 사업주
보험료
143천원</td></tr>
</table>
</td><td>지자체 또는 위탁기관에서 공개모집</td></tr>
</table>

주요사업명	지원대상	지원 내용	비 고
5-3. 장애인 생산품 판매시설 운영 지원	• 장애인직업재활시설 등에서 물품을 생산하는 장애인	• 장애인들이 생산한 물품의 판로 확보로 장애인 취업 확대 및 소득 보장 • 설치지역: 시 · 도당 1개소(17개 지역)	인근 장애인 생산품 판매시설에 의뢰 문의: 한국장애인 직업재활 시설협회
5-4. 중증장애인 직업재활 지원사업 수행기관 운영 지원	• 등록장애인	• 장애인이 취업을 통하여 안정된 생활을 할 수 있도록 직업상담, 직업평가, 직업적응훈련, 취업알선, 지원고용, 취업 후 지도 등 취업과 관련된 종합적인 서비스 제공	사업수행기관(장애인복지관, 단체, 직업재활시설 등) 내방, 전화 등으로 이용신청
5-5. 장애인 직업재활 시설 운영	• 등록장애인	• 일반사업장 취업이 어려운 저소득 중증 장애인에게 자신의 능력과 적성에 맞는 직업생활을 할 수 있도록 보호 고용 실시	시 · 군 · 구에 상담
5-6. 장애인 자립자금 대여	• 성년(만 19세 이상) 등록 장애인 - 소득기준: 가구의 소득인정액이 기준중위소득 50% 초과 100% 이하 - 금융기관의 여신규정상 결격사유가 없는 자 ※ 국민기초생활보장법상의 수급자 및 차상위계층은 미소금융재단의 자금대여 상품을 이용(자영업자 관련 대출자금, 장애인 자립 대출자금) • 대여목적: 생업자금, 생업용 자동차 구입비, 출퇴근용 자동차 구입비, 취업에 필요한 지도 및 기술훈련비 등 ※ 생활가계자금, 주택전세자금, 학자금 등의 용도로 융자 불가	• 대여한도 - 무보증대출: 가구당 1,200만원 이내(단, 자동차 구입자금의 경우 특수설비 부착시 1,500만원 이내) * 요건: 재산세 2만원 이상 또는 연간소득 600만원 이상 - 보증대출: 가구당 2,000만원 이내 * 요건: 재산세 2만원 이상 또는 연간소득 800만원 이상 - 담보대출: 5,000만원 이하 • 대여이자: 최고 3% • 상환방법: 5년 거치, 5년 분할 상환	읍 · 면 · 동에 신청

■ **공공요금 관련**

주요사업명	지원대상	지원 내용	비 고
6-1. 차량 구입 시 도시 철도채권 구입 면제	• 장애인명의 또는 장애인과 주민등록상 같이 거주하는 보호자 1인과 공동 명의로 등록한 보철용의 아래 차량 중 1대	• 도시철도채권 구입의무 면제 (지하철 공사가 진행되고 있는 특별시와 광역시에 해당)	관할 시 · 군 · 구청 차량등록기관에 신청 (자동차판매사

주요사업명	지원대상	지원 내용	비 고
	- 비사업용 승용자동차 - 15인승 이하 승합차 - 소형화물차(2.5톤 미만)		영업사원에게 문의)
6-2. 고궁, 능원, 국 · 공립 박물관 및 미술관, 국 · 공립공원, 국 · 공립공연장 공공체육시설 요금 감면	• 등록장애인 및 1~3급 장애인과 동행하는 보호자 1인 - 국 · 공립 공연장 중 대관공연은 할인에서 제외	• 입장요금 무료 ※ 국 · 공립 공연장(대관공연 제외) 및 공공 체육시설 요금은 50% 할인 ※ 공공체육시설: 생활체육관, 수영장, 테니스장, 스키장 등	장애인 등록증 (복지카드) 제시
6-3. 공영주차장 주차요금 감면	• 등록장애인 - 장애인 자가운전 차량 - 장애인이 승차한 차량	• 지방자치단체의 조례에 의거 할인 혜택 부여 ※ 대부분 50% 할인혜택이 부여되나 각 자치단체별로 상이	장애인 등록증 (복지카드) 제시
6-4. 철도 · 도시철도 요금 감면	• 등록장애인	• 등록장애인 중 중증장애인(1~3급)과 동행하는 보호자 1인 KTX, 새마을호, 무궁화, 통근열차: 50% 할인 • 등록장애인 중 4~6급 - KTX, 새마을호: 30% 할인(토 · 일, 공휴일을 제외한 주중에 한하여) - 무궁화, 통근열차: 50% 할인 • 도시철도(지하철, 전철): 100%	장애인 등록증 (복지카드) 제시
6-5. 유선통신 요금 감면	• 등록장애인 • 장애인복지시설, 장애인복지단체, 특수학교, 아동 복지시설	• 시내전화: 월 통화료 50% 감면 • 시외전화: 월 통화료 50% 감면(월 3만원 한도) • 인터넷전화: 월 통화료 50% 감면 * 이동전화에 거는 요금: 월 1만원 사용 한도 이내에서 30% 감면 • 114 안내요금 면제(자동연결은 요금부과) • 초고속인터넷 월 이용료 30% 감면 * 단체의 경우 2회선 감면(청각장애인단체 등은 FAX용 1회선 추가 제공), 시내전화, 인터넷전화 중복 감면 없음	해당 통신회사에 신청
6-6. 이동통신 요금 감면	• 등록장애인 • 장애인복지시설, 장애인복지단체, 특수학교, 아동 복지시설	• 가입비 면제 • 기본료 및 통화료(음성 및 데이터 한함) 35% 할인 * 차상위계층은 가구당 4인 한도 감면 가능, 월	해당 통신회사에 신청

주요사업명	지원대상	지원 내용	비 고
	• 장애인복지법에 따른 장애수당, 장애아동수당 수급자, 장애인연금법에 따른 장애인연금 수급자 중 국민기초생활 보장법에 따라 차상위 계층으로 지정된 자	최대감면액은 10,500원 * 단, 이동전화재판매사업자(MVNO, 알뜰폰) 사업자는 감면 미실시	
6-7. 시 · 청각 장애인 TV수신료 면제	• 시각 · 청각 장애인이 있는 가정 • 사회복지시설에 입소한 장애인을 위하여 설치한 텔레비전 수상기	• TV 수신료 전액 면제 ※ 시 · 청각장애인 가정의 수신료 면제는 주거 전용의 주택 안에 설치된 수상기에 한함	주소지 관할 한전지사, KBS수신료 콜센터, 인터넷 또는 읍·면·동 자치센터
6-8. 항공요금 할인	• 등록장애인	• 대한항공(1~4급), 국내선 요금 50% 할인(1~3급 장애인은 동행하는 보호자 1인 포함), (5~6급 장애인) 국내선 30% 할인 • 아시아나 항공(1~6급), 국내선 요금 50% 할인(1~3급 장애인은 동행하는 보호자 1인 포함) • 에어부산(1~4급), 국내선 요금 40% 할인(1~3급 장애인은 동행하는 보호자 1인 포함) • 이스타항공(1~4급), 국내선 요금 50% 할인(1~3급 장애인은 동행하는 보호자 1인 포함) • 제주항공(1~4급), 국내선 요금 40% 할인(1~3급 장애인은 동행하는 보호자 1인 포함) • 진에어(1~4급), 국내선 요금 40% 할인(1~3급 장애인은 동행하는 보호자 1인 포함) • 티웨이항공(1~4급), 국내선 요금 50% 할인(1~3급 장애인은 동행하는 보호자 1인 포함) ※ 모든 항공사 할인은 항공사 정상운임 기준 할인이며, 이중 할인은 적용되지 않음 ※ 이용방법: 할인 항공권 구입 시 또는 할인 적용하여 항공권 구입 후 항공편 수속 시 장애인등록증 또는 장애인복지카드 제시	장애인 등록증 (복지카드) 제시
6-9. 연안여객선 여객운임 할인	• 등록장애인	• 연안여객선 여객운임 50% 할인(1~3급 장애인 및 1급 장애인 보호자 1인) • 연안여객선 여객운임 20% 할인(4~6급 장애인) * 선사별, 개별운송약관에 의해 구체적 할인율이 상이할 수 있음	장애인 등록증 (복지카드) 제시 한국해운조합

주요사업명	지원대상	지원 내용	비 고
6-10. 고속도로 통행료 50% 할인	• 장애인 또는 장애인과 주민등록표상 같이 기재되어 있는 보호자(배우자 · 직계 · 존속 · 직계비속 · 직계비속의 배우자 · 형제 · 자매)의 명의로 등록한 아래 차량 중 1대(장애인자동차 표지 부착)에 승차한 등록장애인 - 배기량 2,000CC 이하의 승용자동차 - 승차정원 7~10인승 승용자동차(배기량 제한없음) - 승차정원 12인승 이하 승합차 - 최대적재량 1톤 이하 화물자동차 ※ 경차와 영업용차량(노란색 번호판의 차량)은 제외	• 고속도로통행료 50% 할인 - 일반 차로: 요금 정산소에서 통행권과 할인카드 또는 장애인통합복지카드를 함께 제시하면 요금 할인 - 하이패스 차로: 출발 전 하이패스 감면 단말기에 연결된 지문인식기에 지문을 인증한 후 고속도로(하이패스 차로) 출구를 통과할 때 통행료 할인 ※ 지문인식기 내 지문인증 시 유효 시간은 4시간이며 초과 또는 전원 재부팅 시 재인증 필요 * 장애인복지카드와 고속도로 통행료 할인 기능을 통합한 '장애인통합 복지카드' 신청 개시(2014년 12월부터)	장애인통합복지카드 발급신청: 주소지 읍 · 면 · 동 사무소 감면단말기 지문정보 입력: 전국 읍 · 면 · 동 사무소, 한국도로 공사 지역본부
6-11. 전기요금 할인	• 중증장애인(1급~3급)	• 전기요금 정액 감액 - 여름철(6~8월): 월 20,000원 한도 - 기타 계절: 월 16,000원 한도	한국전력 관할지사 · 지점에 신청(방문, 전화)
6-12. 도시가스 요금 할인	• 중증장애인(1급~3급)	• 주택용(취사용 및 개별난방용에 한함) 도시가스 할인 ※ 구비서류: 장애인복지카드 사본, 실거주 확인서(주민등록등 본등) • 한국도시가스협회 - 인터넷: www.citygas.or.kr	지역별 도시가스 지사 · 지점에 신청(방문, 전화)
6-13. 장애인 자동차 검사수수료 할인	• 장애인복지법 제32조에 의한 등록장애인 본인 또는 세대별 주민등록표상 같이 기재되어 있는 보호자(배우자, 직계존비속, 직계비속의 배우자, 형제, 자매)의 명의로 등록된 아래의 비사업용 자동차 1대 - 승용차, 12인승 이하 승합차, 적재량 1톤 이하 화물차	• 정기검사 및 종합검사 수수료의 50~30% - 중증장애인(1~3급): 50% - 경증장애인(4~6급): 30% ※ 일반수수료 • 정기검사(15,000~25,000원) • 종합검사(45,000~61,000원) • 대상자동차 확인 방법 - 장애인차량표지(부착) 확인 후 · 장애인복지카드, 장애인증명서 등 • 장소: 교통안전공단 자동차검사소 ※ 일반검사소가 아님	교통안전 공단

※ 지원내용 중 일부 변경 사항 있을 수 있음.

■ **세제 혜택**

주요사업명	지원대상	지원 내용	비 고
7-1. 승용자동차에 대한 개별소비세 면제	• 1~3급 장애인 본인 명의 또는 장애인과 주민등록표상 생계를 같이하는 배우자 · 직계존속 · 직계비속 · 직계비속의 배우자 · 형제 · 자매 중 1인과 공동명의로 등록한 승용자동차 1대 ※ 5년 이내 양도할 경우 잔존년도분 부과	• 개별소비세 500만원 한도로 면제 (교육세는 개별소비세의 30% 한도) ※ 장애인을 위한 특수장비 설치비용은 과세표준에서 제외	자동차판매인에게 상담 국세청소관 관할세무서
7-2. 장애인용 차량에 대한 취득세(종전등록세 포함) 자동차세 면제	• 차량 명의를 1~3급(시각 4급은 자치단체감면조례에 의함)의 장애인 본인이나 그 배우자 또는 주민등록표상 장애인과 함께 거주하는 직계 존 · 비속(재혼포함), 직계 비속의 배우자(외국인 포함), 형제, 자매 중 1인과 공동명의 - 배기량 2,000CC 이하의 승용자동차 - 승차정원 7인승 이상 10인승 이하인 승용자동차, 승차정원 15인승 이하 승합차, 적재정량 1톤 이하인 화물차, 이륜자동차 중 1대	• 취득세(종전 등록세 포함) · 자동차세 면세	시 · 군 · 구청 세무과에 신청(행정자치부 지방세특례제도과)
7-3. 승용자동차 LPG 연료 사용 허용	• 장애인 또는 주민등록표상 거주를 같이하는 보호자(배우자, 직계존비속, 직계존비속의 배우자, 배우자의 직계 존비속, 형제 · 자매) 1인과 공동명의 또는 보호자 단독명의로 하는 경우의 등록한 승용자동차 1대	• LPG 연료사용 허용(LPG 연료사용 차량을 구입하여 등록 또는 휘발유 사용 차량을 구입하여 구조변경) ※ LPG 승용차를 사용하던 장애인이 사망한 경우는 동 승용차를 상속받은 자에게도 사용 허용	시 · 군 · 구 차량등록기관에 신청(산업통상자원부 소관)
7-4. 차량 구입시 지역개발 공채 구입 면제	• 지방자치단체별 조례에서 규정하는 장애인용 차량 ※ 도지역에 해당	• 지방자치단체별 조례에 의거 장애인 차량에 대한 지역개발공채 구입의무 면제	시 · 군 · 구청 차량등록기관에 신청(자동차 판매사 영업사원에 문의)
7-5. 소득세 면제	• 등록장애인	• 부양가족(직계존 · 비속 · 형제 · 자매 등) 공제 시 장애인인 경우 연령 제한 미적용(소득세법 제50조) • 소득금액에서 장애인 1인당 연 200만원 추가 공제(소득세법 제51조)	연말정산 또는 종합소득 신고시 공제신청

주요사업명	지원대상	지원 내용	비 고
7-6. 장애인 의료비 공제	• 등록장애인	• 당해연도 의료비 - 의료비 지출액 전액의 15% 공제	근로소득자의 연말정산 또는 종합소득 신고 시 공제신청
7-7. 장애인 특수교육비 소득공제	• 등록장애인	• 사회복지시설이나 보건복지부장관으로부터 장애인재활교육시설로 인정받은 비영리법인에 지급하는 특수교육비 전액의 15% 공제	
7-8. 장애인 보험료 공제	• 등록장애인	• 장애인전용보장성보험의 보험료 공제 - 연 100만원 한도, 15% 공제율 적용	
7-9. 상속세 상속공제	• 등록장애인 - 상속인과 피상속인이 사실상 부양하고 있던 직계존 · 비속, 형제, 자매	• 상속인 및 동거가족인 등록장애인에게 상속 공제 • 「상속세 과세가액」에서 500만원에 상속 개시일 현재 통계법 제18조에 따라 통계청장이 승인하여 고시하는 통계표에 따른 성별 · 연령별 기대여명의 연수(소수점 이하는 버림)를 곱한 금액을 공제 ※ 상속세과세가액 = 당초의 상속세과세 가액 - (500만원×기대여명의 연수)	관할 세무서에 신청
7-10. 증여서 과세가액 불산입	• 등록장애인 - 친족으로부터 재산(부동산, 금전, 유가 증권)을 증여받고 다음의 요건을 모두 갖춘 경우 · 증여받은 재산 전부를 신탁사업자에게 신탁하였을 것 · 그 장애인이 신탁의 이익 전부를 받는 수익자일 것 · 신탁 기간이 그 장애인이 사망할 때까지로 되어 있을 것	• 장애인이 생존기간 동안 증여받은 재산 가액의 합계액에 대하여 최고 5억 원까지 증여세과세가액에 불산입 ※ 증여세 부과 사유가 발생하면 즉시 부과 · 신탁을 해지하거나, 연장하지 아니한 경우 · 수익자를 변경하거나 증여재산 가액이 감소한 경우 · 신탁의 이익 전부 또는 일부가 그 장애인이 아닌 자에게 귀속되는 것으로 확인되는 경우	관할 세무서에 신청
7-11. 보장구 부가가치세 영세율 적용	• 등록장애인	• 부가가치세 감면 - 의수족, 휠체어, 보청기, 점자판과 점필, 시각장애인용 점자정보단말기, 시각장애인용 점자프린터, 청각장애인용 골도전화기, 시각장애인용 특수제작된 화면낭독 소프트웨어, 지체장애인용으로 특수 제작된 키보드 및 마우스, 보조기(팔 · 다리 · 척추 및 골반 보조기에 한함), 지체장애인용 지팡이, 시각장애인용 흰 지팡이, 청각장애인용 인공 달팽이관 시스템, 목발, 성인용 보행기,	별도신청 없음 ※ 텔레비전 자막수신기 (국가 · 지방자치단체 · 한국농아인협회의 구매 시)

주요사업명	지원대상	지원 내용	비 고
		욕창 예방 물품(메드리스 · 쿠션 및 침대에 한함), 인공후두, 장애인용 기저귀, 텔레비전 자막수신기(국가 · 지방자치단체 또는 「전파법」 제66조에 따라 설립된 한국 방송통신 전파진흥원이 청각장애인에게 무료로 공급하기 위하여 구매하는 것에 한함), 청각장애인용 음향 표시장치, 시각장애인용 인쇄물 음성변환 출력기, 시각장애인용 전자 독서확대기, 시각장애인전용 음성 독서기, 화면해설방송수신기(국가 · 지방자치단체 또는 「민법」 제32조에 따라 설립된 사단법인 한국시각장애인 연합회가 시각장애인에게 무료로 공급하기 위하여 구매하는 것에 한함)	
7-12. 장애인용 수입물품 관세 감면	• 등록장애인	• 장애인용 물품으로 관세법시행 규칙 별표2에서 정한 101종의 수입 물품에 대하여 관세 면제 • 재활병원 등에서 사용하는 지체 · 시각 등 장애인 진료 용구에 대하여 관세 면제	통관지세관에서 수입신고시에 관세 면제 신청
7-13. 특허출원료 또는 기술 평가청구료 등의 감면	• 등록장애인	• 특허 출원 시 출원료, 심사청구료, 1~3년차 등록료, 기술평가청구료 면제 • 특허 · 실용신안원 또는 의장권에 대한 적극적인 권리 범위 확인심판 시 그 심판 청구료의 70% 할인	출원, 심사청구, 기술평가 청구, 심판청구 시 또는 등록 시 특허청에 감면 신청

■ **지역사회 복지사업(재활시설) 및 기타**

주요사업명	지원대상	지원 내용	비 고
8-1. 주간보호시설 운영	• 등록장애인	• 재가장애인 낮동안 보호	해당 지역 주간보호시설 등을 내방 이용
8-2. 장애인복지시설 치과유니트 지원	• 치과치료 기본 장비가 필요한 장애인복지시설	• 통원치료가 곤란한 시설입소 장애인에 대해 치과치료 기본 장비인 유니트 설치 지원	
8-3. 장애인복지관 운영	• 등록장애인 및 가족	• 장애인에 대한 상담, 의료재활, 직업 재활, 사회생활 적응지도, 사회교육 및 계몽사업 등	해당 지역 복지관 내방 및 전화 등으로 이용 신청

주요사업명	지원대상	지원 내용	비 고
8-4. 장애인 재가복지봉사센터 운영	• 등록장애인	• 장애인복지관에 재가복지봉사센터를 부설하여 운영 - 재가장애인을 방문, 상담, 의료 · 교육 재활, 직업재활 등의 서비스 제공	해당 복지관에 이용 시청
8-5. 장애인 체육시설 운영	• 등록장애인 등	• 장애인의 체력증진 및 신체기능 회복 활동 지원 • 이용료는 재가장애인, 시설장애인 지역주민으로 이용자를 구분하여 시설별 산정 이용료 부과	해당 지역 장애인 체육시설 등으로 이용 신청
8-6. 장애인특별 운송사업 운영	• 이동에 장애를 가진 자(보호자 포함)	• 리프트가 장착된 특장차 운영 - 셔틀 및 콜 운행 병용	시 · 도지사 운영(국토교통부 소관 지방이양사업)
8-7. 여성장애인 가사도우미 파견	• 저소득가정의 등록 여성장애인	• 여성장애인의 임신 · 출산 · 육아 및 가사활동 지원을 위한 가사도우미 파견, 산후조리, 자녀양육, 가사활동지원	해당지역 시 · 도립 장애인복지관에 신청
8-8. 장애인 보험료 공제	• 등록장애인	• 사업 내용 - 이동에 제약이 있는 장애인에게 차량운행을 통하여 민원업무보조, 지장 출 · 퇴근, 시장보기, 외출보조 및 병원 이용보조 등 각종 이동서비스 및 안내 보조 • 이용요금: 실비 • 사업 주체: 한국시각장애인연합회	해당지역 장애인 생활이동지원센터에 신청 문의: 한국시각장애인연합회 서울지부
8-9. 수화통역센터 운영	• 청각 · 언어장애인	• 출장수화통역 - 관공서 · 법률 관련 기관 방문, 의료기관 진료 등의 경우에 수화통역 필요시 출장통역 실시 • 일반인에 대한 수화교육 • 청각 · 언어장애인에 대한 고충 상담	해당지역 수화통역센터에 신청 문의: 한국농아인협회
8-10. 장애인 재활지원센터 운영	• 등록장애인 및 가족, 관련전문가	• 장애인과 가족지원 - 정보격차해소지원사업: 정보제공 및 상담, 장애인 IT대회 - 인권 · 교육지원사업 - 생활 · 문화지원사업: 정서적, 사회적, 경제적 자원 제공 • 전문가와 지역사회지원 - 전문가와 종사가 교육지원사업: 전문인력을 활용한 학술연구활동 지원 - 지역사회통합지원사업: 장애 이해와 예방, 인식 개선 활동	문의: (사)한국장애인재활협회

주요사업명	지원대상	지원 내용	비 고
8-11. 지적장애인 자립지원센터 운영	• 등록 지적장애인과 가족	• 지적장애인에 대한 상담지원 • 지적장애인의 자기권리주장활동 및 사회참여활동 지원 • 지적장애인 부모 및 종사자 교육 • 지적장애인 자립지원 프로그램 개발 · 보급 등	문의: (사)한국지적장애인복지협회
8-12. 편의시설 설치시민 촉진단 운영	• 편의시설 적합성 확인업무 위탁단체(한국지체장애인협회, 17개 시 · 도 협회 및 시 · 군 · 구지회) • 시 · 도(시 · 군 · 구), 시 · 도지사가 선정한 장애인단체	• 주요업무 기능 - 편의시설 설치 홍보 및 안내 - 편의시설 실태조사 지원 - 시설주관기관에 의견 제시 등	시 · 도지사
8-13. 시각장애인 편의시설 지원센터 운영	• 한국시각장애인연합회	• 주요업무 기능 - 시각장애인 편의시설의 제작과 절차에 관한 기술지원 및 상담 - 시각장애인 편의시설 설치 실태조사 - 시각장애인 편의시설에 대한 인식 개선, 설치 및 이용방법 홍보 등	문의: (사)한국시각장애인연합회
8-14. 지체장애인 편의시설 지원센터 운영	• 편의시설 적합성 확인 대행기관(한국지체장애인협회, 시 · 도협회 및 시 · 군 · 구지회)	• 주요업무 기능 - 편의시설 설치 관련 자문 · 기술적 지원 - 편의시설 설치 실태조사 참여 - 편의시설에 대한 인식 개선, 설치 및 이용방법 홍보 등	문의: (사)한국지체장애인협회
8-15. 청각장애아동 인공달팽이관 수술비 지원	• 인공잘팽이관 수술로 청력회복이 가능한 저소득 청각장애인	• 인공달팽이관 수술비 및 재활 치료비 지원	읍 · 면 · 동에 신청

3. 소득보장제도의 과제와 전망

표 8-9 종전 장애수당 수급자의 자격변동 처리 절차

* 기준 시점: 2010년도 6월 30일

단계	내용	확인 · 처리내용
제1단계	장애수당 및 장애아동수당 수급자 확정	- 사망, 연령 변경 반영 - 소득인정액 변경 반영 - 보장시설 입 · 퇴소 반영 - 전 · 출입 변경 반영
제2단계	중증장애인/경증장애인 확정 - 장애수당 및 장애아동수당 모두를 확인하여 확정 필요	- 중증장애인의 범위 확대로 추가로 중증장애인이 되는 자를 확인하여 반영 * 3급 중복자애인
제3단계	연령 확정 - 만 18세 미만 - 만 18세 이상 - 만 65세 이상	- 만 18~만 20세의 자는 「초중등교육법」 제2조에 따른 학교 재학(휴학) 여부 확인
제4단계	장애인연금 대상자, 장애수당 대상자 및 장애아동수당 대상자로 변경	
제5단계	장애인연금 대상자의 급여액 확정 - 부부 모두 대상자인 경우 부부감액 적용 - 65세 이상 차상위인 경우 특례 부가급여 적용	- 배우자 정보 확인 배우자 유무, 배우자가 중증장애인 해당 여부 및 장애인연금 대상자 해당 여부: 가족관계등록부 확인
제6단계	보장시설 수급자인 경증장애인 및 장애아동의 지급액 확인	

우리나라의 장애인 소득보장정책은 다른 나라와 형태는 비슷하게 운영되고 있으나, 외관상으로 나타난 것이 아닌 내용적인 면에서 볼 때 우리 제도가 사회보장형 공적부조 형태를 취하고 있다는 데서 그 차이를 발견할 수 있다.

장애인 소득보장의 기본 골격이 되는 「국민기초생활 보장법」은 가입자의 자산, 소득, 부양의무자 등의 조건에 따라 지급액을 차등하여 지급하고 있다. 하지만 기본적으로 산정된 금액이 너무 낮고, 지급액도 조건에 따라서 삭감되는 경우도 있어 문제가 되고 있다. 또한 실질적인 각종 수당도 수급 대상자를 제한하거나 지급금액을 낮춰서, 수당이 가지는 본래의 의도인 생활안정을 위한 소득보장과 생산활동의 복귀를 위한 충분한 지원을 하지 못하고 있는 실정이다. 이로 인해 결국에는 목적을 달성하는 생산적인 정부의 투자가 아닌 이렇다할 효과가 없는 소모적인 재정지출로 인식되고 있다.

장애인들에게 일하지 않아도 안정된 적당한 소득이 보장된다면 누구도 일하려 하지 않을 것이고 장애인들이 일을 하면 그나마 지원되는 소득이 보장되지 않으니 적지만 안정적으로 확실한 소득을 보장받으려면 일을 하지 않고 기초생활 수급비를 평생동안 받으려고 하는 딜레마가 있다.

따라서 이제는 근본적으로 장애인들의 삶을 변화시킬 수 있는 제도의 도입을 생각해야 한다. 그리고 그 제도는 단순히 장애인이라는 특정 부류의 계층을 부양하는 것에서, 전체 국민경제에도 도움이 되는 정책이 되도록 해야 한다.

장애인 소득보장의 구체적 대안으로는 정책적으로 정부의 지원과 장애인의 인식개선의 노력이 있어야 한다. 현재 우리나라의 경우 중증의 장애인이라 해도 기초생활수급자가 되는 데 노력과 시간이 많이 걸린다. 중증의 장애가 있어도 근로능력이 있는 수많은 장애인들의 가장 큰 두려움은 질병에 대한 진료비의 부담이다. 그래서 기초생활수급자가 자격상실이 되지 않을 만큼만 일을 하려고 한다. 이는 개인 삶의 질에도 영향이 있지만 국가적 손실과 깊은 연관이 있다. 장애인들은 만약에 직장에 다녀서 수급자격이 상실되었다가 아프기라도 하면 그날로 바로 실직이 되고 다시 수급자는 못 되고 그러면 중증장애라서 병원비도 많이 들고 치료기간이 길기 때문에 병원비에 대한 부담도 상당히 크게 되는데 그때는 대처할 수 있는 방법이 없다. 중증의 장애와 희귀난치성 질환이 있는 사람은 기초생활 수급자가 아니더라도 병원비를 기초생활수급자와 동일하게 대우한다면 근로능력이 있는 수많은 장애인들이 정상적으로 4대보험이 적용이 되는 일자리를 찾고 국민연금과 건강보험을 가입하고 보다 나은 삶을 향한 자존감 있는 삶을 살 것이다. 이는 장애인만을 위한 일은 아니고 우리 사회를 건강하게 하는 일이 될 수 있다. 장애인들의 소득을 전액 국가에서 부담하려고만 하지 말고 근로능력이 있는 장애인이 기초생활을 유지해야만 하는 이유를 두려워하지 않도록 해서 스스로 소득을 창출하게 할 수 있는 방안을 모색해야 한다.

CHAPTER

09

장애인의 고용정책

장애인의 고용은 장애인의 삶의 질 향상은 물론 사회적 참여도를 높이기 위한 실질적인 방법이라고 할 수 있다. 직업은 장애인과 비장애인을 막론하고 모두에게 삶의 질과 성취감을 높일 수 있는 수단이다. 장애인에게 있어서 직업은 생계유지를 위한 수단 그 이상의 가치가 있다. 따라서 장애인의 고용문제는 보편적인 '인간다운 삶의 정상화' 측면에서 접근할 필요가 있다.

2007년 전면 개정된 「장애인고용촉진 및 직업재활법」에 근거하여 다양한 방법으로 고용지원을 하고 있다. 이 법은 국제노동기구(ILO)가 1995년에 직업재활에 대한 권고를 하게 되면서 우리나라에도 영향을 미친 것이 시발점이 되었다.

우리나라는 장애인의 고용을 촉진하기 위해서 장애인근로자를 채용한 기업에 고용지원금을 지급하고 일정 비율을 채용하지 않았을 경우에는 고용부담금을 부담하게 하는 등 당근과 채찍을 가하는 형식으로 고용정책을 꾀하고 있다.

그 결과 고용률이 소폭이지만 계속적으로 향상되고 있다. 그러나 아직도 남자 장애인에 비해서 여자 장애인을 꺼리고 경증 장애인보다 중증장애인의 채용을 꺼리는 기업들이 많이 있다. 또 장애인 일정비율 미고용으로 인한 고용부담금을 내더라도 장애인을 채용하지 않는 기업들이 아직도 많이 있다.

1. 장애인 고용정책의 유형과 제도

1) 장애인 고용의 유형

장애인 고용의 유형은 일반고용(경쟁고용)과 보호고용 및 지원고용으로 구분할 수 있다. 일반고용은 일반 사업장에서 비장애인과 같이 고용되는 형태이다. 앞서 살펴본 바와 같이 일반고용이 어렵기 때문에 대다수 장애인의 일반고용을 촉진시키기 위한 제도들을 채택하고 있다. 우리나라와 같이 고용촉진을 위해 장애인 의무고용

(할당고용)제도를 실시하는 경우가 있고, 할당고용제(quota system)를 시행하지 않는 국가의 경우 포괄적인 차별금지제도 또는 적극적 고용조치에 따라 일반고용을 촉진하는 방법을 사용하고 있다. 우리나라의 경우에는 중증장애인을 위한 보호고용이나 고용연계 등 다양한 고용지원제도를 병행해서 실시하고 있다.

포스코나 LG생활건강과 같은 대기업에서 자회사형 장애인표준사업장을 지원하면서 고용부담금을 면제 받거나 할인 받는 형태의 중증장애인의 고용이 확대되고 있다.

보호고용(sheltered employment)은 경쟁노동시장에서 취업이 불리한 중증장애인을 위하여 근로의 욕구를 해소하기 위해 특별히 계획된 조건에서 행해지는 훈련 및 고용으로 보수를 받을 수 있는 기회를 제공하여 장애인의 직업적 욕구를 해소하는 고용정책이다. 일반적인 보호고용의 형태로는 보호작업장이 있으며 그 외 기업 내 집단고용, 재택고용 등이 있다.

보호고용의 형태로 보호작업장에서 근무하는 발달장애인은 소득창출과 함께 재활이 동시에 이루어질 수 있어서 장애인 당사자의 직업인으로서의 자부심과 함께 사회적으로 장애인 고용률 향상을 꾀할 수 있다. 신체적 특징과 발달 정도에 따른 능력별 작업을 실시하므로 안정성 면에서 볼 때에는 보호작업장이 최적의 근무 환경일 수도 있다. 그러나 사회통합 측면에서 보면 장애인을 비장애인과 분리해서 직업생활을 조장하는 것으로 인식될 수도 있다.

지원고용(supported employment)은 보호고용을 통해 정상화와 사회통합이 제대로 이루어지지 않는다는 문제의식에서 출발하여 1970년대 중반 이후 미국에서 발달장애인을 포함한 중증장애인을 위한 새로운 직업재활의 방법으로 등장하였다. 즉 보호나 분리를 조장하는 보호고용체계로부터 탈피, 지역사회 기초 통합을 추구하는 재활체계라 할 수 있는데, 1986년 개정된 재활법에 지원고용이 포함되면서 본격적으로 시행되었다.

표 9-1 **장애인 고용의 유형**

고용의 유형	내용
일반고용 (competitive employment)	일반 노동시장에의 고용으로 우리나라는 현재 50인 이상 사업체의 경우 장애인 의무고용제도를 실시
보호고용 (sheltered employment)	일반 노동시장에의 진입이 어려운 중증장애인을 대상으로 통제된 작업환경을 통해 보수가 있는 직업을 제공
지원고용 (supported employment)	중증장애인 대상으로 비장애인과 통합된 작업장에서 임금을 지급하면서 계속적인 고용

2) 일반고용

우리나라에서 장애인의 일반고용을 위한 사업은 고용노동부에서 위탁한 장애인재활협회에서 장애인고용 촉진사업으로부터 출발하고 있다. 1990년 「장애인고용촉진 등에 관한 법률」이 제정되고 고용노동부 산하에 한국장애인고용촉진공단(현, 한국장애인고용공단)이 설립되고 고용노동부 장애인고용과가 설치되면서 본격화되었다. 또한 이 법에 근거하여 1991년부터 300인 이상 사업장에 장애인의무고용제가 실시되었다. 이 법은 장애단체의 요구에 따라 장애인 중심의 직업재활 중심으로, 2000년 1월 「장애인고용촉진 및 직업재활법」으로 개정되어 현재 시행되고 있다. 「장애인고용촉진 및 직업재활법」에 의한 장애인들의 일반고용을 촉진시키기 위한 내용은 다음과 같다.

(1) 장애인의무고용제도

일반적으로 고용이 어려운 장애인의 고용 기회를 넓히기 위하여 일정 수 이상의 근로자를 고용하는 사업주에게 의무적으로 장애인을 고용하도록 하는 제도이다. 장애인고용의무제도는 1990년 1월 13일 「장애인고용촉진 및 직업재활법」을 제정하면서 계속 확대되고 2019년 기준 상시근로자 50인 이상을 고용하고 있는 사업주에게 일정 비율(의무고용률: 민간사업주 3.1%, 국가 및 지자체, 공기업 3.4%)의 장애인을 의무적으로 고용하도록 실시하고 있다. 만일 의무고용사업장에서 장애인고용률이 의무고용률에 미달할 경우, 또는 고용하지 않았을 경우 최고 매월 1,822,480원(2021년 기준)의 고용부담금을 미이행 사업주에게 부과하여 장애인을 고용하는 사업주와 미이행 사업주 간의 형평성을 유지하고 있다.

근거 법령「장애인고용촉진 및 직업재활법」제28조 및 제33조 같은 법 시행령 제25조 장애인근로자 의무고용시에 중증장애인은 1명을 채용 할 경우에는 2명으로 계산을 하고 월 60시간 이상 근무시 상근으로 계산을 할 때 중증장애인은 60시간이 미달되는 경우에도 1인으로 책정을 하는 등 중증장애인의 특성을 살려서 월 근무시간을 160시간 이상으로 하지 않고 월 60시간을 상근으로 간주하는 등 고용의무제도로 인하여 중증장애인의 취업의 길을 다양하게 지원하고 있다. 그럼에도 불구하고 기업과 공공기관에서는 2021년 현재까지도 의무고용률을 충족하지 않고 미고용 부담금을 납부하고 있는 사업장이 있다. 이를 방지하기 위한 미고용 사업장에 부담금을 과태료 형식으로 납부하게 하고 고용초과 사업장에는 지원금을 한국장애인고용공단에서 지급하고 있다. 부담금은 몇 % 충족하였는가에 따른 세부적인 계산법으로 납부하게 하고 미이행시 강제이행을 할 수 있다.

표 9-2 장애인 고용부담금 대상 및 부담기초액(2021년 기준)

적용연도	고용률 구간	부담기초액
2021년 부담 기초액	고용의무인원의 3/4 이상 미달 고용인원	1,094,000
	고용의무인원의 1/2~3/4 미달 고용인원	1,159,640
	고용의무인원의 1/4~1/2 미달 고용인원	1,312,800
	고용의무인원의 1/4 미달 고용인원	1,581,600
	장애인을 고용하지 않은 달의 미달고용인원	1,822,480(최저임금)

* 부담기초액은 월 최저임금액의 60% 이상의 범위에서 매년고시

출처: 한국장애인고용공단

(2) 사업주지원제도

① 장애인고용 장려금

장애인의 고용촉진을 높이기 위해서 장애인을 고용하는 사업주에게 일정액의 지원금을 지급하는 제도이다. 「장애인고용촉진 및 직업재활법」 제30조 지원금은 사업장에서 여성장애인을 기피하는 현상이 있으므로 여성의 경우 남성보다 지원금액을 상향 지급하고 있다.

경증의 경우 남성 30만원, 여성은 45만원이고, 중증의 경우 남성 60만원, 여성의 경우 80만원(2021년 지급기준)을 매월 지급하는 방식으로 장애인 고용에 대한 사업주의 부담을 경감시켜 주고 있다.

표 9-3 고용장려금 지급단가(2021년 기준)

구분	경증남성	경증여성	중증남성	중증여성
금액(만원)	30	45	60	80

* 단 지급액은 월 임금액의 60%를 계산해서 낮은 단가를 지급함

• 고용장려금 지원 대상: 의무교용률을 초과하여 장애인을 고용한 사업주
  - 의무고용률 민간기업 3.1%, 국가 및 지방자치단체(공무원이 아닌 근로자) 공공기관 및 지방공기업 3.4%
• 고용장려금 지원 기간: 의무고용률을 초과하는 경우 계속 지원
  단, 최저임금 이상 최저임금 적용제외자 대상 고용보험 가입대상으로서 미가입 장애인근로자는 제외

출처: 한국장애인고용공단. 장애인. 고용장려금 지급기준 〈고용노동부 고시 제2019-70호〉

② 장애인고용지원 자금 융자

장애인을 고용하여 사업을 영위하거나, 고용하고자 하는 모든 사업주가 받을 수 있는 대상이다. 융자대상은 장애인에게 필요한 작업시설, 편의시설, 부대시설의 설치비용, 구입비용, 수리비용, 출·퇴근용 승합차 구입비용이다(부동산 구입비와 임대료 등은 제외).

표 9-4 고용지원 자금 융자 지원조건

구분	지원 내용	지원범위	지원 한도	융자기간 대출금리
시설 비용	• 작업시설 - 작업장, 작업설비, 작업장비 • 편의시설 -「장애인 · 노인 · 임산부 등의 편의증진보장에 관한 법률 시행령」 제4조에 의한 시설 • 부대시설 - 기숙사, 식당 휴게실, 의무실 또는 물리치료실 등	시설 투자비 전액	사업주당 15억 원 이내(장애인 1인당 1억 원, 고용의무 인원의 25% 충족 시 지원하며 중증 장애인 고용 조건)	• 융자기간 - 3년 거치 5년 균등분할 상환 • 대출금리 - 연 1%

출처: 한국장애인고용안정협회

(3) 편의시설 등 무상 지원

장애인을 고용하여 사업을 영위하거나, 고용하고자 하는 모든 사업주를 대상으로 장애인 근로자가 작업생활 편의를 위하여 작업시설 전환, 개조 등 기초 환경을 개선하는 제도이다. 지원 한도는 한 사업장당 3억 원 한도 내에서 지원한다. 당, 이행보증 보험증권을 의무적으로 제출해야 한다.

(4) 보조공학기기 지원

장애인을 고용하는 사업주에 대해 장애인의 고용촉진과 직업생활 안정을 도모하기 위하여 직업생활에 필요한 각종 보조공학기기를 무상으로 임대, 지원하는 제도이다. 이는 장애가 있는 근로자를 채용하고 장애로 인하여 업무에 지장을 초래하지만 보조공학기 지원으로 인하여 장애를 극복할 수 있는 작업 환경을 만들기 위함이다. 작업장에서는 장애를 극복하기 위한 시설 장비 투자에 대한 부담을 덜어 줄 수가 있다.

(5) 장애인 고용관리 비용지원

고용에서 취약대상인 중증장애인 근로자 등을 고용하여 적정한 고용관리를 유지하기 위해 자격을 갖춘 수화통역사, 작업지도원, 직업생활상담원을 위촉, 선임, 배치하여 수화통역, 작업지도, 직업생활 상담을 실시한 사업주에게 소요되는 비용을 지원하는 제도이다.

표 9-5 **고용관리 비용지원 기준**

구분	지급 요건	지급액
작업지도 비용	사업주가 중증장애인 근로자를 사업장당 상시 1명 이상 5명까지 수급자격 인정신청일 이전 90일 이내 새로이 고용하고 당해 사업장에 배치된 작업지도원으로 하여금 장애인 근로자 1명당 월 12시간 이상 작업지도를 실시한 경우 해당 사업주에게 지급. 단, 작업지도원 1명당 관리대상 장애인은 5명을 초과할 수 없음.	대상 장애인 1인당 월 14만원 (단, 최저임금 미만은 1/2)

출처: 한국장애인고용안정협회

3) 보호고용

작업능력이 낮아 경쟁노동시장에서 불리한 중증장애인에게 특별히 계획된 조건하에서 행해지는 훈련 및 고용으로 보수가 있는 근로의 기회를 제공하여 중증장애인 근로자의 직업적 욕구를 해소하는 고용정책이다. 보호고용(sheltered employment)의 유형으로는 가장 보편적인 보호작업장 외에 기업 내 집단고용, 재택고용 등이 있다. 2007년 12월 「장애인복지법」 개정과 함께 장애인직업재활시설을 보호작업장과 장애인근로시설의 두 가지로 구분하여 명시하고 장애인생산품 판매시설은 별도의 시설로 구분하고 있다.

장애인 근로사업장은 직업능력은 있으나 이동 및 접근성이나 사회적 제약 등으로 취업이 어려운 장애인에게 근로의 기회를 제공하고, 최저임금 이상의 임금을 지급하며, 경쟁적인 고용(취업)시장으로 옮을 수 있도록 돕는 역할을 하는 사업장이다.

4) 지원고용

일반사업체에서 고용이 어려운 발달장애인을 대상으로 비장애인과 통합된 작업장에서 계속적인 지원서비스를 제공하여 고용(취업)시장을 안정되게 유지하도록 돕는 고용의 한 형태이다. 1970년대 중반 이후 미국에서 발달장애인을 포함한 중증장애인을 위한 새로운 직업재활 방법으로 등장하였다.

지원고용(supported employment)은 첫째, 경쟁적 노동, 즉 주당 20시간 이상의 전일제나 시간제로 고용되어 「노동법」에 근거하여 임금을 받는 상태, 둘째, 통합된 작업환경, 즉 대다수의 근로자가 비장애인들로 구성된 작업장, 셋째, 지속적 서비스이다.

지원고용의 주 대상은 고용기간 동안, 집중적 · 지속적으로 지원받지 않고서는 독자적으로 업무를 수행할 수 없는 개인으로 지적장애인, 자폐성장애인, 정신장애인, 신체장애인 등을 대상으로 한다.

지원고용의 모형에는 개별적 배치 모델, 소집단 모델, 이동작업대 모델, 소기업 모델, 고용훈련 모델, 벤치워크 모델 등으로 구분되어 있다.

① 개별적 배치 모델(individual placement model)

지원고용서비스에서 가장 전형적인 형태이다. 한 작업장에서 하나의 직무에 배치되어, 한 사람의 직무지도원이 한 작업자를 담당하게 되는 것으로 일의 진행에 따라 직무지도원의 지원 형태, 횟수가 점차 줄여나가는 것이다. 이 모델의 장점은 집중적인 개별서비스를 제공하는 한 명의 작업자를 전담하는 것이다. 또한 단점은 시간과 경비의 비경제성이 문제로 나타난다.

② 소집단 모델(enclave model)

일반작업장 내에 3~8명으로 그룹을 만들어 해당 그룹이 생산 공정의 일부를 담당하는 형태이다. 개별적인 통합이 어려운 중증장애인들에게 적용되는 형태이다.

③ 이동작업대 모델(mobile crew model)

집단적인 지원고용 방식으로 한두 명의 직무지도원이 여러 명의 작업자와 팀을 이루어 일을 수행한다. 주로 하는 일은 지역사회 안에서 빌딩관리 및 청소, 눈 제거, 정원관리, 농장 용역, 식물관리, 칠작업 등 용역작업을 하는 비영리기관에 의해 운영되는 소도시나 시골 등에 적합한 활동이다.

④ 소기업 모델(small business model)

일반기업과 똑같은 영리기업(for-profit enterprise)으로써, 그들이 거주하고 있는 지역사회의 비장애인들의 편견을 제거하는 데 공헌하는 중요성을 띠고 있다.

⑤ 고용훈련 모델(employment training model)

소수의 장애인들이 특정 작업에 대해 집단훈련을 받아서 일정한 기준에 성취되었을 때, 특정한 직업에 배치되고 그 직업현장에서 직무지도원에 의해 재훈련을 받는 형태이다.

⑥ 벤치워크 모델(benchwork model)

전자나 기타 작은 부품을 조립하는 작업을 일자리로 제공하는 형태이다. 소규모 시설로 중증장애인에게 고용의 기회를 제공한다.

자회사형 장애인표준사업장

자회사형 장애인표준사업장이란 50인 이상의 사업장에서 3.1% 의무고용과 공공기관에서 의무고용률 3.4%를 달성하기 어려운 현실적인 문제가 발생하였을 때 모 회사에서 지분 50% 이상을 투자해서 회사를 설립하고 장애인을 고용하였을 경우 모 회사에서 납부해야 할 부담금을 면제 또는 인원수에 따라서 경감을 해 주는 제도이다.

장애인 근로자가 최소 10명 이상이어야 하고 전체 상근직원의 30%를 장애인으로 구성해야 하는 등 규정이 있는데, 이를 충족하면 모 회사의 고용부담금을 면제 또는 경감해 주면서 자회사형 표준사업장은 별도의 고용지원금을 받을 수 있다. 회사에서는 장애인 근로자가 별도의 수익을 내지 못하더라도 수십억 또는 수백억 원의 부담금을 면제해 주는 것만으로도 표준사업장의 유지를 이어갈 수 있다. 이는 중증장애인의 고용 확대에 현실적인 도움이 되고 있다. 공공기관에서는 수익은 내는 사업장이 아니므로 많은 인원의 장애인을 채용하기가 어렵다. 그래서 연계고용으로 표준사업장을 지원하고 지원한 금액의 50%에 해당하는 금액을 부담금 경감으로 이어지게 할 수 있다.

표준사업장에 취업한 장애인근로자는 입사를 위한 맞춤교육을 받고 채용 후에는 직무지도원의 도움을 받고 사업장에서 업무를 익히면서 일을 하고 3~7주간의 직무지도가 끝나면(2021년부터 6개월로 연장됨) 근로지원인의 도움을 1일 8시간 이내로 받을 수 있다. 단 장애인활동지원과 중복서비스가 불가하여 근로지원인과 장애인활동지원서비스 둘 중 하나를 선택해야 하는 문제점이 있다. 이는 추후 보완되어야 할 문제이다.

용/어/찾/아/보/기

- 상시근로자 수 산정 기준: 근로자란 직업의 종류와 관계없이 임금을 목적으로 사업 또는 사업장에 근로를 제공하는 자(근로기준법 제2조 제1항 제1호)를 말한다. 상시 근로자란 월 임금지급 기초일수가 16일 이상인 모든 근로자를 말하며 상용직, 계약직, 임시직, 일용직 등 명칭과는 무관(외국인 포함)하다.
- 임금 지급의 기초일수: 임금지급의 기초가 되는 날로써 법 기준 또는 소정 근로일로써 실제 근로한 날이다. 즉 법령, 취업규칙, 단체협약에 의한 휴일, 휴가로써 유급으로 규정한 날이다. 주휴, 연차 휴가, 산・전후 휴가, 공휴일 휴업, 무급휴일 휴직기간 등은 제외한다. 다만 중증장애인은 예외 적용을 한다. 비장애인의 경우 월 16일을 1일 8시간 근무자가 상근직이며 장애인은 1일 4시간으로 16일 또는 월 60시간 이상 근무자를 상근직으로 본다. 중증장애인은 월 60시간이 되지 않아도 상근직 1명으로 인정하고 월 60시간 이상이면 장애인 2인 채용으로 인정한다.
- 장애인과 중증장애인의 범주

장애인	중증장애인
•「장애인복지법 시행령」 장애인기준 해당자(1~6급) •「국가유공자등 예우 및 지원에 관한 법률」 시행령 상이등급 기준 해당자 (1~7급) ★ 당뇨 암환자 등은 장애인으로 인정하지 않음	• 장애등급(상이등급) 1~2급 이상 장애인 • 지체장애인 3급 중 상지 장애인(장애인증명서 첨부) • 뇌병변, 시각, 지적, 자폐성, 정신, 심장, 호흡기 뇌전증, 상이등급 3급(2019년 7월 1일 이후 발급된 장애인증명서 등에는 등급이 표기되지 않으므로 중증장애인 확인서 신청 및 활용)

2. 고용보장제도의 과제와 전망

「장애인고용촉진 등에 관한 법률」이 1990년에 제정된 이래 장애인들의 고용을 활성화하기 위한 많은 정책들이 시행되었다. 하지만 그동안의 성과는 아직 만족할 만한 수준에 이르지 못하고 있다. 향후 장애인고용이 활성화되기 위해서는 몇 가지 방향에서 논의가 진행되어야 한다.

첫째, 장애인 의무고용제도의 철저한 운영이다. 정부는 의무고용률을 점차 향상시켜 2019년 기준 민간사업주 3.1%, 국가 및 지방자치단체, 공기업 등은 3.4%로 장애인 의무고용제도를 개선하였다. 하지만 정부부문 장애인고용률이 2018년 2.78%에 그쳤고, 민간부문 고용률은 2.67%에 그치는 상황을 감안하면 의무고용비율 향상이 곧바로 고용률 향상으로 이어지기는 쉬운 일이 아님을 알 수 있다. 따라서 법정 의무고용률 준수를 위한 정부의 보다 강력한 제도가 마련되어야 할 것이다.

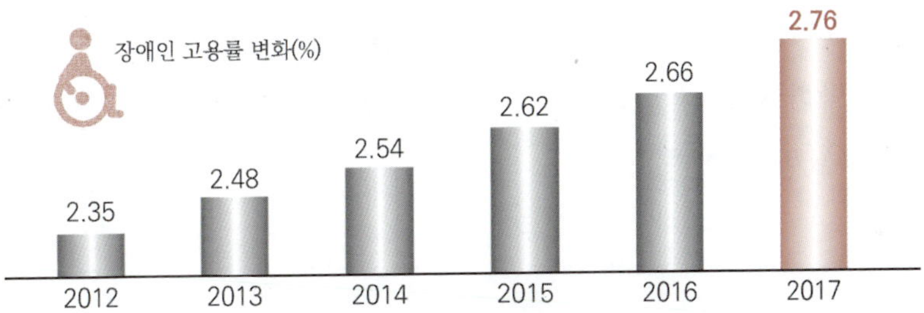

* 대상: 국가 지자체 및 상시 근로자 50인 이상 공공기관 및 민간기업
출처: 한국장애인고용안정협회

그림 9-1 장애인 의무고용률 현황

둘째, 직업능력개발 프로그램 및 일자리 창출이 필요하다. 이윤 창출을 목적으로 하는 기업에게 정부가 생산성이 상대적으로 낮은 장애인의 채용을 강제하는 것도 분명히 한계가 있다. 따라서 직업능력개발사업의 확충 및 관련 규정의 재정비와 직업훈련기관 간 연계적 이력관리 및 장애인 편의시설 확충이 선행되어야 할 것이다.

또한 장애인 훈련기관, 장애인 다수고용 사업체에 대한 지원 확대 등을 통해 일자리를 창출하여야 한다.

셋째, 장애인고용을 위한 사회적 환경의 변화가 필요하다. 장애인의 고용이 활성화되기 위해서는 교육 및 직업서비스 내용이 변화되어야 할 뿐만 아니라 사회에서 장애인에 대한 편견이 해소되고, 고용주가 장애와 관련된 특성으로 장애인을 평가하는 것이 아니라 장애인의 능력만으로 장애인을 평가할 수 있도록 변화가 이루어져야 한다. 이와 같은 사회적 변화가 함께 일어날 때 장애인들을 위한 각종 교육훈련 프로그램과 정책들이 시너지 효과를 가져올 수 있을 것이다. 장애인이 취업을 하기까지 과정도 중요하지만 취업 후에 비장애인과 화합하여 함께 일하는 것에 대한 선입견과 불편사항을 개선하고 인식 개선을 하기 위해서 2020년부터는 직장 내 장애인인식 개선 교육을 의무화하고 미실시 기관에 과태료를 부과하는 등의 노력을 하고 있다. 그러나 교육자의 자격에 관하여 사업장의 대표 또는 직원도 가능하게 하는 등의 자격규정에 질적인 개선책이 요구된다.

장애인을 고용이 부담금 면제의 목적이 아니라 장애인들 중 능력자가 마음이 편하게 능력을 발휘할 수 있으려면 장애인에 대한 편견과 오해를 개선시키는 일이 무엇보다도 중요한 일이다.

용/어/찾/아/보/기

- 보조공학기기: 공학과 전자 기술을 활용해 노인과 장애인의 재활 및 신체적 불편함을 돕기 위해 개발한 기기를 뜻한다. 점자 정보 단말기, 기능성 의자, 골전도 보청기가 대표적인 보조공학기기들이다.
- 직업생활상담원: 장애인인 근로자의 직업생활에 관한 상담 및 지도를 담당하는 자로서 일정 수 이상의 장애인 근로자를 고용하는 사업장은 이러한 업무를 맡는 자를 선임하도록 하고 있다.

Chapter 10 장애인활동지원서비스

Chapter 11 장애인 인식 개선

Chapter 12 장애의 진단

Chapter 13 장애인의 성

PART

03

장애인의 삶의 질 향상과 발전 방향

CHAPTER

10

장애인활동 지원서비스

장애인이 지역사회에서 자신의 존엄성을 지키면서 살아가기 위해서 다양한 자원이 필요하다. 생계를 꾸려나가야 하는 돈이 있어야 하고 편안하게 쉴 수 있는 거주공간도 필요하다. 또한 건강을 유지하기 위해 어려움 없이 보건의료서비스를 받을 수 있어야 한다. 자신이 가고 싶은 목적지에 갈 수 있도록 편안한 교통과 물리적 인프라도 접근 가능해야 한다. 필요한 정보도 장애의 특성에 맞게 제공되어야 시대에 뒤떨어지지 않고 소통도 가능하게 되어 일상생활에 지장이 없게 된다.

하지만 이 외에도 더 많은 부가적 지원들이 필요하다. 보조공학도 필요하고 4차 산업혁명시대에 좀 더 자신이 삶의 주체가 될 수 있도록 지원하는 여러 가지 정보통신기술도 제공될 필요가 있다. 그리고 위에서 이야기한 다양한 요소에 부가되어야 할 것이 바로 가족과 지인에게 부담을 주는, 의존적인 삶에서 탈피하는 데 핵심이 되는 장애인활동지원서비스이다.

1. 장애인활동지원서비스 이해하기

1) 장애인활동지원 대상

장애인활동지원서비스는 만 6세 이상 만 65세 미만의 「장애인복지법」상 중증장애인으로서 활동지원서비스 인정조사표에 의한 종합조사가 42점 이상이거나, 장애인활동지원수급자 중에서 만 65세 도래 후 장애특성상 활동지원 급여를 희망하는 경우에 받을 수 있다. 그러나 한 번 서비스를 받을 수 있는 자격이 있다고 하여, 계속 받을 수 있는 것이 아니라 수급자격에 따라 주기적으로 서비스를 받을 수 있는지 재판정을 받도록 하고 있다. 원칙적으로 만 65세가 되면 장애인도 노인에 해당하므로 노인장기요양보험으로 수급을 받게 되는 것이 원칙이지만 노인장기요양등급의 기준에서 만 65세 이상의 거동불편자에 해당하지 않는 장애인은 노인장기요양에서 수급자의 등급을 받지 못한다. 이러한 경우에 다시 장애인활동지원을 받을 수 있다.

2) 장애인활동지원 서비스 종류

수급자격을 가지게 되면 활동보조, 방문목욕, 방문간호 등의 서비스를 받을 수 있다. 활동보조는 장애인활동지원사가 수급자가정 등을 방문하여 신체활동, 가사활동 및 이동보조 등을 지원하는 것을 말한다. 방문목욕은 활동지원인력인 요양보호사가 목욕설비를 갖춘 장비를 이용하여 수급자의 가정에 방문하여 목욕을 제공하는 활동지원급여이다. 방문간호는 활동지원인력인 간호사 혹은 간호조무사가 의사, 한의사 또는 치과의사의 지시서에 따라 수급자의 가정에 방문하여 간호, 진료의 보조, 요양에 관한 상담 또는 구강위생 등을 제공하는 활동지원급여이다.

표 10-1 활동지원서비스 급여 내용

<table>
<tr><th>급여의 종류</th><th>내용</th><th>수가</th><th>제공인력</th></tr>
<tr><td>활동 보조</td><td>신체활동, 가사활동, 사회활동지원, 기타 서비스 제공</td><td>급여 비용 및 산정기준(2021년 1월 1일 이후)
<table>
<tr><th>분류</th><th>시간당 금액 (원)</th></tr>
<tr><td>매일 일반적으로 제공하는 경우</td><td>14,020</td></tr>
<tr><td>22시 이후 6시 이전 심야에 제공하는 경우</td><td>21,030</td></tr>
<tr><td>[관공서의 공휴일에 관한 규정]에 의한 공휴일과 근로자의 날에 제공하는 경우</td><td>21030</td></tr>
</table></td><td>활동 지원사</td></tr>
<tr><td>방문 목욕</td><td>요양보호사가 목욕시설을 갖춘 장비를 이용, 수급자의 가정 등을 방문하여 목욕 서비스 제공</td><td>
<table>
<tr><td rowspan="2">차량</td><td>이용</td><td>75,450원/1회(60분 이상)</td></tr>
<tr><td>미이용</td><td>68,030원/1회(60분 이상)
* 40분 이상 60분 미만 시 80%만 산정</td></tr>
</table></td><td>요양 보호사</td></tr>
<tr><td>방문 간호</td><td>의사, 한의사 또는 치과의사의 지시에 따라 간호사가 수급자 가정 등을 방문하여 간호, 진료의 보조, 요양에 관한 상담, 구강 위생 서비스 제공</td><td>제공시간에 따른 차등 수가
<table>
<tr><th>분류</th><th>금액</th></tr>
<tr><td>30분 미만</td><td>36,530원</td></tr>
<tr><td>30분 이상~60분 미만</td><td>45,810원</td></tr>
<tr><td>60분 이상</td><td>55,120원</td></tr>
</table></td><td>방문 간호사</td></tr>
</table>

출처: 보건복지부. 2021장애인활동보조사업안내.

3) 서비스 지원 금액

수급자의 월한도액은 활동지원등급별 기본급여와 수급자의 생활환경을 반영한 특별지원급여로 지원된다.

표 10-2 **활동지원 기본급여**

활동지원급여 구간	종합점수	월 한도액
1구간	465점 이상	6,730,000원
2구간	435점 이상 ~ 465점 미만	6,309,000원
3구간	405점 이상 ~ 435점 미만	5,889,000원
4구간	375점 이상 ~ 405점 미만	5,468,000원
5구간	345점 이상 ~ 375점 미만	5,048,000원
6구간	315점 이상 ~ 345점 미만	4,627,000원
7구간	285점 이상 ~ 315점 미만	4,206,000원
8구간	255점 이상 ~ 285점 미만	3,786,000원
9구간	225점 이상 ~ 255점 미만	3,365,000원
10구간	195점 이상 ~ 225점 미만	2,945,000원
11구간	165점 이상 ~ 195점 미만	2,524,000원
12구간	135점 이상 ~ 165점 미만	2,103,000원
13구간	105점 이상 ~ 135점 미만	1,683,000원
14구간	75점 이상 ~ 105점 미만	1,262,000원
15구간	42점 이상 ~ 75점 미만	842,000원
특 례	기존 수급자 중 42점 미만	660,000원

출처: 보건복지부. 2021장애인활동보조사업안내.

표 10-3 **활동지원 특별지원급여**

분 류	월 한도액
① 수급자 또는 수급자의 배우자가 출산한 경우	1,122,000원
② 거주시설 등에서 퇴소하여 자립을 준비하는 경우	281,000원
③ 실질적으로 수급자를 보호하고 있는 동거가족(또는 친족)의 결혼, 사망, 출산, 입원 등으로 보호자가 일시적으로 부재하거나 천재지변 또는 이에 준하는 사유로 돌봄이 필요한 경우	281,000원

* 특별지원급여 사유가 중복되는 경우는 중복신청 가능

출처: 보건복지부. 2021장애인활동보조사업안내.

2. 장애인활동지원서비스 현황

1) 등급 및 장애유형별 이용 현황

활동지원급여 등급별 수급자 수는 2016년 12월말 기준 1급은 55,191명(69.1%), 2급은 20,330명(25.4%), 3급 4,405명(5.5%)으로 총 79,926명(100%)이다.

표 10-4 장애인활동지원제도 수급자 수 - 장애유형별 I (단위: 명, %)

구분		계	장애유형						
			지체	시각	청각	언어	지적	뇌병변	자폐성
2011		46,502	10,606	8,383	297	8	12,798	8,775	4,621
2012		50,520	11,097	9,143	322	5	14,396	9,157	5,344
2013		60,435	11,648	9,439	361	52	19,651	9,874	7,430
2014		64,906	11,831	9,716	379	70	21,979	10,205	8,428
2015		72,212	12,344	10,199	404	141	25,603	11,120	9,574
2016		79,926 (100.0)	12,823 (16.0)	10,685 (13.4)	438 (0.5)	197 (0.2)	29,645 (37.1)	11,979 (15.0)	10,789 (13.5)
남		49,277 (61.7)	7,869 (16.0)	6,205 (12.6)	245 (0.5)	121 (0.2)	17,208 (34.9)	7,039 (14.3)	8,988 (18.2)
여		30,649 (38.3)	4,954 (16.2)	4,480 (14.6)	193 (0.6)	76 (0.2)	12,437 (40.6)	4,940 (16.1)	1,801 (5.9)
장애등급	1급	55,191 (69.1)	10,843 (19.6)	10,154 (18.4)	315 (0.6)	9 (0.0)	16,639 (30.1)	9,547 (17.3)	6,698 (12.1)
	2급	20,330 (25.4)	1,609 (7.9)	333 (1.6)	109 (0.5)	100 (0.5)	10,617 (52.2)	1,723 (8.5)	3,897 (19.2)
	3급	4,405 (5.5)	371 (8.4)	198 (4.5)	14 (0.3)	88 (2.0)	2,389 (54.2)	709 (16.1)	194 (4.4)
활동지원등급	1등급	26,582 (33.3)	6,461 (24.3)	2,336 (8.8)	41 (0.2)	19 (0.1)	6,693 (25.2)	8,259 (31.1)	2,588 (9.7)
	2등급	25,671 (32.1)	2,737 (10.7)	6,012 (23.4)	116 (0.5)	42 (0.2)	9,594 (37.4)	1,931 (7.5)	4,797 (18.7)

구분		계	장애유형						
			지체	시각	청각	언어	지적	뇌병변	자폐성
	3등급	18,013 (22.5)	2,390 (13.3)	1,990 (11.0)	131 (0.7)	62 (0.3)	8,497 (47.2)	1,138 (6.3)	2,771 (15.4)
	4등급	9,660 (12.1)	1,235 (12.8)	347 (3.6)	150 (1.6)	74 (0.8)	4,861 (50.3)	651 (6.7)	633 (6.6)
기초생활 수급자		24,474 (30.6)	5,913 (24.2)	3,748 (15.3)	155 (0.6)	63 (0.3)	7,981 (32.6)	3,828 (15.6)	850 (3.5)
차상위계층		8,209 (10.3)	1,202 (14.6)	911 (11.1)	62 (0.8)	21 (0.3)	3,272 (39.9)	1,545 (18.8)	836 (10.2)
전국가구평균 소득 50% 이하		16,670 (20.9)	2,035 (12.2)	2,359 (14.2)	82 (0.5)	31 (0.2)	6,778 (40.7)	2,178 (13.1)	2,826 (17.0)
전국가구평균 소득 100% 이하		15,598 (19.5)	1,934 (12.4)	2,156 (13.8)	65 (0.4)	51 (0.3)	6,001 (38.5)	2,256 (14.5)	2,745 (17.6)
전국가구평균 소득 150% 이하		8,592 (10.7)	949 (11.0)	852 (9.9)	39 (0.5)	20 (0.2)	3,354 (39.0)	1,234 (14.5)	1,959 (22.8)
전국가구평균 소득 150% 초과		6,383 (8.0)	790 (12.4)	659 (10.3)	35 (0.5)	11 (0.2)	2,259 (35.4)	929 (14.6)	1,573 (24.6)

표 10-5 장애인활동지원제도 수급자 수 – 장애유형별 II

(단위: 명, %)

구분	장애유형							
	정신	신장	심장	호흡기	간	안면	장루 · 요루	간질
2011	266	436	17	264	24	7	-	47
2012	253	455	18	253	19	8	-	50
2013	641	971	29	225	24	9	1	80
2014	740	1,191	27	215	23	9	1	92
2015	1,034	1,347	35	251	23	9	6	122
2016	1,383 (1.7)	1,477 (1.8)	39 (0.0)	280 (0.4)	24 (0.0)	10 (0.0)	5 (0.0)	152 (0.2)
남	626 (1.3)	723 (1.5)	26 (0.1)	128 (0.3)	17 (0.0)	4 (0.0)	2 (0.0)	76 (0.2)
여	757 (2.5)	754 (2.5)	13 (0.0)	152 (0.5)	7 (0.0)	6 (0.0)	3 (0.0)	76 (0.2)

구분		장애유형							
		정신	신장	심장	호흡기	간	안면	장루 · 요루	간질
장애 등급	1급	145 (0.3)	547 (1.0)	15 (0.0)	189 (0.3)	13 (0.0)	9 (0.0)	– –	68 (0.1)
	2급	866 (4.3)	928 (4.6)	15 (0.1)	63 (0.3)	6 (0.0)	1 (0.0)	2 (0.0)	61 (0.3)
	3급	372 (8.4)	2 (0.0)	9 (0.2)	28 (0.6)	5 (0.1)	– –	3 (0.1)	23 (0.5)
활동 지원 등급	1등급	39 (0.1)	73 (0.3)	4 (0.0)	37 (0.2)	3 (0.0)	1 (0.0)	– (0.0)	28 (0.1)
	2등급	171 (0.7)	181 (0.7)	10 (0.0)	40 (0.2)	4 (0.0)	3 (0.0)	1 (0.0)	32 (0.1)
	3등급	433 (2.4)	454 (2.5)	7 (0.0)	88 (0.5)	8 (0.0)	2 (0.0)	1 (0.0)	41 (0.2)
	4등급	740 (7.7)	769 (8.0)	18 (0.2)	115 (1.2)	9 (0.1)	4 (0.0)	3 (0.0)	51 (0.5)
기초생활 수급자		990 (4.0)	727 (3.0)	20 (0.1)	131 (0.5)	10 (0.0)	9 (0.0)	– –	49 (0.2)
차상위계층		122 (1.5)	179 (2.2)	3 (0.0)	31 (0.4)	6 (0.1)	1 (0.0)	1 (0.0)	17 (0.2)
전국가구평균 소득 50% 이하		98 (0.6)	193 (1.2)	6 (0.0)	44 (0.3)	2 (0.0)	– –	1 (0.0)	37 (0.2)
전국가구평균 소득 100% 이하		90 (0.6)	221 (1.4)	5 (0.0)	47 (0.3)	4 (0.0)	– –	– –	23 (0.1)
전국가구평균 소득 150% 이하		47 (0.5)	90 1.0)	4 (0.0)	22 (0.3)	– –	– –	– –	13 (0.2)
전국가구평균 소득 150% 초과		36 (0.6)	67 (1.0)	1 (0.0)	5 (0.1)	2 (0.0)	– –	3 (0.0)	13 (0.2)

출처: 2018장애통계연보.

활동지원급여 장애유형별 수급자 수는 전체 수급자 수 79,926명 중 지적장애인이 29,645명(37.1%)로 가장 많고, 지체장애인이 12,823명(16%), 뇌병변장애인 11,979명(15%) 순으로 나타났다.

3. 장애인활동지원서비스 발전방향

1) 장애인활동지원서비스와 발달장애인

장애인활동지원서비스가 발달장애인에게 적합한 정책인지 재고할 필요가 있다. 활동지원서비스는 신체장애인에게 맞게 욕구평가 지표가 설계되어 있다. 하지만 발달장애인의 경우에는 그 궤를 달리한다고 볼 수 있다. 그들은 옷 입기와 신변처리가 힘들어서가 아니라 발달지원을 위해 느린 학습과 지속적인 학습이 이루어지고 사회생활에 필요한 다양한 지원들이 필요한 것이다. 또 자해 및 타해 가능성 등 도전적인 행동이 있는 발달장애의 경우에는 매우 전문적인 접근이 필요하다는 점에서 단순히 활동에의 조력업무로는 적합한 서비스로 보기 어려운 점이 있다. 따라서 발달장애인에게는 활동지원서비스보다는 발달지원서비스를 성인이 되어서도 평생교육의 차원에서 접근하여 이들의 자립을 지원할 필요가 있다. 현재의 주간활동서비스 또한 기존의 활동지원서비스가 발달장애인에게 맞지 않는 부분 때문에 생겨난 것이라고 볼 수 있다. 그러므로 발달장애인을 위해 활동지원서비스를 그대로 두고 별도의 서비스를 부가적으로 신설하여 지원하는 것이 필요하겠다.

2) 장애인활동지원급여비용 허위, 부당 청구 방지

장애인활동지원사가 수급자의 바우처카드를 소지하고 서비스 제공도 없이 결제하는 허위청구는 물론 실제 서비스 제공시간보다 과다하게 청구하는 사례, 수급자와 장애인활동지원사가 담합하여 급여비용의 허위·부당 청구에 대한 환수조치를 하고 있으나 이는 법을 어긴 것에 해당하는 형사적 책임을 강화할 필요가 있다.

또한 활동지원 인력의 교육 시에 형사적 책임에 대한 교육을 철저히 하고 지자체의 점검 등을 통한 적발시 형사책임과 연계하는 시스템이 마련되어야 한다.

활동지원기관에 의한 자체 모니터링 및 관련 지원처의 지도점검을 통한 시정 절차를 마련하는 등의 대책이 면밀하게 강구될 필요가 있다.

부당청구를 방지하기 위하여 전화로 청구하는 방식을 전면 폐지하고 현장에서 이용자카드로 체크하고 이어서 활동지원사의 카드로 체크하는 등 이중장치를 해두어서 이용자 모르게 부당청구하는 방식은 많이 해소가 되었다. 그러나 이용자와 담합을 하거나 또는 단독가구의 인지 기능이 약한 발당장애인이나 장기간에 걸친 서비스요원과의 인정 등으로 거절하기 어려운 사유가 발생하는 등의 사유로 부당청구는 사라지지 않고 있다. 또한 과도한 서비스를 실시하는 등의 기관에서 단속하기 어려운 딜레마를 가지고 있는 가운데 장애인활동지원서비스는 장애인의 자립생활에 상당한 긍정적인 효과가 작용을 하고 있다.

부당청구를 예방하고 서비스 질의 향상을 위한 꾸준한 노력이 필요하다. 활동지원사 한 명이 두 곳의 자활센터에 등록을 하고 월평균 320시간을 근무하는 등 단속의 사각지대를 없애려면 장애인 활동지원사별 통합관리 시스템이 개발되어야 한다. 서비스의 질 향상을 위해서 활동지원사의 월 근무시간을 제한하고 있지만 한 기관에서만 근무시간을 제한하므로 다른 기관에서 같은 수급자를 담당하여 하루 16시간을 근무하거나 활동지원사 두 명과 수급자 두 명이 서로 교차하여 활동지원사가 양쪽의 수급자를 하루 16시간을 담당하는 등 휴일과 휴식시간을 정확하게 지키게 하는 등의 철저한 지도 관리가 필요하다. 현재 활동지원사가 하루에 16시간을 근무하려면 현실적으로는 18시간을 근무하게 된다. 활동지원사가 4시간 근무 후에 한 시간을 휴식하고 다시 4시간을 근무하게 되어 있고 일주일 중 하루는 반드시 휴일로 정해서 쉬게 되어 있다. 그러므로 하루에 8시간을 근무하려면 한 수급자에게서 9시간을 근무하게 된다. 즉 두 기관에서 한 수급자를 담당하면 하루에 18시간을 근무하게 된다. 활동지원사의 출퇴근 시간과 수면시간 등을 생각하면 두 기관을 교차해서 160시간씩 근무하는 것이 하루 24시간으로는 맞지 않은 일이 된다. 또한 활동지원사가 4시간을 근무하고 한 시간을 점심식사 등의 이유로 휴식을 하게 되는 데 활동지원사가 식사를 하기 위하여 외출을 하지 않는 한 수급자의 집에 머무르면 휴식시간이라는 이유로 케어를 안 할 수는 없는 일이다.

그렇다고 한 시간 동안 교통비 들여가면서 활동지원사가 자기집에 가서 쉬고 오거나 근처 식당에 가서 식사를 하거나 또 누굴 만나고 오는 것도 어려운 일이다. 그 한 시간에 수급자를 누가 돌볼 것인가? 이따금 휴식시간에 떳떳하게 은행을 다녀오거나 마트에 다녀오기도 하지만 이러한 개인 볼일은 한 달에 한두 번 정도이고 거의 대부분 쉬는 시간에도 그냥 수급자의 집에서 머무르는 활동지원사가 대부분이다. 이러한 현장의 문제점들을 고려한 정책들이 반영되어서 부당청구도 방지하고 활동지원사의 권익도 옹호하는 일이 시급하다.

또 노인장기요양의 경우 부당청구 사례가 나타나면 책임을 기관에 묻기 때문에 요양보호사가 기관 모르게 부당청구를 하지는 못한다. 그러나 장애인활동지원의 경우 기관에서 청구하는 방식이 아니고 현장에서 활동지원사가 결재를 하면 자동으로 기관에 입금이 되는 방식으로 부당청구 적발 시에 기관에 과태료 정도는 있지만 부당청구 금액을 기관에 부과하지는 않고 활동지원사에게 직접부과한다. 그러한 이유로 기관에서는 수급자와 활동지원사가 오래된 인정관계나 친인척 관계로 인한 부당청구의 의심사례가 나타나더라도 묵인하는 경우가 대부분이다. 보다 현실적인 정책으로 장애인활동지원의 서비스 질 향상이 이루어져야 진정한 장애인의 자립도 이루어질 수 있다.

용/어/찾/아/보/기

- 장애인활동지원사: 전문적인 장애인 활동지원인력을 양성하여 양질의 서비스를 제공하는 데 목적이 있으며, 장애인 활동지원에 관심 있는 만 18세 이상의 성인을 대상으로 교육을 실시하고 있다.
- 이론교육(표준과정 40시간, 전문과정 32시간)과 현장실습 10시간을 이수하면 장애인 활동지원사로 근무할 수 있는 자격이 주어진다.
- 구 장애인활동보조인의 명칭이 2019년 장애인활동지원사로 변경되었다.

CHAPTER

11

장애인 인식 개선

1. 장애인 인식 개선 교육의 필요성

'장애'란 일반적으로 신체적, 심리적, 정신적 구조 및 기능 상실로 인해 개인적 차원에서 일상생활의 활동에 지장을 가져오고 사회적 차원에서 사회생활에 참여하는 데 불이익과 제한을 받는 것을 말한다. 장애발생 유형을 분류할 때는 선천적 장애와 후천적 장애로 분류하는데 선천적 장애는 출생과 동시에 장애를 가지고 태어나 그 장애가 지속적으로 유지되어 일상생활에 불편을 주는 것을 말하며, 후천적 장애란 출생 시에는 장애를 가지고 있지 않았으나 후천적 요인으로 인하여 장애가 발생되어 일상생활을 하는 데 불편을 주는 것을 말한다.

보건복지부 장애인등록현황(2017년 12월 기준)을 보면 우리나라의 장애인구 255만 명으로 전체 인구의 약 5.6%이며 6가구당 1가구이다.

미국은 12.8%, 호주는 17.9%, 영국은 16.7%로 우리나라에 비해 장애의 범주가 더 확대되어 있다. 사람들이 흔히 우리 모두는 잠재적 장애인이라고 말하는 것은 우리가 원치 않아도 언제든 장애인이 될 수 있는 개연성이 매우 높은데, 그 이유는 바로 후천적 장애발생 비율이 높기 때문일 것이다. 하지만 우리 사회는 아직까지도 비장애인들이 장애인에 대한 편견 및 인식 수준이 낮아 장애인을 만났을 때, 다소 어색하고 거리감을 느끼고 호의적이지 못한 것도 사실이다.

정부에서는 이러한 장애인에 대한 부정적 인식을 개선하기 위하여 「장애인복지법」에 "국가나 지방자치단체는 공무원 등을 대상으로 장애인 인식 개선 교육을 실시하여야 한다."라고 명시하고 있다.

정부에서 인식 개선 교육을 실시하려는 목적은 장애인들도 국가와 사회의 한 시민으로서 특별한 환경이 아니, 보통의 환경에서 일반적인 생활을 누리면 살아가는 그런 것이 바로 장애인들이 가지는 당연한 권리이며, 이들이 정치, 경제, 사회 모든 면에서 능력을 발휘할 수 있는 환경을 만들어 주는 것이 진정 우리 사회가 지향하는 사회통합의 목표이기 때문일 것이다.

경기도인재개발원에서도 장애인에 대한 비장애인들의 인식 개선을 위하여 공무원 신규교육과정 및 직무전무과정 등에 교과 과목을 편성 운영하고 있으며 앞으로도 다른 과정으로 확대 운영해 나갈 계획이다.

장애인 인식 개선 교육과목에는 장애유형에 따른 장애인 이해하기, 장애인을 만났을 때 예절, 장애유형별 체험하기, 장애인에게 도움을 주는 방법 및 장애발생 사전 사고예방 등 다양한 교육 프로그램으로 운영하고 있으며, 이러한 장애인 인식 개선 교육을 받은 공무원들의 인식 또한 '장애는 부끄러운 일이 아니고 단지 불편할 뿐이다'라고 생각하는 매우 호의적인 모습으로 변화되는 것도 고무적인 현상으로 보여진다.

공무원에 대한 이러한 장애인 인식 개선 교육은 장애인에 대한 편견 · 차별해소 및 장애인에 대한 올바른 이해의 기회를 제공하여 장애인이 사회 내에서 비장애인과 구분되고 차별되는 존재가 아니라 우리 사회 내에서 동등한 권리를 가진 주체라는 인식이 점차 자리잡게 되어 결국에는 사회가 통합되는 계기가 될 것이다.
경기도인재개발원에서는 앞으로도 장애인과 비장애인 간의 보이지 않는 벽을 허물고 장애인과 비장애인을 구분하는 세상이 아닌 더불어 함께 하나되어 살아가는 통합의 아름다운 세상을 공무원 인재교육을 통해 앞장서서 만들어 나가고자 한다.

2. 장애인 인식 개선 교육의 연구 개발의 목적

인권(human rights)이란 인간의 존엄성을 보호하고 실현하기 위해 침해해서는 안 되는 권리이다. 또한 인간이 생존하고 인간답게 살아가는 데 있어, 반드시 보호되어야 하고 요청되어야 할 권리이다. 이런 인권을 소중하게 보호하지 못하는 사회는 서로의 존엄성을 무시하고, 인간답게 살 수 있는 조건을 훼손하는 사회이다. 그런 사회는 서로에게 모욕을 주며, 착취와 억압이 공공연히 일어나는 비인간적 사회에 불과하다. 인권을 존중한다는 것은 구성원들이 서로에게 모욕을 주지 않고 서로를 존중하며, 최소한의 필요를 인정해주는 방식으로 상호 인정을 허용하는 것이다(권의섭, 2019).

이와 같이 인권은 인간이면 누구나 누릴 수 있는 기본권이지만, 여성, 아동, 장애인 등 힘이 약하거나 권리에 대해 잘 몰라서 스스로를 지키기 어려운 사회적 약자들이 실제로 느끼는 현실은 추구하는 이상과 많은 괴리가 있다(정성은, 정대영, 2019). 특히 장애인은 장애를 이유로 심각한 인권침해를 경험하고 있다. 최근 사회적 문제가 된 장애인 폭력, 성폭력, 노동착취 등의 인권 침해 사건들을 통해 그동안 장애인이 다양한 이유로 인해 편견과 차별의 대상이 되어 왔음을 알 수 있고, 장애인에 대한 인권침해가 시급히 해결해야 할 과제임을 일깨워 주었다(김은진, 2017; 박가희, 정은희, 2016; 이승학, 2017; 정성은, 정대영, 2019). 이에 따라 장애인에 대한 차별을 금지하는 구조적인 장치와 더불어 장애 인식 개선 교육이 중요하게 되었다.

우리나라는 2007년 모든 생활 영역에서의 장애인차별을 금지하고 차별당한 사람의 권익을 효과적으로 구제함으로써 장애인의 완전한 사회참여와 평등권 실현을 통하여 인간으로서의 존엄과 가치를 구현하고자, 「장애인차별금지 및 권리구제 등에 관한 법률」을 제정 · 시행하고 있다. 그럼에도 우리사회에서 장애인에 대한 차별은 여전히 상당히 존재하고 있다. 보건복지부 · 한국보건사회연구원이 조사한 "2017년 장애인실태조사"에 따르면, 장애 때문에 본인이 차별 받고 있다고 느끼는 정도에 대한 응답 결과, '항상 느낀다'와 '가끔 느낀다'라는 응답이 각각 7.6%와 27.2%로 장애인의 34.8%가 장애 때문에 본인이 차별 받고 있다고 느끼고 있었다(김성희 외, 2017). 또한 우리나라에서 장애인에 대한 차별이 어느 정도 있다고 생각하는지를 질문한 결과, '약간 있다'는 응답이 46.0%로 가장 많았고 다음이 '매우 있다'(33.9%), '별로 없다'(18.3%), '전혀 없다'(1.8%)의 순서로 나타났다. 즉 장애인의 79.9%는 장애인에 대한 차별이 아직도 우리 사회에 존재한다고 느끼고 있었다(김성희 외, 2017). 그리고 일반 국민을 대상으로 조사한 결과에서도 우리 사회에서 장애인에 대한 차별이 존재한다고 생각하는 국민은 2013년 56.5%, 2014년 60.7%, 2015년 60.0%, 2016년 55.0%로 높게 나타났다(보건복지부, 한국장애인개발원, 2017). 이처럼 장애인의 차별을 금지하는 법이 2007년 제정되어 2008년 6월부터 시행되고 있음에도 여전히 장애인에 대한 인식 부족으로 장애인에 대한 차별행위는 발생하고 있다. 국제적인 측면에서도 장애 인식 개선의 중요성이 강조되고 있다. 2006년 제정되고 우리나라도 국회비준을 함으로써 국내법과 동일한 효력을 갖고 있는 「UN장애인권리협약」 제8조를 보면, 장애와 장애인에 대한 인식 제고 관련 내용이 포함되어 있다.

이에 따르면 국가는 사회 전반에서 장애인에 관한 인식을 향상시키고 장애인의 권리와 존엄성에 대한 존중심을 고취시켜야 하는 의무가 있다. 이에 따라 '장애 인식 개선 교육'의 의무실행 필요성이 제기되었고, 「장애인복지법」이 2015년 12월에 개정되어 장애 인식 개선 교육이 의무화되었다. 2016년 6월 30일부터 시행된 개정 「장애인복지법」에서는 교육대상기관을 확대 적용하여 명시하고, 교육내용과 교육방법 및 교육결과보고 등의 절차를 법제화하여 장애인에 대한 사회적 인식 개선 교육 시행을 의무화하였다. 이에 따라 장애 인식 개선 교육은 「장애인복지법」 제25조, 동법 시행령 제16조, 동법 시행규칙 제2조의2에 의해 법적 근거를 갖게 되었다.

이 협약은 장애인의 천부적인 존엄성에 대한 존중을 촉진하기 위한 목적으로 제정되었으며, 장애인이 모든 인권과 기본적인 자유를 완전하고 동등하게 향유할 수 있도록 촉진하고, 보호하고, 보장하도록 각국에 의무를 부과하고 있다. 제8조의 내용은 다음과 같다.

1. 당사국은 다음과 같은 사항의 즉각적이고 효과적이며 적절한 조치를 취한다.
   (a) 가족 단위를 포함하여 사회 전반에서 장애인에 관한 인식을 향상시키고 장애인의 권리와 존엄성에 대한 존중심 고취
   (b) 성별과 연령을 기반으로 하는 것을 포함하여 삶의 모든 영역에서 장애인에 대한 고정관념, 편견 그리고 유해한 관행 근절
   (c) 장애인의 능력과 이들이 기여한 바에 대한 인식 증진

2. 이러한 목표를 이루기 위한 조치로 다음의 사항을 포함한다.
   (a) 효과적인 대중인식 캠페인을 추진·지속한다.
      (i) 장애인의 권리에 대한 감수성 증진
      (ii) 장애인에 대한 긍정적인 인식 및 보다 증대된 사회적 인식의 촉진
      (iii) 직장과 고용시장에서 장애인의 기술, 실적, 능력과 기여에 대한 인정 촉진
   (b) 모든 영아를 포함하여 모든 단계의 교육제도에서 장애인의 권리를 존중하는 태도 양성
   (c) 본 협약의 목적에 부합하는 방향으로 모든 미디어 기관들이 장애인을 묘사하도록 권장
   (d) 장애인과 이들의 권리에 대한 인식 훈련 프로그램 증진
3. 장애 인식 개선 교육의 명칭은 법률별로 다르게 사용되고 있다. 「장애인복지법 시행령」 제16조에서는 '장애 인식 개선 교육'으로 「장애인고용촉진 및 직업재활법」 제5조의2에서는 '장애인 인식 개선 교육'으로, 교육부 특수교육정책과의 '특수교육 운영계획'에서는 '장애 이해 교육'으로 칭하고 있다.
4. 이후 「장애인고용촉진 및 직업재활법」 개정(2017.11.28.)」에 따라 직장 내 '장애인 인식 개선 교육'도 의무화되었으나, 「장애인복지법」에 의한 '장애 인식 개선 교육'과는 별개로 시행되고 있다. 「장애인고용촉진 및 직업재활법」 개정(2017.11.28.)」에 따른 직장 내 '장애인 인식 개선 교육'의 법적 근거를 갖게 되었다.
   - 「장애인복지법」에 따른 장애 인식 개선 교육의 목표는 장애인에 대한 사회적 편견과 차별 제거, 장애인의 사회참여와 권리보장 증진, 장애인, 비장애인 통합 사회조성이다. 이를 위해 의무적으로 교육을 받아야 하는 대상은 국가기관, 지방자치단체, 공공기관, 지방공사 및 지방공단, 특수법인, 어린이집, 유치원, 초·중·고등학교, 대학교 등이다. 의무교육대상기관은 1년에 1회 이상 장애인 인식 개선 교육을 실시하여야 한다.

표 11-1 **장애 인식 개선 교육대상**

교육대상 구분	교육대상기관
국가기관	입법기관, 사법기관, 행정기관
지방자치단체	각 시 · 도에 속한 시 · 군 · 구청, 읍 · 면 · 동사무소, 지방자치단체로부터 출자 · 출연된 기관
공공기관	공기업, 준정부기관, 기타 공공기관 등
지방공사 및 지방공단	지방자치단체가 직접 설치 · 경영하거나 법인을 설립하여 경영하는 지방공기업
특수법인	특별법에 의하여 설립된 법인
「영유아보육법」에 의해 설치된 어린이집	국공립어린이집, 사회복지법인어린이집, 법인 · 단체등어린이집, 직장어린이집, 가정어린이집, 부모협동어린이집, 민간어린집
「유아교육법」에 의해 설치된 학교	국립유치원, 공립유치원, 사립유치원
「초 · 중등교육법」에 의해 설치된 학교	초등학교, 중등학교, 고등학교, 공민학교, 고등기술학교, 특수학교, 각종 학교
「고등교육법」에 의해 설치된 학교	대학, 산업대학, 교육대학, 전문대학, 방송통신대학 등 원격대학, 기술대학, 각종 대학

출처: 한국장애인고용공단

장애 인식 개선 교육에서 다루어야 할 교육 내용으로는 장애의 정의, 장애인의 인권과 관련된 법과 제도, 장애인의 행동 특성 및 능력, 장애인과 의사소통하는 방법, 장애인 보조기구 및 장애인편의시설, 그 밖에 장애인에 대한 인식을 개선할 수 있는 내용이다. 이와 같은 내용을 교육하기 위하여 집합교육 또는 인터넷 강의 등을 활용한 원격 교육, 체험 교육 등의 교육방법이 가능하다. 의무교육 대상기관은 교육 이후 그 결과를 장관에게 제출하도록 되었기 때문에, 이와 같은 교육 관리를 위해 2017년부터 장애인개발원은 장애인식 개선 교육 실적관리시스템을 오픈하였다. 장애 인식 개선 교육이 의무화되었음에도 아직까지 양적 · 질적으로 미비한 실정이다(남용현 외, 2012; 이대식 · 김수연, 2013; 김용탁 외, 2016; 이종남 · 한상미, 2018). 형식적인 보여주기식 교육에 머물고 있으며, 특히 교육내용이 변화하는 장애의 개념과 장애인권리협약의 제정 취지와 목적 등을 제대로 반영하지 못하고 있다는 비판을 받아왔다.

법률 소개, 장애인을 대하는 에티켓, 차별 시 처벌조항 등 위주로 실질적인 장애 인식 개선을 이루기에는 한계가 있는 등 교육 내용의 문제가 존재한다. 또 장애에 대한 이해가 없는 강사들이 다른 의무교육과 함께 진행함으로써 장애 인식 개선 교육의 질을 떨어뜨리고 있다. 또 대규모 집합교육 등으로 인해 교육 효과가 떨어지는 등 교육방법의 문제도 제기되고 있다.

3. 장애인에 대한 올바른 호칭

장애인에 대한 기본적인 예의는 올바른 호칭에서 시작한다. 예전에는 '불구자' 또는 '병신'이라는 호칭을 사용하던 시절도 있었다. 그러다가 장애를 가진 사람이라는 뜻으로 '장애자'라는 호칭을 사용하였다. 그러나 '장애자'라는 말이 사회에서 분리시키는 듯한 이미지가 있어서 보다 친근감 있는 표현으로 '장애우'라는 호칭을 사용하기도 했었다. 그러나 '장애우'는 마치 친구나 편한 사이를 칭하는 말처럼 들리고 존경을 배제한 친우와 같은 느낌이 들어서 가벼운 말처럼 들린다고 하여 듣기에 올바르지 않는 경우가 있었다. 모든 사람이 모든 장애인을 친구처럼 편하게 대하는 관계만 있는 것은 아니다. 상대가 나이가 많거나 지위가 높으면 존경의 표현이 들어가야 하기 때문이다. 그래서 이제는 '장애인'이라는 호칭으로 바뀌었고 '장애인'이라는 호칭에는 별다른 차별이나 가벼운 느낌이 들어 있지 않아서 올바른 표현으로 사용하고 있다.

반대로 장애인이 아닌 사람에게는 '비장애인'이라는 말을 사용한다. '일반인'이나 '정상인' 등의 표현을 함으로써 장애인이 마치 정상이 아닌 사람인 것처럼 보이지 않도록 주의해야 한다. 사람과 사람 사이에 호칭은 매우 중요한 것이다. 호칭은 친근감이나 존경을 표하기도 하므로 올바른 호칭을 사용하는 것은 매우 중요한 일이다.

4. 직장 내 장애인 인식 개선 교육

'장애'란 일반적으로 신체적, 심리적, 정신적 구조 및 기능상실로 인해 개인적 차원에서 일상생활의 활동에 지장을 가져오고 사회적 차원에서 사회생활에 참여하는 데 불이익과 제한을 받는 것을 말한다.

직장 내 장애인의 정의를 내려보면, 일상생활이 아닌 직장생활을 하는 데 있어서 상당부분 불편을 가진 것이다. 그러므로 일상생활을 하는 데 지장이 없더라도 직장생활을 하는 데 상당부분 장애가 있다면 장애인의 범주에 포함을 시켜야 하는 것이다. 예를 들면 저시력자나 한쪽 팔이나 다리의 관절에 이상이 있어서 약간의 보행장애가 있을 경우에는 어떠한 일을 하는가에 따라서 장애가 크게 불편하기도 하고 미세하게 불편하기도 한다.

장애인이 모든 부분에 있어서 모든 것이 다 불편하기만 한 것은 아니기 때문에 불편한 부분을 해결해 주면 일을 하는 데 있어서 별 문제가 없이 능력을 최대한 발휘할 수도 있기 때문이다.

직장 내 장애인 인식 개선 교육이란 장애인 고용률이 의무화되고 장애인과 비장애인이 함께 근무할 때에 발생할 수 있는 문제점 등을 미연에 방지하고 장애인에 대한 오해와 편견 등을 제거하여 장애인의 취업을 촉진하고 취업에 대한 성공률을 높이고 근무환경을 개선하여 작게는 장애인의 안정된 취업의 길과 크게는 장애인과 비장애인의 사회통합의 효과를 목적으로 장애를 가지고 있는 장애인에 대한 유형별 특징과 이해를 목적으로 1인 이상의 모든 사업장에 연 1회 이상 1시간 이상의 교육을 의무적으로 실시하는 것을 말한다.

5. 직장 내 장애인 인식 개선 사업 의무화

2019년부터는 직장 내 장애인 인식 개선 교육을 의무화하였으며 2020년부터는 교육을 실시하지 않는 기관에는 300만원 미만의 과태료를 부과하는 등 규제를 강화하였다.

표 11-2 이행 점검 및 지도에 따른 과태료 부과 기준

위반행위	근거법조문	과태료 금액(만원)		
		1차	2차	3차
법 제5조의2 제1항에 따른 교육을 실시하지 않은 경우	법 제86조 제2항 제1호	100	200	300
법 제5조의3 제2항에 따른 자료 보관 의무를 위반한 경우	법 제86조 제2항 제2호	100	200	300

출처: 한국장애인고용공단

특히, 무료교육 강사지원사업에 힘쓰고 있다. 직장 내 장애인 인식 개선 사업을 확대 실시하기 위하여 한국장애인고용공단에서는 강사를 양성하여 사업장에 강사를 지원하고 있다. 이는 전문 강사가 사업장 현장에서 교육을 실시하도록 강사비를 지원하여서 보다 더 전문적인 교육을 통하여 인식 개선을 도모하며 사업주의 부담을 감경하고 전문강사에게 활동을 지원하기 위함이다.

2020년도에 의무화에 따른 과태료 부과가 처음 실시되면서 상시근로자 1인 이상 사업장에서 교육을 실시할 때 강사료를 지급하였다(단 한국장애인고용공단에서 강사 양성 과정을 수료하고 자격을 취득한 자에 한하여 강사비 지급).

2021년에는 상시근로자 5인 이상의 사업장에 한하여 강사비를 지원하였다. 집체교육을 원칙으로 하고 있지만 2020년과 2021년에는 코로나 특수상황으로 인하여 줌교육 시에도 강사를 지원하였다.

또한, 현장 수요를 파악해 수행기관과 밀착하여 교육 필요 사업장을 적극 발굴하려고 노력하고 있다.

나아가 중증장애인 강사 활용도 확대하고 있다. 중증장애인 문화체험형 추진 및 발달장애인 파트너 강사 제도 정착화로 장애인에게는 장애인에 대한 인식 개선과 고용을 동시 도모할 수 있도록 한다(중증장애인 강사의 경우 비장애인강사 또는 경증 장애인 강사와 2인 1조로 동시에 파트너가 되어서 강의 진행이 가능). 또한, 사업운영 방식을 개편하여 무료 강사 지원 사업 현황 및 효과성을 분석하고 있다. 단, 집합교육을 원칙으로 코로나-19 상황 등을 감안하여 화상강의와 상호 전환 운영방식을 채택하였다.

한국장애인고용공단과 한국장애인고용안정협회는 장애인 인식 개선 교육을 연구 보급하고 있고 강사 양성과 장애인 고용 확대 등 장애인의 삶의 질 향상을 위한 노력을 하고 있다.

CHAPTER

12

장애의 진단

1. 장애진단의 목적

「장애인복지법 시행규칙」 제2조 및 [별표 1]의 장애인의 장애등급표에 의한 장애등급 사정기준을 구체적으로 해석하고 표준 진단방법을 제시하여 정확하게 장애등급을 판정하여 장애인이 직업재활을 포함한 자립과 일상생활에 필요한 장애인복지서비스를 올바르게 이용할 수 있도록 한다.

2. 판정기준의 적용 원칙

1) 장애유형별 판정기준

장애유형별 장애등급은 원칙적으로 아래의 표와 같이 장애유형별 판정기준에 따라 판정한다.

표 12-1 장애인의 분류

대분류	중분류	소분류	세분류
신체적 장애	외부 신체기능의 장애	지체장애	절단장애, 관절장애, 지체기능장애, 변형 등의 장애
		뇌병변장애	뇌의 손상으로 인한 복합적인 장애
		시각장애	시력장애, 시야결손장애
		청각장애	청력장애, 평형기능장애
		언어장애	언어장애, 음성장애, 구어장애
		안면장애	안면부의 추상, 함몰, 비후 등 변형으로 인한 장애
	내부기관의 장애	신장장애	투석치료중이거나 신장을 이식 받은 경우
		심장장애	일상생활이 현저히 제한되는 심장기능 이상
		간장애	일상생활이 현저히 제한되는 만성·중증의 간기능 이상
		호흡기장애	일상생활이 현저히 제한되는 만성·중증의 호흡기기능 이상

대분류	중분류	소분류	세분류
		장루 · 요루상애	일상생활이 현저히 제한되는 장루 · 요루
		뇌전증장애	일상생활이 현저히 제한되는 만성 · 중증의 뇌전증
정신적 장애	발달장애	지적장애	지능지수가 70 이하인 경우
		자폐성장애	소아청소년 자폐 등 자폐성장애
	정신장애	정신장애	조현병, 조현정동장애, 양극성정동장애, 재발성우울장애

출처: 보건복지부(2021). 2021년 장애인복지 사업안내(1권).

2) 2종류 이상의 장애가 중복되는 경우

2종류 이상의 장애가 중복되는 경우의 장애등급은 중복장애의 합산기준에 따라 판정한다. 중복장애의 합산에 따른 주된 장애등급의 상향조정은 두 가지 장애를 합한 장애율이 주된 장애의 차상위 등급의 장애율과 비교하여 반드시 상향조정할 필요가 있는 경우로 장애율은 아래의 표와 같으므로 기준을 참고하여 장애등급을 조정할 수 있다.

표 12-2 장애등급별 및 중복장애 합산 시 장애율

구분	1급 (85 이상)	2급 (75~84)	3급 (60~74)	4급 (45~59)	5급 (35~44)	6급 (25~34)
1급(85 이상)	97.75	96.25	94.0	91.75	90.25	88.75
2급(75~84)	96.25	93.75	90.0	86.25	83.75	81.25
3급(60~74)	94.0	90.0	84.0	78.0	74.0	70.0
4급(45~59)	91.75	86.25	78.0	69.75	64.25	58.75
5급(35~44)	90.25	83.75	74.0	64.25	57.75	51.25
6급(25~34)	88.75	81.25	70.0	58.75	51.25	43.75

표 12-3 **중복장애 합산 시 장애등급 상향 조정표**

	1급	2급	3급	4급	5급	6급
1급	1급	1급	1급	1급	1급	1급
2급	1급	1급	1급	1급	2급	2급
3급	1급	1급	2급	2급	3급	3급
4급	1급	1급	2급	3급	3급	4급
5급	1급	2급	3급	3급	4급	4급
6급	1급	2급	3급	4급	4급	5급

3) 중복장애 합산의 예외

다음의 경우는 각각을 개별적인 장애로 판단하지 않는다.

① 동일부위의 지체장애와 뇌병변장애: 뇌병변장애(포괄적 평가)와 지체장애(개별적 평가)가 중복된 경우에는 뇌병변장애 판정기준에 따라 장애 정도를 판정한다. 다만, 지체장애가 상위등급이고 뇌병변장애가 경미한 경우는 지체장애로 판정할 수 있다.

② 지적장애와 자폐성장애

③ 지적장애, 자폐성장애, 정신장애와 그에 따른 증상의 일환으로 나타나는 언어장애

④ 장애부위가 동일한 경우

- 눈과 귀는 좌·우 두 개이나 하나의 기능을 이루는 대칭성 기관의 특징이 있으므로 동일부위로 본다.
- 팔과 다리는 좌·우를 각각 별개의 부위로 보나 같은 팔의 상지 3대관절과 손가락관절 및 같은 다리의 하지 3대관절과 발가락 관절은 동일부위로 본다.

⑤ 위 ②항, ③항의 적용원칙 이외에 개인의 신체적·정신적 특성 등을 고려하여 판정할 필요가 있다고 인정되는 경우에는 「장애인복지법 시행규칙」 제3조 제4항에

따라 고시된 장애등급 심사규정 제14조의 장애등급심사위원회에서 다음 사항을 고려하여 장애등급을 판정할 수 있다.

- 2종류 이상의 중복장애가 있는 경우로서 중복장애의 합산기준에도 불구하고 주장애 또는 부장애가 부장애 또는 주장애의 신체적 · 정신적 기능 등을 더 심화시키는 결과를 초래하는 경우
- 장애정도에 변화를 일으키는 신체적 · 정신적 손상 등이 객관적으로 확인되고 그 손상이 장애정도의 심화와 상당한 인과관계가 있다고 인정되는 경우이다. 이러한 경우에는 장애등급심사위원회에서 등급의 판정을 결정할 수 있다.

3. 장애진단서 작성 기준

장애진단서의 작성은 진료기록을 토대로 하여 신체의 일부가 손상이 되었거나 기능이 소실되었다는 증명에 대한 기록이다. 세부적인 진료기록을 토대로 작성하되 자폐성장애와 같은 정신적 장애의 경우 가족의 의견을 작성한 것을 반영하기도 한다.

표 12-4 장애유형별 장애진단 전문기관 및 전문의 등

장애유형	장애진단기관 및 전문의
지체	1. 절단장애 : X-선 촬영시설이 있는 의료기관의 의사 2. 기타 지체장애 : X-선 촬영시설 등 검사장비가 있는 의료기관의 재활의학과 · 정형외과 · 신경외과 · 신경과 또는 내과(류마티스분과) 전문의
뇌병변	의료기관의 재활의학과 · 신경외과 또는 신경과 전문의
시각	시력 또는 시야결손정도의 측정이 가능한 의료기관의 안과 전문의
청각	방음부스가 있는 청력검사실, 청력검사장비가 있는 의료기관의 이비인후과 전문의

장애유형	장애진단기관 및 전문의
언어	1. 의료기관의 재활의학과 전문의 또는 언어재활사가 배치되어 있는 의료기관의 이비인후과·정신건강의학과 · 신경과 전문의 - 다만, 음성장애는 언어 재활사가 없는 의료기관의 이비인후과 전문의 포함 2. 의료기관의 치과(구강악안면외과) · 치과전속지도 전문의(구강악안면외과)
지적	의료기관의 정신건강의학과 · 신경과 또는 재활의학과 전문의
정신	1. 장애진단 직전 1년 이상 지속적으로 진료한 정신건강의학과 전문의 * 지속적으로 진료를 받았다 함은 3개월 이상 약물치료가 중단되지 않았음을 의미 2. 1호에 해당하는 전문의가 없는 경우 장애진단 직전 3개월 이상 지속적으로 진료한 의료기관의 정신건강의학과 전문의가 진단할 수 있으나, 장애진단 직전 1년 이상의 지속적인 정신건강의학과 진료기록 등을 확인하여야 한다.
자폐성	의료기관의 정신건강의학과(소아정신건강의학과) 전문의
신장	1. 투석에 대한 장애진단은 장애인 등록 직전 3개월 이상 투석치료를 하고 있는 의료기관의 의사 2. 1호에 해당하는 의사가 없을 경우 장애진단 직전 1개월 이상 지속적으로 투석 치료를 하고 있는 의료기관의 의사가 진단할 수 있으나 3개월 이상의 투석 기록을 확인하여야 한다. 3. 신장이식의 장애진단은 신장이식을 시술하였거나 이식환자를 진료하는 의료기관의 외과 또는 내과전문의
심장	1. 장애진단 직전 1년 이상 진료한 의료기관의 내과(순환기분과), 소아청소년과 또는 흉부외과 전문의 2. 1호에 해당하는 전문의가 없는 경우 의료기관의 내과(순환기분과), 소아청소년과 또는 흉부외과 전문의가 진단할 수 있으나 장애진단 직전 1년 이상 내과(순환기분과), 소아청소년과 또는 흉부외과의 지속적인 진료기록 등을 확인하고 장애진단을 하여야 한다.
호흡기	장애진단 직전 2개월 이상 진료한 의료기관의 내과(호흡기분과, 알레르기분과), 흉부외과, 소아청소년과, 결핵과 또는 직업환경의학과 전문의
간	장애진단 직전 2개월 이상 진료한 의료기관의 내과(소화기분과), 외과 또는 소아청소년과 전문의
안면	1. 의료기관의 성형외과, 피부과 또는 외과(화상의 경우) 전문의 2. 의료기관의 치과(구강악안면외과), 치과 전속지도 전문의(구강악안면외과)
장루·요루	의료기관의 외과, 산부인과, 비뇨기과 또는 내과 전문의
뇌전증	장애진단 직전 6개월 이상 진료한 의료기관의 신경과, 신경외과, 정신건강의학과, 소아청소년과 전문의

출처: 보건복지부(2021). 2021년 장애인복지 사업안내(1권).

4. 장애유형별 판정시기

표 12-5 장애유형별 장애진단시기

장애유형	장애진단 시기
지체/시각/청각/언어/지적/안면	장애의 원인 질환 등에 관하여 충분히 치료하여 장애가 고착되었을 때 진단하며, 그 기준 시기는 원인 질환 또는 부상 등의 발생 후 또는 수술 후 6개월 이상 지속적으로 치료한 후로 한다(지체절단, 척추고정술, 안구적출, 청력기관의 결손, 후두전적출술, 선천적 지적장애 등 장애상태의 고착이 명백한 경우는 예외로 한다).
뇌병변	1. 뇌성마비, 뇌졸중, 뇌손상 등과 기타 뇌병변(파킨슨병 제외)이 있는 경우는 발병 또는 외상 후 6개월 이상 지속적으로 치료한 후에 장애 진단을 하여야 한다. 2. 파킨슨병은 1년 이상의 성실하고 지속적인 치료 후에 장애 진단을 하여야 한다.
정신	1년 이상의 성실하고, 지속적인 치료 후에 호전의 기미가 거의 없을 정도로 장애가 고착되었을 때에 한다.
자폐성	전반성발달장애(자폐증)가 확실해진 시점
신장	3개월 이상 지속적으로 혈액투석 또는 복막투석치료를 받고 있는 사람 또는 신장을 이식받은 사람
심장	1년 이상의 성실하고, 지속적인 치료 후에 호전의 기미가 거의 없을 정도로 장애가 고착되었거나 심장을 이식받은 사람
호흡기/간	현재의 상태와 관련한 최초 진단 이후 1년 이상이 경과하고, 최근 2개월 이상의 지속적인 치료 후에 호전의 기미가 거의 없을 정도로 장애가 고착되었거나 폐 또는 간을 이식받은 사람
장루·요루	복원수술이 불가능한 장루(복회음절제술 후 에스결장루, 전대장직장절제술 후 시행한 말단형 회장루 등)·요루(요관피부루, 회장도관 등)의 경우에는 장루(요루) 조성술 이후 진단이 가능하며, 그 외 복원수술이 가능한 장루(요루)의 경우에는 장루(요루) 조성술 후 1년이 지난 시점
뇌전증	1. 성인의 경우 현재의 상태와 관련하여 최초 진단 이후 2년 이상의 지속적인 치료를 받음에도 불구하고 호전의 기미가 거의 없을 정도로 장애가 고착된 시점 2. 소아청소년의 경우 뇌전증 증상에 따라 최초 진단 이후 규정기간(1년 내지 2년) 이상의 지속적인 치료를 받음에도 불구하고 호전의 기미가 거의 없을 정도로 장애가 고착된 시점

첫째, 장애를 진단하는 의료기관의 장애유형별 소관 전문의는 장애인복지법령 및 장애등급 판정기준에 따라 장애판정시기 및 장애의 상태 등에 대하여 진료기록 및 객관적인 검사 등을 통하여 확인하고 장애를 진단하여 장애진단서의 모든 항목을 성

실히 기재하고 검사결과지 및 진료기록지 등 필요서류를 제공에 협조하여야 한다. 읍 · 면 · 동장에게 우편으로 송부하되, 부득이 인편에 의한 경우 봉투의 봉함부분에 의료기관의 간인을 찍어 송부하여야 한다(성명 · 주민등록번호 기재 후 투명 테이프로 처리).

둘째, 의료기관의 폐업 등 부득이한 사유로 인하여 이전 진료기록을 확인할 수 없는 경우 신청인의 현재 상태가 전문적 판단에 의해 장애판정시기에 해당하는 이전의 치료력이 인정된다는 적합한 근거 및 구체적인 의견을 장애진단서에 명시하고 장애 진단을 할 수 있다.

셋째, 지체, 시각, 청각, 언어, 지적, 안면장애는 장애상태가 고착되었음이 전문적 진단에 의해 인정되는 경우 이전 진료 기록 등을 확인하지 않을 수 있다(예: 지체절단, 척추고정술, 안구적출, 청력기관의 결손, 후두전적출술, 선천성 지적장애 등).

넷째, 장애등급을 판정할 때에 향후 장애상태가 변화할 가능성이 있는 경우는 장애등급의 변화가 예측되는 시기를 지정하여 장애 정도를 재판정하도록 한다.

다섯째, 〈보행상 장애 표준 기준표〉에 해당하는 경우 당연히 보행상 장애를 인정하되, 그 외의 장애유형 및 등급에 대하여 보행상 장애가 있다고 진단하는 경우 그 사유를 구체적으로 명시하여야 한다.

5. 장애 진단 및 평가의 내용

현재 우리나라는 장애인의 사정(assessment), 진단(diagnosis), 평가(evaluation)의 개념이 통일되지 않고, 실천현장에서나 학자에 따라 혼용 사용하고 있다. 여러 학자들의 개념을 살펴보면, 먼저 펄만(Perlman)은 진단을 문제의 내용과 성격을 알기 위해서, 그리고 문제의 상호 관계와 문제를 해결하는 수단과의 관계를 생각하기 위해 문제의 제 부분을 검토하는 정신적 활동이라고 정의하였다. 진단과 평가의 목적은 장애인의 재활을 위한 가장 적절한 서비스 제공이라고 할 수 있는데, 갈라즌(Galazon)은 진단과 평가의 목적을 다음과 같이 정의하였다.

첫째, 장애인의 재활활동에 관련되는 것을 예측하는 것이다.

둘째, 직업계획을 수립함에 있어 클라이언트의 강점과 약점을 파악하는 것이다.

셋째, 직업적응을 위해 어떤 능력과 특질 또는 소질 및 기술이 잠재되어 있는가를 밝히기 위함이다.

장애인의 진단, 사정, 평가의 과정은 현 장애에 대한 정확한 이해와 적절한 재활 방향을 수립하고 정보를 제공하여 재활에 필요한 기본적인 자료로 활용될 수 있도록 돕는 것이다.

궁극적인 목적은 장애인이 지닌 현재의 장애 상태를 파악하고 그에 따른 잠재적인 능력을 최대한 발휘하여 바람직한 재활을 위해서 가장 적절한 서비스를 제공하는 데 있다. 목적 달성을 위한 기본 원칙을 살펴보면 다음과 같다(정무성 외, 2013).

첫째, 개별화되어야 한다. 이는 사정 절차와 방법을 적용할 때 개인별 특성에 따라 상호작용 방식을 수정할 수 있어야 한다.

둘째, 가족 중심 차원에서 이루어져야 한다. 클라이언트를 둘러싼 환경, 특히 가족은 클라이언트의 성장발달에 중요한 영향을 미치기 때문에 그들의 발달을 촉진하고 향상시키기 위한 가족의 요구, 강점, 위험 요인 등을 확인하고 이를 클라이언트의 서비스에 반영할 수 있어야 한다.

셋째, 장애의 예방과 최소화에 초점을 두어야 한다. 이는 장애를 조기에 발견하여 이들을 적절한 서비스기관에 의뢰, 추적, 선별 및 진단활동이 이루어질 수 있도록 해야 한다.

넷째, 대상에 맞는 서비스를 제공하는 데 유용한 방법으로 이루어져야 한다. 이는 장애 유무를 확인하는 데 초점을 두는 것이 아니라, 클라이언트의 욕구가 무엇인지를 확인하는 데 초점을 두어야 한다.

다섯째, 다양한 출처, 도구, 영역, 상황에서 얻은 정보에 기초하여 이루어져야 한다. 이는 표준화된 검사도구뿐만 아니라 부모와의 의견 교환, 자녀에 대한 관심,

부모의 관찰 등에 의해 사정이 이루어져야 한다.

여섯째, 사정은 사회적으로 가치 있고 수용 가능한 방법으로 이루어져야 한다. 이는 사회적으로 적절한 것으로 판단되는 목표를 확인하고 사정 내용, 도구 방법이 클라이언트와 가족에 의해 수용 가능해야 한다.

일곱째, 사정에 의한 의사결정은 다학문적 팀 구성원들의 합의를 통해 이루어져야 한다.

진단의 각 영역을 좀 더 살펴보면 다음과 같다.

첫째, 의료적 진단에서는 장애인의 의료적 측면을 진단 · 처방하고 재활 방향을 제시한다.

둘째, 교육적 진단에서는 학습 준비도나 기초학습능력을 정확하게 파악하여 가족에게 정보를 제공하고 필요한 교육과 적합한 교육적 지원을 하도록 도움을 준다.

셋째, 사회적 진단에서는 생육사, 가족력, 사회력 조사와 접수상담을 통해 수집된 정보를 중심으로 종합적인 의견을 제시한다.

넷째, 직업적 진단서에서는 직업에 대한 흥미, 욕구, 잠재된 기술 등에 대한 정보를 얻는다.

다섯째, 언어적 진단에서는 언어발달 기능의 정도를 알 수 있다.

여섯째, 청력적 진단에서는 가장 적합한 보조기를 선택하는 역할을 한다.

진단 및 평가는 과학적, 객관적이며 표준화된 여러 검사 등으로 밝혀지며 장애인의 개인 문제는 복합성을 가지고 있기 때문에 한 가지 검사만으로 이해할 수 없다.

홀리스(Hollis)는 진단 내용을 크게 세 가지로 나누어 다음과 같이 제시하였다.

첫째, 능력평가로서 문제의 원을 찾아내기 위해 여러 가지 사실을 평가하는 것으로 체계적 방법과 규준 적용의 방법이 있다. 체계적 방법은 장애인의 관한 자료적 근거가 될 수 있는 외부적 관계 즉, 환경적 관계를 파악함과 동시에 성격적 · 인격적 측면의 특성과 발달을 조직적으로 조사 정리한다. 규준적용 방법은 전문가가 장애인의 행동을 건강한 모델과 비교함으로써 장애의 존재 여부를 파악하는 행동기준을 적용한다.

둘째, 역동적 원인론적 진단으로서 진단을 평가가 아닌 이해한다는 개념으로 사용하는 것이다. 장애인의 정상적 사회기능 수행에 방해되는 사회적 · 환경적 · 개인적 상호작용 관계를 찾는 것이다.

셋째, 이미 정해진 분류체계 속에 장애를 판단하여 유형화시키는 것이다. 진단에는 발생학적 진단과 임상학적 진단이 있다.

6. 장애인의 진단, 평가, 사정을 위한 각 영역별 도구

장애인의 진단, 평가, 사정을 위한 각 영역별 도구는 다음과 같다.

1) 의료재활 영역

(1) 오세레츠키 운동능력 검사(Oseresky Motor Skill Test)

- 대상 연령: 4~16세
- 검사방법 및 내용: 미국 바이랜드연구소에서 표준화한 것을 다시 한국에서 표준화한 검사도구이며 운동의 양적 측정뿐만 아니라 협응력, 속도, 자발운동, 단일동작, 수행능력을 측정한다. 이 검사는 개인용검사이나 경우에 따라서 집단으로 실시할 수 있다.

(2) 아동기 자폐증 평정척도(CARS: Childhood Autism Rating Scale)

- 대상연령: 자폐성 아동

• 감사방법 및 내용: 자폐증의 아동과 발달장애 아동을 구별하기 위해 15개 항목으로 구성된 행동평정척도이다.

(3) 이화-자폐아동 행동발달평가도구(E-CLAC: Ewha checklist for Autistic Children)

• 대상연령: 자폐아동, 정서 · 행동 장애아동
• 검사방법 및 내용: 일본 정시의학연구소에 의해 제작된 CLAC-Ⅱ를 모형으로 발달 영역과 병리 영역에 관한 내용을 수정 · 보완한 것이다. 아동의 행동발달 규준과 병리성 수준을 평가하는 데 유용하다.

(4) 그림자음검사

• 대상연령: 3세 이상의 아동
• 검사방법 및 내용: 21개의 그림카드를 제시한 후 아동이 그림을 보고 자발화한 것을 전시하여 분석한다. 21개의 그림에서 모두 25개의 단어들이 유도되며, 이로부터 19개의 음소를 3개 조음위치에서 평가하여 총 43개 중 몇 개가 정조음되었는가를 분석한다.

(5) 한국표준어음검사

• 대상연령: 4~17세의 청각장애 및 기타 장애아동
• 검사방법 및 내용: 검사목적은 어음 청력검사를 위한 것으로 최적 가청치, 최고 가청치, 어음 가청치, 어음변별력, 어음명료도 검사를 실시하여 청각장애아동의 보청기 선정과 보청기의 이득수치 조정 등에 활용한다. 또한 언어장애의 진단과 판별 및 언어훈련이나 지도를 위한 기초 자료를 마련하는 데 유용하다. 자폐아동과 청각장애아동의 구별, 지적장애아동과 학습자애아동의 식별, 뇌손상이 청신경의 이상 부위에 대한 언어정보처리 절차의 문제점 분석 등을 위한 기초자료로 활용 가능한 도구이다.

(6) 문장이해력검사 취학 전 아동 언어검사(PLS: Preschool Language Screening Test)

- 대상연령: 1~7세 아동
- 검사방법 및 내용: 수용언어력과 표현언어력의 수준을 측정하며, 언어치료, 교육을 필요로 하는 아동에 대하여 적절한 언어 프로그램 준비 기능을 한다.

(7) ECC(Evaluating Communicative Competence)

- 대상연령: 9~17세
- 검사방법 및 내용: 언어기술에 대한 전반적인 평가가 가능하며, 이를 토대로 구체적인 개별화교육 프로그램 계획을 위해 사용 가능하다.

2) 언어재활 영역

(1) 그림 어휘력검사(PPVT)

- 대상연령: 2~8세 11개월 언어장애 아동
- 검사방법 및 내용: 수용어휘능력을 측정하며, 총 112문항으로 구성되었다.

(2) 벤더시각 운동 형태 검사(BVMGT: Bender Visual Motor Gestalt Test)

- 대상연령: 5세 이상 아동
- 검사방법 및 내용: 발달적 검사, 뇌기능장애진단, 심리상태(정서장애 진단), 지능추정으로 활용되는 도구, 그림을 통하여 통합된 지각의 상실 내지 왜곡된 지각에 여러 가지 형태의 미성숙, 비정상 또는 정신병적 징후를 찾아낼 수 있다. 9개의 간단한 기하학적 도형으로 구성되어 있으며, 이것을 피검자에게 한 장씩 차례로 보여주고 그리도록 한다. Pascal과 Suttelld의 객관적 채점법, Hett의 투사적 채점법, Koppipzd의 아동용 채점법을 사용하며 수 측정에서 오류수는 0에서 30점까지이다.

(3) PPVT-3(Peabody Pivture Vocabulary Test)

- 대상연령: 지적장애인
- 검사방법 및 내용: 개인의 언어수용능력, 특히 단어에 대한 지식을 예측하며 어휘력 검사들을 언어-인지능력을 평가하는 데 주로 사용된다. 일반적인 지적 능력의 측정과 깊은 관계가 있으며, 직업과 주거 프로그램 배치를 예측하는 데 도움을 준다.

(4) **맥크론 신경근육 발달신경**(MAND: McCarron Assessment of Neuromuscular Development)

- 대상연령: 3세 이상 아동
- 검사방법 및 내용: 운동성 요인을 평가하기 위해 사용되며, 5개의 소근육 운동 기능과 5개의 대근육 운동 기능을 검사하는 도구로 구성되어 전체 운동점수를 계산한다. 발달과정 직업능력에 직접적으로 관련되는 신경근육운동의 요인은 지속적인 조정, 근육의 힘, 운동감각의 연합, 양손의 민첩성이며 이를 계산하기 위한 점수를 산출한다.

(5) **촉각 시 지각 반별검사**(HVDT: Haptic Visual Discrimiation Test)

- 검사방법 및 내용: 촉각과 시각과정과 관련하여 대상물을 인지하는 능력을 평가하고 촉각과 시각적 정보를 통합하는 능력을 측정한다. 촉각 판별은 대상물의 모양, 크기, 감촉, 형태를 판별하기 위해서 대상물을 손으로 만진 뒤 그림책에 있는 대상물 가운데 어떤 것인지를 골라내는 것이다.

(6) **행동평가**(BRS: Behavior Rating Scales)

- 검사방법 및 내용: 개인적, 사회적, 직업적 적응행동을 관찰하기 위해 13개 영역(복장, 식습관, 교통, 자립, 시간, 수, 색, 신뢰성, 태도, 체력, 특권, 일과표, 인내)을 평가한다. 이

검사는 5점 척도로 되어 있으며, 대부분의 항목은 실제적 혹은 가상적 작업환경에서 평가대상자의 행동을 직접 관찰함으로써 평가된다.

(7) EBC: Emotional Behavioral Checklist

- 대상연령: 성인 장애인
- 검사방법 및 내용: 충동성-욕구좌절, 불안, 우울-위축, 사회학, 자아개념, 공격성, 현실감 부재 등의 요인을 평가하기 위해 개발된 척도로 각 요인은 5개의 항목으로 구성되어 있다. 각 행동은 보행과 평가기간 동안 관찰된 행동을 기준으로 3점 척도로 평가된다.

(8) 기능적 적응 행동조사(SFAB: Survey of Functional Adaptive Behaviors)

- 검사방법 및 내용: 주거생활기술, 일상생활기술, 학습기술, 직업기술 영역으로 나누어 평가한다. 각 주요기술 영역은 개인적 관리 및 신변처리, 집안관리, 기능적인 기술, 지역사회서비스, 아동기술, 수리적 추리와 산수하기, 기능적인 언어, 읽기, 쓰기, 신체적인 능력, 직업행동과 같이 세분화되며 135개의 행동항목으로 이루어진다.

3) 사회심리재활 영역

(1) 적응행동검사: 학교용

- 대상연령: 3~15세 아동
- 검사방법 및 내용: 아동의 선별, 진단, 교육적 배치, 사정, 향상평가 등에 활용한다.

(2) 적응행동검사: 학교용 2판

- 대상연령: 3~21세

- 검사방법 및 내용: 지적장애 여부를 결정하기 위해 아동의 현재 기능수행을 사정한다. 자폐성장애아동의 적응행동, 특성평가, 특수교육을 요하는 행동장애아동과 일반학급에서 교육을 받을 수 있는 행동문제를 가진 아동을 변별하는 데 사용된다.

(3) 적응행동척도-주거 및 지역사회용 2판

- 대상연령: 18~80세
- 검사방법 및 내용: 적응행동의 강점과 약점을 사정한다. 중재 프로그램의 개인성향을 증명하고, 적응행동의 주요 영역에서 또래보다 낮을 수준을 판별한다.

(4) 웩슬러 아동용 지능검사(K-WISC-Ⅲ)

- 대상연령: 6~16세 아동
- 검사방법 및 내용: 아동의 지능을 임상적으로 평가하기 위한 개별지능검사, 동작성소검사들과 언어성, 소검사들로 구성된다.

(5) 웩슬러 유아용 지능검사(K-WPPSI)

- 대상연령: 취약 전 아동, 지적장애인(연령구분 없음)
- 검사방법 및 내용: 지능을 다차원적인 소성을 가진 총체적인 지적 능력으로 보고 이들 능력을 측정하기 위하여 여러 소검사와 다양한 과제들로 구성된다.

(6) 구대-비네 지능검사(Kodae-Binet Scale)

- 대상연령: 4~15세 미만 아동, 지적장애인의 경우 만 14세로 간주하고 검사실시
- 검사방법 및 내용: 지능검사법을 바탕으로 한 스탠포드 비네검사를 한국판으로 표준화한 개인지능 검사도구이다. 성격, 대인행동의 태도, 말솜씨 등을 관

찰함으로써 피검자의 결함이 어디에 있는지, 어떤 면이 탁월할지를 알아낼 수 있도록 구성되었다.

(7) 카이제-코스 정신발달검사(KISE-KHOS: KISE-Koha block Design Test)

- 대상연령: 3~5세 아동, 지적장애인의 경우 연령에 관계없이 시행
- 검사방법 및 내용: 4개의 입방체를 가지고 아동이 제시된 도판과 같은 모양으로 직접 배열하도록 하는 일종의 수행검사로서 언어적 요인의 영향을 제거하기 위한 비언어적 지능검사도구이며, 다른 검사와 병행하여 사용 가능하다.

(8) 간편 인물화 지능검사

- 대상연령: 0~9세 아동
- 검사방법 및 내용: 집단 또는 개인용으로 실시할 수 있는 지능검사이다. 인물화에 의해 측정하는 지능은 학습에 의해 수정되고, 시간의 경과에 따라 반응이 풍부해진 지적 성숙을 의미한다.

CHAPTER

13

장애인의 성

1. 장애인의 성에 대한 인식

인간의 성이란 생물학적으로 남성과 여성에 대한 구분을 의미하고, 인간 본능의 기본적 욕구를 충족시키며 자손을 번식시키고 당사자들 간의 심리적 결합을 촉진시키는 매개체의 기능을 한다. 남녀의 성적 결합은 인간사회를 지속시키는 고리의 구실을 한다(한국학중앙연구원, 2013). 장애인도 사회의 일원으로 생활할 수 있다면 그들도 성적 권리가 주어져야 할 것이다.

2. 장애인의 성(性) 특성

장애인이 갖게 되는 성문제를 생각할 때 대체로 장애인이 과연 이성을 느끼며 성에 대한 흥미나 욕구가 있는지, 생식기에는 이상은 없는지, 또 기능은 어떠한지, 성행위에는 어려움이 없고, 출산 능력은 있는지, 성을 자제할 수 있는지 등에 대한 물음을 갖게 된다. 장애인의 성 문제라고 특별하지는 않다. 비장애인에게서 나타날 수 있는 것과 같은 성 기능의 저하가 장애 자체 또는 장애로 인식하여 이차적으로 발생할 수 있다. 장애의 종류 및 정도에 따라 발생 빈도나 성 장애의 종류에 많은 차가 있을 수 있으나, 일반적으로 여성보다는 남성에게 주로 나타난다.

장애인의 성 문제는 크게 네 가지 유형으로 구분한다.

첫째, 생식기관의 기능에 관여하고 있는 신경해부학적 손상에 의해 나타나는 경우인데, 척수손상이 대표적인 예로 가장 빈번하게 발생할 뿐 아니라 대부분 하반신마비 또는 사지마비를 동반하게 되므로 더욱 어려움을 겪게 된다.

둘째, 해부생리학상 신체적인 성 기능에는 이상이 없지만 성에 대한 욕구 및 이를 조절하는 능력의 결여로 인한 경우로 정신지체 등에서 볼 수 있다.

셋째, 생식기관의 기능이나 성을 조절할 수 있는 지적능력 등은 모두 정상이지만 신체적인 부자유 때문에 성행위의 어려움을 겪는 경우로, 소아마비, 절단, 관절강직 등에서 볼 수 있다.

넷째, 뇌성마비, 뇌손상, 뇌졸중 등으로 일어날 수 있는 것으로 생식기 기능 자체의 문제보다는 마비에 의한 지체장애인과 지적 또는 감정적 문제를 동반하고 있는 경우를 들 수 있다.

1) 뇌졸중 및 외상성 뇌손상

뇌졸중의 발생연령이 노년기에 많기 때문에 뇌졸중 후 성재활이 등한시되는 경우가 많았지만, 100세 시대를 눈앞에 두고 있는 오늘날에는 노년기의 성이 중요시되고 있고, 최근에는 젊은 나이에 뇌졸중에 걸리는 경우도 점차 증가하고 있어 뇌졸중 후 성재활의 중요성이 더욱 부각되고 있다. 또한 교통사고 등에 의한 외상성 뇌손상의 경우 10대에서 20대에 가장 많이 발생하는 점을 볼 때 성재활은 더욱 중요하다고 볼 수 있다(이채식, 2012).

남성 뇌졸중에는 '발기부전'이, 여성 뇌졸중에는 '전신피로감'이 성생활에서 가장 어려운 문제라고 보고되고 있다. 그리고 외상성 뇌손상은 주로 젊은 연령에서 발생하므로 성생활의 중요성이 매우 높다고 볼 수 있다. 뇌졸중이나 뇌손상으로 뇌조직에 손상을 입게 되면, 이로 인해 인지와 정서상태가 변화되어 성에 대한 생각, 성에 대한 흥분이 감소된다. 뇌졸중으로 인한 장애를 가진 사람들의 기능장애 정도는 매우 다양하다.

2) 뇌성마비

뇌성마비인의 성기능은 잠재적으로 비장애인과 같다고 볼 수 있다. 그러나 대개의 경우 마비로 인해 몸을 자유롭게 움직일 수 없거나 심리적 또는 사회적 문제 등으로 성생활에 어려움을 안고 있는 것이 사실이다. 뇌성마비 아동이 성장하더라도 현실적으로 결혼할 수 있는 기회가 매우 적으므로, 성을 알게 되었을 경우 어떻게 감당할 것인가 하는 부모들의 우려 때문에 오히려 성에 대해 모르고 지내기를 바라는 마음에서, 더욱 의식적으로 성 문제를 덮어두려고 하는 것 같다. 그러므로 뇌성마비인의 성문제 해결은 이러한 성에 대한 부정적인 인식을 바꿔주는 데에서 시작되어야 하며, 이를 위해서는 부모나 교사들의 인식이 먼저 바뀌어야 할 것이다.

3) 척수손상장애

척수손상장애는 성 장애를 동반하는 가장 대표적인 지체장애이다. 그러므로 나이, 성별, 손상부위, 손상 정도 등에 따라 다소 차이는 있을지언정 척수손상에 의한 생식기 자체의 기능소실이 나타날 뿐 아니라 사지마비로 인하여 성장애가 더욱 심화될 가능성이 많아지기 때문이다. 그러나 실제로는 모든 척수장애인에게 성장애가 나타나는 것은 아니며 손상 후 첫 1년 정도는 성에 대한 관심이 점차 낮아지다가, 2년째 말쯤 되면 손상 전 정도로 관심을 갖게 된다. 그러면서 차츰 시간이 지나면서 성관계 시 트러블을 경험하게 된다. 하지만 사회문화적 분위기상 본인이 드러내놓고 말하기가 어려우므로 성생활에 대해서는 포기한 상태로 지내는 경우가 많다. 척수손상인의 재활과정에서 성상담은 척수손상 후 초기 1년 내에 반드시 시행하는 것이 바람직하다고 할 수 있다.

4) 심장장애

언제 어디서나 위험성을 안고 살아가는 심장질환이 있는 장애인들은 삶에 대한 회의감과 함께 우울증에 시달리는 것이 보통이다. 우울증은 만성치료를 동반하고 성욕을 감소시킨다.

또 성행위가 심장에 부담을 주어 위험할지 모른다는 막연한 공포감 때문에 더욱 성행위를 기피한다. 성행위를 하게 되면 심근경색이 재발할 것이라는 가정을 하지만 실제로는 성생활 도중 발생하는 심근경색의 위험은 심근경색이 있던 사람과 없던 사람에게서 차이가 없었다. 성행위가 심근경색의 원인이었던 것으로 생각되는 사례는 전체 심근경색의 0.9%에 불과하다고 보고되고 있다. 심장질환이 있는 장애인을 상담할 때는 교육과 확신을 심어주는 것이 중요하다.

기본적으로 술과 담배는 끊고 일정한 식사와 운동, 그리고 약물을 복용하면서, 처음에는 극치감을 목적으로 하지 말고 가벼운 접촉, 애무, 포옹 등으로 부담 없이 사랑을 표현하는 것이 바람직하다.

5) 지적장애

지적장애인의 경우에는 대개의 경우 신체적인 성숙에서는 정상적인 발달 순서를 따른다. 많은 지적장애인들이 정상인의 신체적 특성을 가지는데 대다수의 중증지적장애인들조차 정상적인 생식력을 발달시킨다. 다시 말해서 대부분 성에 대한 흥미가 있으며 신체적인 성기능에 아무런 장애가 없는 것이 보통이다. 일반적으로 지적장애 자체의 문제보다는 오히려 주위 사회의 환경적인 성에 대한 억압이 문제되고 있다. 즉 지적장애인은 자신의 성적 권리를 가정이나 사회에 맡기고 살고 있다고도 볼 수도 있다. 지적장애인은 발달, 적응행동과 대처능력이 다양한 수준을 가진 성적인 인간으로 생각된다. 또한 지적장애인에 대한 이해와 일반적인 대처능력을 이해하는 데 도움이 될 행동특성들과 지적장애인의 하위집단들의 일반적인 특성들을 제시해 놓았다. 그러나 각 지적장애인의 개인적 인성의 질을 고려하는 것 또한 중요하다.

지적장애인의 지체 정도에 따른 성 특성은 다음과 같다.

(1) 경도(輕度) 장애인

① 평균 혹은 정상 정신사회적-성적 행동과 비슷하다.

② 대다수의 사람들과 유사한 방법으로 성적 충동을 탐구하고 채택하며 통제한다.

③ 성교육/성상담/성치료의 언어적 모델에 반응한다.

(2) 중도(中度) 장애인

① 2차적 성적 특징들이 지체될 수 있다.

② 적응적 · 정신사회적 · 성적 행동은 쉽사리 획득되지 않는다.

③ 이상한 성적 행동이 나타나기도 한다.

(3) 중도(重度) 장애인

① 성적 충동에 대해 매우 빈약한 통제력을 가진다.

② 적절한 정신, 사회적 · 성적 행동의 발달에 결함이 있다.

③ 관능적 · 성적 행동의 결과를 예견 혹은 예측할 수 있는 능력이 제한되어 있다.

④ 사회적 규칙들을 이해하는 데 문제를 가진다.

6) 정신장애

대개의 경우 정신장애인들은 애정적 욕구가 대단히 크다. 따라서 그들의 감정적, 애정적 행위가 오직 성본능의 욕구에서 생겨난다고 단정하는 것은 문제가 있을 수 있다. '나는 너를 사랑한다', '나는 너와 함께 식사를 하고 싶다' 등의 지극히 자연스럽게 표현하는 행위들일 뿐일지도 모른다. 경우에 따라서는 단순히 모방하는 다시 말해 영화나 TV에서 본 것을 흉내 내는 단순한 행위일지도 모른다. 물론 심리적으로 좀 더 발달되어서 성본능을 표현할 수 있는 사람들도 있다. 이 경우 정신장애인들은 자신의 배우자와 진정한 인간관계를 시작하는 데 필요한 감정적 성숙에 이를 수 있도록 성상담의 지원을 받아야 한다. 또한 그들 중에는 건전하고 풍요한 감성을 지니고 있는 사람도 많이 있다. 이러한 감정적 풍요로움은 흔히 사회적 관습에 얽매이지 않기 위해 나타날 수도 있다.

중요한 것은 무엇보다도 사랑 받기를 원하는 사람의 미성숙된 요구와 성관계에 대한 욕구를 혼동해서는 안 된다. 감정적 미성숙 단계에서 성관계를 갖는 것은 진심으로 사랑하고 타인에 대한 책임을 질 수 있는 단계로의 성장을 저해하는 요소가 될 수 있다. 바로 이러한 이유 때문에 정신장애인들을 감정적 성숙에 도달하기 전에 책임성 없이 성관계를 맺을 가능성이 있는 환경에 처하도록 하는 것은 위험한 일이다.

3. 장애인 성에 대한 외국의 사례

대부분의 유럽 국가들에게는 재활의 방향이 정상화와 사회통합을 지향하면서 장애인들이 직업을 가질 수 있도록 돕는다면 당연히 이들도 사랑할 권리를 인정해야 할 것이며, 또한 이들이 성적 학대로부터 자신을 보호할 능력도 키워주어야 할 것을 원칙으로 하고 이에 대한 프로그램 개발이 이뤄지고 있다. 그럼에도 불구하고 현재 4명이나 6명이 함께 사는 그룹홈 등 시설에서도 침실이나 탈의, 목욕, 화장실 등의 사적 공간이 없는 곳이 있고, 침실도 아무나 드나들 수 있도록 되어 있는 곳이 많아 남녀가 함께 있는 시설에서는 성학대 가능성도 높은 것으로 보고되고 있다. 이러한 문제점을 해소하기 위하여 각 나라들에서는 그룹홈에도 거주자들의 개별적인 침실을 확보하려는 노력을 지속적으로 추진해 오고 있다.

특히 장애인, 이들의 부모나 교사, 시설의 전문가까지 모두 장애인 관련 성문제에 관한 교육과 필요한 프로그램을 제공하여 왔기 때문에 장애인들의 성문제에 관한 관심을 어느 정도 인식하고 있다. 예를 들어, 장애인들의 성문제에 관한 관심을 어느 정도 인식하고 있으며, 장애인의 성문제와 관련하여 장애인들의 자위행위는 성을 접할 수 있는 첫 단계라고 생각하며, 이들의 자위행위에 대해 대체로 긍정적인 측면으로 이해하고 있는 것을 보고되고 있다.

장애인의 경우, 적절한 성 상대자가 없기 때문에 스칸디나비아국가의 경우, 장애인의 성적 만족이 가능성 확인을 위하여 장애인 대상 공창(매춘)을 상대하기도 하는데, 이로 인해 법적 문제나 질병에 걸리거나 범죄행위에 물드는 부정적인 측면이 발견되기도 하였다. 한편 장애인 상대 공창들을 통해 자신의 성적 기능을 확인받거나 성 기술을 배우기도 하는데 이는 각국의 사회적 혹은 문화적인 정서가 이를 수용하는 경우에 가능한 것이다.

영국의 경우 장애인의 성문제를 상담해 주는 기관들이 있는데, 예를 들면 '성재활연합', '성재활교육시설' 그리고 심리학자들이 운영하는 전국 장애인 데이트 서비스 제공하는 기관 등을 들 수 있다.

또한 영국에서는 '가족계획협회와 성법률'에 의해 16세 이상 남녀는 상대방과 성관계를 가질 수 있다. 남자는 능력이 있어서 14세 이하에는 성적 접촉을 할 수 없고, 여자는 16세에, 남자는 21세에 동성애 관계를 가질 수 있다. 남녀 모두 16세에 부모 동의하에 결혼할 수 있고, 부모 모르게 의사를 바꾸거나 의료적 조치를 결정할 수 있다. 18세에는 부모동의 없이 결혼할 수 있다. 여기에서 부모는 후견인도 포함된다. 따라서 장애인이라고 예외일 수 없다.

4. 장애인 성문제의 인식의 변화 방향

장애인의 성문제는 사실 오래 전부터 있었다. 다만 최근에 들어 다수의 사람들도 관심을 가지고 해결책을 찾고자 하는 노력이 의미를 가진다고 본다. 장애인을 도울 수 있는 유일한 방법으로 그들에게 성에 대한 권리를 행사할 수 있는 육체적 가능성을 열어주어야 한다는 주장이 대두되고 있고 필요하다고 본다. 그러나 장애인들이 치밀한 결합이 요구되는 부부의 사랑을 깨달을 수 있는 원조, 책임감이나 항구적인 관계 그리고 출산을 배제한 권리행사는 안이한 성적 망상으로 이끌어 갈 수도 있다.

사람의 성을 진정한 인간관계를 바탕으로 하고 그 관계를 강화시키는 인간적인 것이 되게 하기 위해서는 자신이 누구인지, 자신의 삶을 통해 무엇을 하고자 하는지를 앎으로써 각자의 주체성을 명백히 인식해야 한다. 감정적 성숙이 되지 않은 채 또는 성관계를 통해서 실제로 무엇을 추구하고 있는지를 알지 못한 채 성을 행사하는 것은 혼돈상태를 가중시킬 위험이 있다.

보호받는 입장에 있는 장애인들로 하여금 상대방이나 자기 자신의 생활과 가정, 자녀 그리고 자기 가족에 대한 아무런 책임감도 느끼지 못하는 상태에서 성본능을 쉽게 사용하는 것은 성의 가치를 떨어뜨리고 장애인 자신의 인격적 품위를 손상시키는 행위가 될는지도 모른다. 부부생활과 가정생활이 기쁨과 고통에 참여할 수 있다. 그러나 이들의 결혼이나 출산은 사회적으로 환영 받지 못하는 경우가 많다. 때론 부부생활은 허용하지만, 출산은 막아야 한다는 의견도 많고, 이러한 의견을 주장하는 대표적인 사람들이 이들을 보호하는 가족이나 시설의 관리자들인 경우가 많다.

장애인들의 권리를 옹호해야 할 가장 가까운 사람이 그 권리를 방해하고 원천적으로 봉쇄하는 경우이므로 문제에 심각성이 있다 하겠다. 이러한 문제점을 반영하듯이 장애인의 강제 불임 문제가 사회적 논란이 되고 있다. 사회적 책임과 자녀양육의 능력을 갖추지 못한 장애인들의 불임에 대한 문제에 대한 한 가지 분명한 사실은 장애인들의 강제불임은 적자생존의 명분으로 제시되어 우생학에 토대를 둔 명백한 인권침해 행위란 점이다. 이미 외국에서는 '장애인은 정신지체 자녀를 생산할 확률이 높다', '장애인은 출산한 자녀를 양육하기 어렵다', 혹은 '장애인에 대한 사회적 비용이 많이 들어 국가의 부담이 크다' 등 이러한 논리는 반인도주의적이고 반문명적인 것으로 판명되어, 그동안 장애인에게 자행되어오는 강제불임은 철저히 중단되었고, 이에 관한 문제는 이미 더 이상 논의의 주제조차 될 수 없는 반윤리적인 발상이란 생각으로 결론이 난 상태이다.

또한 지금껏 비장애인들은 장애인의 성과 관련하여 잘못된 인식이 있었다.

첫째, 영원한 아이로서 무성적인 사람이다.

둘째, 과도하게 성적이고 충동을 조절하지 못해서 성적 행동이 무분별하다.

셋째, 장애가 있는 자녀를 낳을 것이다.

넷째, 성과 관련된 폭력과 무절제, 그리고 부적절한 성적 행동을 하는 경향과 함께 많은 성격적 결함을 갖고 있을 것이다.

이와 같은 편견은 다음의 두 가지 결과를 이끌었다. 장애인들은 성에 대해 아무것도 모르기 때문에 장애인들이 성문제는 무시해도 좋다는 점과 이와는 반대로 이들의 성에 대해 민감하게 성충동을 억제하기가 힘들기 때문에 만일 이들이 성에 대해 눈을 뜨게 되면 성폭력을 가할 위험성이 있으므로 성적 억압을 가해야 한다는 것이다. 그러나 장애를 갖고 있는 유명 연예인들의 솔직 담백한 토크 그리고 성적 권리를 누리기 위한 활동들에 의해 비장애인들, 장애인 성적 권리의 인식이 개선되었다. 장애인들에게 성교육의 필요성이 절대적으로 필요한 것이다. 체계적이고 실질적인 성교육을 통하여 장애인들에게 제공될 수 있는 것은 무엇인가 생각해 보자.

① 장애인도 정상화된 통합 사회에서의 삶의 질을 향상시키기 위해서 인간관계를 통한 자신의 성을 표현하는 데 능숙해질 수 있다.

② 인간 기본권은 사회적으로 적절한 성적 필요를 표현하고, 이해하며, 수행하는 성적 권리도 포함한다.

③ 공적인 자위행위, 타인에 대한 무분별한 만짐, 공적인 장소에서의 노출행위와 같은 부적절한 사회적 · 신체적인 상호작용이 사회에서 용인되지 않음을 알아야 한다.

④ 원치 않은 성적 활동과 성적 착취의 위험으로부터 자신을 보호할 수 있다.

실질적으로 성교육과 함께 성상담을 병행한다면 더욱 큰 효과를 얻을 수 있다. 그러나 성상담과 교육은 섬세하고도 너그러운 상담자의 역할이 중요하다. 왜냐하면 성 문제는 자칫하면 혼란에 빠지기 쉽고 마음에 상처를 입기 쉬운 부분이기 때문이다. 그리고 성교육이나 상담을 할 때는 각 사람의 내적 비밀과 신체에 대한 최대의 존경심이 전제되어야 한다. 따라서 상담자가 모든 것을 다할 필요는 없다. 상담자는 개개인의 비밀스러운 영역을 인정하고 오직 위험스러운 상황이라는 확신이 들 때만 개입하는 것이 바람직하다고 본다.

장애인도 모든 인권과 기본적 자유의 보편성, 불가분성, 상호 의존성 및 상호 관련성과, 장애인이 그러한 인권과 자유를 차별 없이 완전히 향유할 수 있도록 보장받아야 하는 필요성을 재확인하고, '장애인의 권리에 관한 협약, ______다'라고 명시하고 있다. 그러나 장애형태에 따라 다양한 특징을 보이는 장애인들의 성 실태조사를 하고 장애인들의 성적응에 미치는 성생활 프로그램을 개발하여 보급해야 할 것이다.

최근에는 장애인을 위한 성교육 프로그램이 제공되고 있다. 장애인이 성교육에 참여할 수 있도록 권장해야 할 것이다. 성의 향유의 보장만 부각하기보다 기관을 통한 성교육을 통해 장애인 스스로 책임질 수 있도록 적절한 관리가 필요하다 하겠다.

장애인의 성에 대하여 고민하고 프로그램을 개발해야 하는 이유가 15가지 유형의 모든 장애인들이 다 포함되는 것은 아니다. 장애인의 성은 비장애인들의 눈높이에 따른 도움이 필요하고 관리가 필요하다는 편견이 있어서는 안 된다. 정도가 심한 발달장애인의 경우 성에 대한 욕구는 있으나 그에 따른 책임에 대한 부분이 인지가 약할 수도 고 중증 지체장애인의 경우 욕구와 책임에 대한 인지가 있으나 순간의 대처 상황이 신체적으로 안 될 수도 있으므로 사람마다 각각 필요한 부분에 대한 대처 프로그램을 개발해서 보급해야 한다.

참고문헌

교육부(2018). 특수교육연차보고서.

김용득 외(2007). 한국 장애인복지의 이해. 인간과복지.

김용득(2003). 장애담론과 한국 장애인복지변천, 통합과 배제의 사회정책과 담론.

김용득(2005). 한국 장애인복지의 이해. 인간과복지.

김종인 외(2003). 장애인복지론. 인간과복지.

남상만 외(2003). 장애인복지론. 공동체.

남상만 외(2003). 장애인복지론. 홍익재.

남상만 외(2005). 장인복지개론. 홍익재.

남현희 외(2010). 장애인복지론. 공동체.

문선화 외(2008). 장애인복지론. 양서원.

박광준(2010). 붓다의 삶과 사회복지. 한길사.

박옥희(2004). 장애이복지론. 학문사.

법제처. 장애인복지법 제2조.

보건복지부(2021). 2021년 장애인복지사업안내(1권).

손광훈(2013). 장애인복지론. 정민사.

신현석(2014). 장애인복지론. 공동체.

에이타야로시 외; 송영욱 역(1993).

오혜경(1999). 장애인 자립 생활실천에 관한 연구. 사회복지리뷰.

오혜경(1999). 장애인과 사회복지실천. 아시아미디어리서치.

윤삼호 역. *An introduction to disability studies*. David falton publishers. webzine, 프리즘 제7호 한국 장애인 포럼.

이선우(2009). 장애인복지의 이론과 실제. 집운당.

이성규(2008). 사회통합과 장애인복지정치. 나남.

이익섭(1999). 장애인복지의 이념과 파라다임. 장애인복지시설 종사자교육, 연수 자료집. 한국장애인복지시설협회.

이종은(2011). 장애인복지론. 공동체.

이준우 외(2010). 근로장애인 직업적응능력 향상 프로그램 개발. 장애와 고용, 20(2).

이채식(2012). 장애인복지론. 창지사.

임종호 외(2018). 장애인복지론. 학지사.

장애인복지법 시행규칙.

전용호(2003). **차별로부터의 자유, 그 당당한 삶을 위한 장애인복지**. 학문사.

정무성 외(2013). **장애인복지론**. 정민사.

정우영 외(2013). **장애인복지론**. 현대.

정일교, 김만호(2010). **장애인복지론**. 양서원.

정일교, 김만호(2019). **장애인복지론**. 양서원.

정지몽, 이준우(2010). 사적 영역의 상업화, 합리화로서의 사회서비스 비판. andeegorz의 논의 중심으로.

한국장애인고용공단(www.kead.or.kr). 자료발췌.

한국장애인고용안정협회(www.kesad.or.kr). 자료 발췌.

UN, WHO의 장애와 개념.

WHO(1997). *International Classification of Impairments, Disabilities, and Handicaps-2*. Geneva: Author.

Wolfensberger & Thomas(1983). Wolfensberger, W., Social Role Valorisation: A, Proposed. New. tern for the Principle of Normalisation. *Mental Retardation, 21*(6).

찾아보기

저 · 자 · 약 · 력

■ 오정화

성산효대학원 효복지 석사(사회복지전공)

칼빈대학원 철학박사(사회복지전공)

전) 칼빈대학원 사회복지학과 교수

현) 서정대학교 상담아동청소년과 교수

직장내장애인인식개선 전문강사

장애인고용인식매니저

장애인활동지원기관 대표

논문 〈장애인의 사회적 배제가 삶의 질에 미치는 영향〉(2019)

■ 조완신

건국대학교 대학원 석사(사회복지전공)

건국대학교 일반대학원 박사수료(사회복지전공)

전) 김포대학교 사회복지학과 교수

칼빈대학교 아동복지상담학과 교수

현) 서정대학교 상담아동청소년과 교수

강원도지적발달장애인복지협회 원주지부 운영위원

법무부보호관찰소협의회 위원

▌장애인복지론 ▌

1판 1쇄 발행 2022년 1월 20일
1판 2쇄 발행 2024년 2월 15일

저 자 | 오정화 조완신
발 행 인 | 박철용
발 행 처 | 양서원
주 소 | 경기도 파주시 직지길 522 파주출판도시
전 화 | 031-955-8000(代)
팩 스 | 031-955-8005
홈페이지 | www.yswpub.co.kr
이 메 일 | yswgroup@naver.com
출판등록 | 1987년 11월 24일 제 406-2003-037 호

ISBN 978-89-994-1238-7

정가 18,000원